仮想経済の
ビジネス
デザイン

ヴィリ・レードンヴィルタ
エドワード・カストロノヴァ 著

井川歩美 訳

CYZO

Virtual Economies: Design and Analysis
Vili Lehdonvirta and Edward Castronova

VIRTUAL ECONOMIES
by Vili Lehdonvirta and Edward Castronova
Copyright © 2014 by Massachusetts Institute of Technology

Japanese translation published by arrangement with The MIT Press
through The English Agency (Japan) Ltd.

ミカとドリスへ

目次

5

目次

謝辞

　この本を執筆するアイディアを得たのは、2010年サンフランシスコで開催されたゲーム・ディベロッパーズ・カンファレンス（GDC）でのことでした。William Grossoが司会するパネルディスカッションで、仮想経済のデザインと分析を扱ういい本はないかと質問されたのですが、当時、そのような本は存在しませんでした。

　本書は何年にも及ぶディベロッパーたちとのリサーチとエンゲージメントの集大成です。たくさんの人々が助力し、アイデアを出してくれました。とりわけ、以下の方々の名前をあげさせていただきます。Annie Lang、Juho Hamari、Kai Huotari、Mikael Johnson、Tuukka Lehtiniemi、Olli Pitkänen、Marko Turpeinen、Antti Ukkonen、Sulka Haro、Marjoriikka Ylisiurua、Thor Olof、Eino Joas、Patrick Geuder、John Buckman、Tatsuo Nakajima、Yoshiaki Hashimoto、Mirko Ernkvist、Tim Kelly、Hiroshi Yamaguchi、Koji Fukada、Pekka Räsänen、Harry Barkema、Jun-Sok Huhh、Sang-Min Whang、それに Taiyoung Ryu。

　以下の方々はさまざまな段階で草稿に目を通してくれました。彼らの意見のおかげで本書の内容に磨きをかけることができました。Robert Bloomfield、Ian Bogost、Yanis Varoufakis、Juha Tolvanen、それに Ning Wang。MIT Pressのシリーズ・エディターのSandra BramanとエディターのMarguerite Averyにも感謝します。忍耐強い校正者となってくれたDominic Zouにも謝意を。

　CCP Games社の Eyjólfur Guðmundssonは長年にわたってわれわれの調査に貢献してくれました。本書のコンセプトの説明に「イブオンライン」のデータを利用させていただいたことを感謝します。

　われわれを雇用し、この方向へ突き進むことを可能にしてくれた研究機関にも謝意を表します：ロチェスター大学、カリフォルニア州立大学フラートン校、インディアナ大学、アールト大学、ロンドン・スクール・オブ・エコノミクス、そしてオックスフォード大学。フィンランドの経済学教育基金、

Kone FoundationそれにTekesは、われわれの研究になくてはならない助成を与えてくれました。

　最後に、われわれの妻に感謝を捧げます——謝辞によく見られるように、筆者の支えとなり、不機嫌にも我慢してくれただけでなく、人生を分かち合う対等の知的パートナーとして、本書の内容に大きく貢献してくれたことに対して。

仮想経済の ビジネス デザイン

Virtual Economies: Design and Analysis

第1章 —— Chapter 1　　　　　　　　　イントロダクション

　かつてロンドン・スクール・オブ・エコノミクスの経済学部長を務めたライオネル・ロビンズは、**経済学**を次のように定義した。「経済学とは、目的と、数が限られ他にも用途がある手段との関係を研究することにより、人間の行動を解き明かす学問である」

　数が限られていること、すなわち希少性は経済学における主要な概念だ。それは全需要を満たすのに必要となる量が足りないことを意味する。全員がすべてを所有できるわけではない。人は選択を迫られる。経済学はそれらの選択と、多くの人が他との関わりから選択する際に生じるギブ・アンド・テイクのパターン、もしくはルールを研究する。希少なリソースと、人々の経済活動によって起こる生産、売買、消費などのプロセスをともにしたものが**経済**と呼ばれる。

　ところがデジタル世界では状況が違うようだ。情報は量に希少性がない。無限に複製できるのだ。ふたつある音楽アルバムのどちらかを選択する代わりに、両方ダウンロードして友だちとシェアすることができる。選択する必要がないから、そこに経済学の必要はない。オンライン上での活動は、社会学と心理学の範疇である社会的位置と自己などのような概念からじゅうぶんに説明できる。デジタル世界においては、リソースに活動を組み合わせたものは、経済ではなくコミュニティと呼ばれる。

　しかし、ときおり例外が起きる。デジタル世界の商品にも希少性はある。初期に起きた以下の例を見てみよう。1996年、ICQ（「アイ・シーク・ユー」（あなたを探す）と発音する）と呼ばれるインスタントメッセンジャーがリリースされた。ユーザーにはニックネームの代わりに電話番号のようなナンバーが与えられ、ユーザーはそれを友人に教えてやりとりをする。最初のうち、ユーザーには5桁のナンバーが与えられていた。5桁が足りなくな

ると、6桁のナンバーとなり、それから7桁、8桁と桁数が増した。2001年には登録ユーザー数は一億を超え、配布するナンバーは9桁に達した。この頃には初期の5桁や6桁のナンバーは極めて希少になった。短いナンバーを所有しているのは100人に1人以下だ。6桁のナンバーの知り合いがいるのは友だちに自慢できることとなった。5桁のナンバーとおしゃべりしたわ、と言うのは、セレブと食事をしたわ、と言うようなものだ。

　その後、さらに輪をかけて奇妙な現象が起きた。ICQのナンバーの売り買いがはじまったのだ。おそらくはじまりは気軽な行為だったのだろう。いらなくなったコンピュータを売るときにおまけにつけるとか、余ったアカウントを何かと引き換えに友人にやるとかいった具合に。しかしそれはたちどころに本格的な市場となり、ICQのナンバーはイーベイに出品されて米ドルで取引された。セミプロの出品者たちが6桁のナンバーを数ドルから数十ドルの値段で売った。まれに5桁のナンバーが売りに出されると、数百ドルもの値段がついた。同じ数字が三つ並ぶなど、珍しい組み合わせのナンバーはさらに高値がつく。一度など、ナンバー11111111が3000ドルで売られているのを見たことがある。特別なICQナンバーは、追加料金を支払って車のナンバープレートに好きな文字や番号を選ぶようなものだ。それにより所有者は自分を目立たせることができる。ほかはなんでも即座にコピーされるデジタル世界で、人々が真に自分のものと考えられる何かなのだ。

　目立つICQナンバーに大きな需要があると見たセミプロの出品者たちは、大量のアカウントを新たに開いてナンバーの"自作"を開始した。目立つナンバーはイーベイに出品され、平凡なナンバーはのちに年代物となって価値がついたときのために保管された。言い換えれば、いまや人々はICQネットワーク内で希少となったデジタル商品を生産、保管、売買、そして消費しているのだ。これはもはやコミュニティではない。いまや経済だ。ステータスとアイデンティティから成るデジタル世界の活動に、昔ながらのギブ・アンド・テイクという活動が結びついたのだ。

　本書では希少なデジタルリソースにもとづく経済を表すのに**仮想経済**という言葉を使用する。そして希少なデジタルリソースそのものを表すには

仮想商品という言葉を使う。デジタルビジネスと経済学に関する研究の多く
は希少性ではなく、数に限りがないことや共有の可能性の意味合いに焦点
を置いてきた。現在の主流は、希少性の終焉を予測し、希少性のあとに来
る世界に適したビジネスモデルを模索することとなっている。しかし、無数
のうちのひとつであるICQの例は、21世紀のデジタル世界でもいまだに希
少性の余地があることを示している。それどころか、仮想経済は成長しつ
つある。ICQが誕生したときは、仮想商品をリアルマネーで売るなどほぼ前
例がなかった。こんにちでは、世界最大規模のデジタルメディア会社のい
くつかではそれが収益モデルとなっている。希少性の研究はまだまだ需要
があるというわけだ。

　仮想経済を理解することは、ゲームデザイナーやビジネスパーソンだけ
でなく、社会科学者、文化やコミュニケーションの研究者、それに政策
立案者にとっても重要だ。突発的なものであれ計画的なものであれ、明確
であれ不明確であれ、仮想経済は、誰が権力を持つか、発言権を持つか、
何が評価されるか、どのような参加の仕方に報酬が与えられるかといった、
デジタルメディアの展望に影響を与える。そのため、仮想経済の研究はデジ
タルメディアの社会科学的および文化的研究に極めて重要な視角を加える
ことになる。

　この本の第一の対象読者は、仮想経済を作りだし、運用する方々ではあ
るが、学者やポリシーメーカー、いままでにないやり方で入門経済学を教
えようとする教員、それにプレイするゲームへの理解を深めようとするゲー
マーにまで役立つよう工夫を凝らした。

■仮想商品でリアルビジネスを

　ICQのナンバーが価値を持ったのは偶然による。デザイナーたちはリアル
マネーで売買がはじまるほどナンバーに人気が集まるとは夢にも思っていな
かった。ICQの誕生から15年以上経過したこんにち、イーベイでナンバー
の売買は続いているものの、ICQ自体は競争によって利用者数が激減し、

わずかばかりの収益の大半はいまだに広告から得ている。

ICQの後続サービスのひとつ、OICQと呼ばれる中国のインスタントメッセージシステムは、別の道をたどった。OICQの開発者はナンバーの売買からの教訓を理解していた。リアルな世界で車のナンバープレートやファッションアイテムにお金を払いたがるのと同様に、人々はデジタルの世界でも個人的、社会的に意味のある商品にお金を払いたがるものである。この教訓で身を固め、彼らはバーチャルな商品経済の設計に取りかかった。

OICQの開発者たちは、インスタントメッセンジャーは若者のあいだで人気があると認識していた。彼らはユーザーひとりひとりをバーチャルなキャラクター、アバターで表すようにした。それからアバター用の衣服、アクセサリー、そしてアバターへのプレゼントを作って、それらの販売を開始した。OICQとそのアバターは驚異的な成功を収め、中国のインターネット史における画期的な出来事となった。2010年には、テンセントQQという新たな名前で、利用者数が6億を超えている。パブリッシャー［企画から広報宣伝・販売までを行う会社］のテンセントはアバター用のアクセサリーと付加価値サービスから毎年20億ドル以上を稼ぎ、時価総額では世界第3位のインターネット企業となった。

数年後、フェイスブックとアップルは欧米の消費者へ向けて、仮想商品に同様の飛躍的進歩をもたらした。彼らはユーザーへ単に仮想商品を売るだけにとどまらなかった。比較的オープンな仮想経済を創設し、サードパーティーの開発者がそこへ来て、バーチャルな商品を販売し、収益の一部がホストへ支払われるようにしたのだ。これによりもっぱら仮想アイテムや拡張機能、マップ追加サービス、さらにはバーチャルカメラレンズといったもののみを収益の基盤とする10億ドル企業がいくつも誕生した。どこへ目を向けても、デジタルパブリッシャーは人為的に希少化された仮想商品からますます多くの収入を得ているのである。

しかし、売りに出される仮想商品は氷山の一角でしかない。この手の商品それぞれの裏には、そもそもその商品を魅力的に見せる社会的な力学もしくは文化的背景が存在するはずなのだ。また、その市場価値を保つため、

希少性を確保するなんらかのメカニズムも存在するに違いない。そして商取引を実行するには、仮想通貨かその他の少額決済システム^{マイクロペイメント}があるだろう。言い換えれば、すべての仮想商品は常になんらかの仮想経済の一部なのだ。単純なところでは、価値が認められた仮想商品へ資金を投じて、複製不可とし、売る場所のみ作る。複雑な仕組みとなると、やることははるかに増え、多くの商品を取りそろえて、ルールを規定してユーザーによる商品の生産を許可し、ユーザー同士で商品のやりとりを行わせる。

　多くの場合、仮想経済の主な目的は収益をあげることそのものではなく、よりあいまいだが強力なこと、つまり関心を呼び、引きつけておき、コントロールすることにある。関心を持ってくれた人に報酬を与え、積極的な参加を促すこと。リソースを分配すること。ユーザーをプラットフォーム〔ゲームが提供される基盤〕に捕まえておくか、その周辺に導くこと、である。これらのメカニズムはゲームや双方向性のエンターテインメントサービスだけでなく、オンラインコミュニティ、さまざまな分野の専門家が知識を提供するナレッジバンク、ショッピングサイト、支払い、マーケティングにも見られ、ビジネスソフトウェアにまで広がりつつある。売りに出される仮想商品が氷山の一角だとすれば、デジタル環境の基礎構造の奥深くに目立たず組み込まれた仮想経済がその下の氷山である。ソフトウェアはサービスにとって代わられ、われわれの暮らしがますますテクノロジーを仲立ちとする中、仮想経済は、こんにちにおける従来型の経済と同様に、われわれの選択肢そのものを形作り、われわれがする選択に影響を与えることになるだろう。

■デジタルデザインのための新たなツール

　仮想経済は、自然発生的ではなく意図的に作られたものであっても、まったく予想外の道へ進むことがある。これは仮想経済の魅力の一部ではあるが、特定の目的に利用しようとする者にとっては試練でもある。この予測不可能性の例として、中国のインスタントメッセージシステムの話をさらに見てみよう。

テンセントが仮想商品のビジネスに着手したとき、当時中国のオンライン
ビジネスが抱えていた根本的な問題に直面した。クレジットカードやオンライ
ンによる支払い方法がなかったのだ。テンセントはこの問題を**仮想通貨**Q
コイン（2002年にサービス開始）を作りだすことで解決した [*1]。Qコイン
はユーザーのインスタントメッセージアカウントに保管される仮想通貨だ。
通常、ユーザーは現実世界の近所の店でカードを購入し、それを使ってテ
ンセントから仮想商品を購入する。Qコインはスポンサー付きのゲームを宣
伝することなどでも獲得できる。テンセントQQのサイトを頻繁に訪れるユ
ーザーには、仮想通貨は現金同様の価値があり、テンセントは造幣局とい
う喜ばしい位置にいた。

インスタントメッセンジャーのネットワークが拡大するに従い、ここでも
予想外のことが起きた。テンセントの提携外のオンライン事業者たちが自分
たちのサービスへの支払いにQコインを受けつけだしたのだ。QQアカウン
トを開設し、QQを利用しているカスタマーを"フレンド"に登録、そして支
払いをQコインギフトとして受け取る、という手順だ。このようなやり方は
公式に支払い方法を確立するより容易で安く、はるかに多くの利用者層が
利用可能だった。仮想通貨で支払いを受ければ、当局の監視を避ける上で
も効果的だ。どちらも中国では違法となっているギャンブルと成人向けコ
ンテンツのサイトはすみやかにQコインを自分たちのビジネスに取り入れ
た。

こうして得た仮想コインの山をオンライン事業者はどうするのか？　ある
程度であれば、バーチャルマネーを受け取るほかのショップでの買い物やサ
ービスの支払いに利用できるだろう。しかし家賃やスーパーでの買い物が
コインで支払えなければ、事業者には自国の通貨も必要となる。そのため
事業者たちはたまったQコインを個人業者に売却し、個人業者は地元の商
店やネットショップを通してふたたびユーザーに売るのだ。このようにQ
コインは企業と消費者のあいだを循環した。2006年には、当初ユーザーがテ
ンセントから付加価値サービスを購入するための媒介だったQコインは、中
国で一般的なオンライン通貨となっていた。CDや化粧品から「ワールド・
オブ・ウォークラフト」内のゲームアイテムまで、Qコインを使ってなんで

15

も買うことができた。

　民営の仮想通貨が中国の公式通貨である人民元にどんどん取って代わるようになると、中国人民銀行は気をもみだした。テンセントがQコインを新たに発行するたびに、現金通貨、預金通貨、その他国債などの流通している現金等価物などの合計である、国内の貨幣供給量が増加した。放置していれば、理論的にこの金融の量的な拡大は一般的インフレーションにつながる恐れがある。中央銀行には流通している人民元の量を調節する仕組みがあるが、仮想通貨は完全に規制の範疇外だった。ほかの中国政府機関も同様の懸念を抱きはじめた。たとえば、仮想通貨からの収益にはどうやって課税すればいい？

　2007年、中国人民銀行とその他14の政府機関は共同声明を発表し、中央銀行が国内の仮想通貨を統制することになった。声明によれば、事業者が発行する仮想通貨の量および消費者が購入する量に対して、厳しい制限が設けられるようになった。仮想アイテムの売買は電子商取引から明確に区別され、仮想通貨は現実の商品の購入には利用できず、通貨を発行している会社が提供する仮想商品およびサービスにのみ使える。仮想通貨を最初の購入価格を超える金額で買い戻すことは禁じられる。発表に従えば、違反者は中国の銀行法に詳述されている金融犯罪を犯したとして、起訴の対象となる。

　しかしこれらの制約にもかかわらず、Qコイン経済は急成長し続けた。ユーザーたちはQQのアカウント間で移動可能なコイン量にかけられた制限の回避法をたちどころに考案した。ギフト機能を使ってコインを送る代わりに、支払額と同等のQコインがあるアカウントを、パスワードを渡して丸ごと譲渡するのだ。ときには複数のアカウントが送られた。アカウント間の送金は完全に禁じられていても、アカウントは事実上お金として使える新たな通貨となった。ショッピングサイト、淘宝に出品されたQコインの件数は、2007年4月の2万から、2011年6月には80万超えとなっている。淘宝では、アバターのアクセサリーやペットからゲームのトロフィーや通貨まで、QQ関連の仮想商品が合わせて300万以上取り扱われていた。

もっとも、中央銀行の介入に効果がないわけではなかった。起訴される恐れがあるため、Qコインが大手オンラインストアやショッピングサイトに導入されることはなかった。多くは非公式な（そしてときには違法そのもの）デジタル世界の地下経済にとどまったのだ。だが、中央銀行による取り締まりがなければ、中国のネチズンは、今頃は人民元を完全放棄して、仮想通貨を使っていたかもしれない。

　この話は仮想経済の重要課題を浮き彫りにしている。ユーザーの経済的関心と実利主義から発生する力は、デザイナーの当初の意図から大きく離れた方向へとシステムを動かす場合があるのだ。ときには急進的な方向へ進みすぎて、当局と衝突する。Qコインは本書で取りあげる唯一の例ではない。これはデザインの問題だ。どんなふるまいがどんな結果になるのかを知ることで、はじめてデザインができるようになる。結果が念頭にないのに何かを作りだすのは、デザインではなく実験だ。

　仮想経済が実際にはどのように展開するかを予測するには、その動向に影響を与える経済的な勢力のことを理解しておく必要がある。特に、抑えが利かなくなった経済への効果的な介入は、そこに関与する経済勢力の分析にかかっている。だから本書では、これまでその他の原理で説明されてきたデジタルデザインとゲームデザインの話に、経済学の原理を導入する。すでに経済学に通じている読者には、希少性をベースとした電子的なやりとりやビジネス活動の分析へ、経済学がいかに適用できるかをお見せしたい。本書で紹介する経済モデルでは、それ以外にも社会科学とゲームデザインの実践知識も適宜盛り込んでいる[*2]。

■仮想空間の経済学

　ゲームデザインに経済学を取り入れるよう提案するのはわれわれがはじめてではない。それどころか、著名な経済学者たちが何年も前からゲームデザインに関わっている。囚人のジレンマのようなゲーム理論だけでなく、実際にプレイするゲームに、だ。政府が電気通信会社へ無線周波数を割り当

てる必要があったり、国連が温室効果ガスの排出量削減を決定したりする
とき、経済学者はそれぞれの目的のためのゲームをデザインするよう要請
される。こうしたゲームの中では、しばしば周波数帯や炭素クレジットなど、
人工的な商品(コモディティ)が創り出される。企業はこのゲームに招かれ、結果がどう出
ようとそれを実際のこととして受け入れるよう求められる。たとえば、"同
時競り上げ入札"としても知られる無線周波数のオークションゲームは、経
済学者のプレストン・マカフィー、ポール・ミルグロム、そしてロバート・
ウィルソンによって作られた。1994年にアメリカで誕生して以来、世界中
の政府に適用されている。

　なんの問題もなく機能する複雑なゲームをデザインする方法を経済学者
たちがすでに知っているのなら、本書はなんのために必要なのだろうか?
デジタルデザイナーは単に一般的な経済学の教科書を手に取ればいいのでは
ないか? それとも、われわれが説明した従来型の経済デザインと、デジタ
ルデザイナーが扱う仮想経済の設計には何か違いがあるのだろうか? 人間
の行動原理は変わらない。それはどちらの環境においても同じであること
は後述する。オンラインゲームも無線周波数のオークションゲームも、自己
の必要に即した結果を求めて経済活動を行う者、経済主体が登場する。よ
って基本的な経済の教義はどちらにおいても平等に有効である。しかし、
事態はそれほど単純ではない。オンラインゲームの経済を従来型の経済と
同じように分析した場合に何が起きるか、以下の例で考えてみよう。

　マッシブ・マルチプレイヤー・オンラインゲーム［多人数同時参加型のゲーム。MMO］、
「イブオンライン(EVE Online)」では、何十万人というプレイヤーが鉱物
や宇宙船の部品、その他の資源を多数の地域マーケットで取引する。マー
ケットは極めて洗練され、実際の現物市場とよく似ている。ユーザーは買
い注文や売り注文を出すことができ、ほかのユーザーからの注文は即時に
受けつけられる。

　教科書的な経済学者に「イブオンライン」の経済を評価させた場合、大
幅に効率が改善できる点をいくつか指摘することだろう。たとえば、プレ
イヤーが見ることができるのは、現在いる地域のマーケット価格のみだ。

近隣の地域ではもっといい条件の取引が可能かもしれないが、遠方にいる
友人たちと情報を交換するか、自身が定期的にほかの地域へおもむくかし
ない限り、この機会は失われる。プレイヤーがその手の機会を失い、必要
以上に高い値段を払っているのであれば、マーケットの活動は非効率的だ
と言える。

　ほかの条件は同じとして、マーケットのユーザーに情報をより多く提供
することで、マーケットの効率性があがることを教科書的な経済学者は知
っている。そのため、全プレイヤーが宇宙のあらゆる地域の価格情報に即
座にアクセスできるようゲームを修正してはどうかと提案することだろう。
そうすれば誰もが近くでより条件のいい取引を見つけて利用できる。これ
により地域間の価格の違いがなくなり、宇宙全体のマーケットで効率性が
改善される。現実の一次産品市場でも、価格は瞬時に世界中へ伝わるため、
東京とニューヨークで金の価格に違いはない。

　もちろん、この変更は価格情報の収集・販売を専門にしているプレイヤ
ーには大打撃となるだろう。また、価格の低い商品をあちこちで物色し、
高値のつく場所で売って鞘を稼ぐ機会も減少する。こういう鞘取りの仕事
にもはや出番はない。しかし、トラック運転手のような運輸業であれば需
要はあるだろう。効率性の上昇により、地域間の取引が増加して、商品を
運送する機会は増える。

　しかし、待ってほしい――仮想経済の際限のない可塑性に気づいた教科
書的な経済学者は、地域そのものを撤廃しようと考えるかもしれないでは
ないか。距離は経済学では取引費用と考えられる。商品を輸送する必要が
なければ、経済ははるかに効率的に回る。現実世界では、距離は避けよう
のない障害であり、物流担当者はそれを最小限にすべく骨を折る。仮想環
境では、距離のために経済を阻害する必要は皆無だ。そのため、教科書的
な経済学者は、ゲームを修正させ、すべての商品とキャラクターを目的地
に瞬間移動できるようにしたり、単純に全宇宙を無次元のひとつの点にま
で押し潰したりするのではないだろうか。これらの修正で、なるほど仮想
経済の効率性は大幅に改善する。誰でもほしいものを一瞬で手にできるの

だ。だが、こんな経済に参加したがる人がいるのかというと（月額利用料金を払ってまで！）、それは別の問題だ！

仮想経済デザインと従来型の経済的デザインは同じ基本構造ではあるものの、それらが目指すところには大きな違いがある。政府は効率的な経済を発展させようとする。デジタルパブリッシャーはユーザーを引きつけて彼らを満足させ、収益の出る製品を生みだそうとする。この理由から、従来型の経済デザインではうまくいく解決策も、仮想経済デザインに丸ごと持ち込むと有害となりかねない。どちらも同じ人間行動の理解にもとづいているのであっても、だ。

■仮想経済デザインでできること

仮想経済はさまざまな種類の理由により生みだされる。たとえば市場調査のための実験として、地域経済を補完するものとして、あるいは単に誰かの個人的趣味として。しかしこんにちの仮想経済の多くはデジタルコンテンツやサービスを作成する会社、とりわけゲーム会社によって作られ、運営されている。クリエーターたちがデジタル経済で目指すものは、当然ながらそのデザインに大きく影響する。ここでは、特にゲームとデジタルパブリッシング業界［パブリッシングとは、開発されたゲームを宣伝・販売・運営する事業］において、仮想経済を利用するとどのようなことがなしうるのかをまとめた。仮想経済そのもののあらゆる利用法を網羅しているわけではないが、とりわけこれらの業界でいかに利用できるかの指針となるだろう。

デジタルパブリッシャーは、たいていは収益をあげることを目的とする利益追求型の会社だ。消費者にデジタルコンテンツを提供し、収益をあげる。かなりおおまかにまとめると、彼らのビジネスは三つのプロセスからなる。コンテンツの制作、ユーザーの勧誘、そして収益化だ。仮想経済デザインは、会社のその他すべての機能と同様に、これらのプロセスになんらかの形で貢献しなければならない。以下ではそれぞれのプロセスをさらに詳しく見て、仮想経済デザインを通して追求する方法を説明する。これには仮想経済デ

ザインの目的を、そもそも仮想経済が生みだされた理由を考える必要があるだろう。あとの章ではこれらの目的にふたたび言及し、優れたデザインとは何かを説明する。

◉ コンテンツ制作

デジタルデザイナーがコンテンツについて話をするとき、たいてい彼らが指すのは文字列や画像、音楽それに映像などだ。ゲーム開発者がコンテンツについて話をするとき、彼らも同様に3Dモデルや、テクスチャ［物体の質感を表すために使われる画像］、アニメーション、サウンド、マップそしてストーリーラインを指す。コンテンツは、サービスの根本的な仕組みと形そのもの、つまり、ゲーム内のオブジェクトがお互いおよびユーザーといかに相互作用するかを規制するルールを提供するプラットフォームとゲームエンジンからは区別される。この区別は典型的なゲーム開発スタジオ内の役割分担を反映する。プログラマーはゲームエンジンを作製し、アーティストはコンテンツでそれに命を吹き込む。

本書では従来の専門的区分の壁を取り払って議論を進める。その内容はアーティストやプログラマーだけでなく、パブリッシャー、マーケティング担当、加えて仮想経済に取り組もうとする弁護士や政策アナリストにも関わってくる。このため、**コンテンツ**という言葉はさらに広い意味で使用される。デジタル世界でユーザーが価値を見いだすものすべてがコンテンツだ。

ゲームであれば、コンテンツには魅力的なグラフィック、すばらしいサントラ、そして心をつかむ物語が必ず含まれるだろう。しかし、ゲームの根本的仕組みであるメカニクスから来る楽しさも含まれるのだ。めまぐるしい循環回路のアドレナリンが噴きだすような興奮、試行錯誤を通して発見に至る考える喜び、そして難しいパズルが解けたときの達成感。ゲームでもほかのデジタルサービスにおいても、多くのコンテンツはアートとプログラミングの組み合わせだ。複数人がプレイするマルチプレイヤーゲームとオンラインコミュニティでは、大量のコンテンツがユーザー側からも生みだされる。ユーザーによって作られるもっとも単純かつ広汎なコンテンツは、ユーザー

間の交流だろう。ディスカッション、会話、そして繋がることだ。コンテンツの尺度はデータではなく、体験だ（**コラム**1・1を参照）。

コンテンツの重要な点は消耗品であることだ。映画や本は一度見ると、ふつうは興味が薄れてもう一度見ることはない。これはゲームでも同じである。新たなレベルやエリアに進むプレイヤーは、新しいタイプの場所、舞台、物語、アイテム、それにゲームメカニクスを期待する。この新たなコンテンツを経験することで、新規性という価値は失われ、ユーザーはコンテンツを消費する。すべてのコンテンツが消費されると価値はなくなり、プレイヤーはゲームから離れだす。古いコンテンツをスケールアップした続編、またはアルゴリズムを用いて作られた焼き直しでも、新規性という価値はわずかしか取り戻せない。仮想経済においては性質上希少なリソースは数少ないが、コンテンツは必然的にそのひとつである。

デジタルコンテンツのパブリッシャーは、ユーザーへ新たなコンテンツを絶えず提供しなければならない。2004年の初登場の際、「ワールド・オブ・ウォークラフト」のコンテンツには60のレベルがあり、開発費はおよそ6300万ドルだった。レベル60に到達してすべてのダンジョンをクリアすると探検するエリアは残っておらず、多くのプレイヤーがゲームをやめた。2007年、米国のゲーム会社ブリザード社は拡張パック、The Burning Crusa

---

コラム 1・1

"よい"コンテンツとは何か

　　ビジネスの視点からは、よいコンテンツとはユーザーを引きつける効果だ。しかし、効果的であることは必ずしも楽しさや満足度と同じではない。ネットの掲示板に、興味よりも怒りに駆られて反応することがあるだろう。ログインしてバーチャルな観葉植物に水をやるのは、達成感からより義務感からということもある。言い換えれば、コンテンツの倫理的価値はその経済的価値と異なることがあるのだ。ゲームの開発者はときおり手を止め、自分が手がけているコンテンツは人間のポジティブな面とネガティブな面のどちらにより訴えかけるかを考えてみてはいかがだろうか。

deをリリースし、新たに10レベル加えた。これは最初のひと月で350万本を売上げ、ゲームをやめた多くのユーザーが戻ってきた。それ以後、さらに三つの拡張パックが出ている。それぞれ数百万ドル規模の制作費がかかっているものの、それなしでは利用登録者を確保し続けることは無理だったろう。

　明らかに、コンテンツ制作は仮想経済デザインの目的のひとつだ。仮想経済デザインがコンテンツ制作に役に立つとすれば、一番単純なのは、仮想経済の仕組みそのものがコンテンツの下地となりうるということだ。生産、物流管理、そして取引は単に目的のための手段ではなく、それ自体がエンターテインメントでもありうる。「ワールド・オブ・ウォークラフト」では、自然界にあるリソースの採取・加工、品物の制作、在庫管理、マーケットでの取引と、そのすべてがゲーム体験の中核となっている。拡張パックでは、開発陣はプレイヤーが楽しめるよう経済プロセスをさらに追加している。ゲームのコンテンツは常に冒険や戦闘に頼らなくてもいいというわけだ。商取引や製造・生産でもユーザーの興味を引きつけることはできる。

ユーザー制作のコンテンツ

　コンテンツの開発には費用がかかるため、多くのゲームとデジタルサービスはユーザーの満足度の維持をユーザー自身が制作するコンテンツにも頼っている。MMOゲームでは、この手の戦略の特に有名な例が「イブオンライン」だ。デザイナーが定義したストーリーラインやレベルに沿ってゲームを進める代わりに、「イブオンライン」のプレイヤーはプレイヤーが運営する自治団体と連合に加入し（中には数千人規模の組織もある）、そこでのキャリアアップに集中する。これらの組織は土地とリソースをめぐって競い合い、戦争し、取引し、建造物を設置する。プレイヤー間の駆け引きは、白熱した交渉や、華麗な裏切り、そして壮大な宇宙戦闘を引き起こす。これぞ非の打ちどころのないスペースオペラだが、そのシナリオを書いたゲームデザイナーは存在しない。プレイヤーたちみずからが生みだした物語なのだ。

　「イブオンライン」のプレイヤー同士が作りあげたスペースオペラにプロの

開発者はたずさわっていないと言うのではない。それどころか、開発陣は
プレイヤー同士が最大限に関わり合い、互いを必要とするよう意図してこ
のゲームをデザインしている。このデザインのもっとも大事な部分が「イブ
オンライン」上の仮想経済で、プレイヤー同士が取引するというところに重
点が置かれている。オブジェクトの多くは、コンピュータ制御された敵が落
としたり、ノンプレイヤーキャラクター［ゲームの運営側が管理するキャラクター］から購
入したりするものではなく、プレイヤー運営の採掘コーポレーションから仕
入れた原材料を、プレイヤー自身が工場で加工・生産する。交易と輸送を
専門とするプレイヤーは、プレイヤーが運営するセキュリティコーポレーシ
ョンに護衛された、プレイヤー所有の輸送艦を使って宇宙全域へ流通させ
る。海賊役のプレイヤーは貨物を奪い、いちばん高い値をつけたプレイヤー
に売る。別の言い方をすると、仮想経済デザインそのものが持つインタラク
ションの枠組みが、ユーザーコンテンツの制作に大いに貢献しうるのだ。

貢献の奨励

ソーシャルメディアの世界はもっぱらユーザーの貢献によって回っている。
フェイスブック、ツイッター、Quora［実名制の質問・回答サイト］、そして
Pinterest［写真共有サイト］は、ユーザーおよびサードパーティーのコンテンツ開
発者が制作・投稿したコンテンツが頼みの綱である。一部のゲームと仮想環
境もユーザーが制作した3Dオブジェクトや景色を利用している。仮想世界、
「セカンドライフ」はよく知られた草分け的存在であり、建物から衣服に至
るまで、ほぼすべてのオブジェクトがユーザーかサードパーティーの開発者
によってデザインされている。最近の成功例としてはファーストパーソン・
シューティングゲームの「チームフォートレス2」があり、プレイヤーがデ
ザインした武器やアクセサリーはゲーム内のアイテムとして流通可能だ。

ユーザーやサードパーティーの開発者がコンテンツを制作する動機として
は、応援したい気持ち、善意、それに自己表現をする楽しさがあればじゅ
うぶんということもある。別の場合には、もっと具体的な誘因を提供する
必要が出てくる。もっとも単純なインセンティブシステムでは、ユーザーに

よるすべての貢献に同じ報酬が与えられる。しかしこれは質の低い貢献の急激な増加へつながりがちだ。より洗練されたインセンティブシステムでは、ユーザーによる貢献にはその価値に応じて報酬が与えられる。仮想経済デザインはインセンティブシステムの構築にこの上なく向いている。

リソースの効率的な分配

　仮想経済においても、一部のリソースはその性質上、希少である。コンテンツはそのようなリソースのひとつだが、ほかにもふたつある。計算資源とユーザーの関心だ。ユーザーによるコンテンツ制作を増やすには、これらの性質上希少なリソースが効率的に使われ、利用可能なリソース内で最高の体験を提供できるようにしなければならない。この領域でも仮想経済デザインが役に立つ。

　「セカンドライフ」では、土地は256メートル×256メートルのリージョンと呼ばれる区画に分けられている。それぞれのリージョンはサーバーコンピュータがホストしているため、その技術的仕様によりリージョン内での活動には制限がある。標準的なリージョンの最大許容数はアバター100人とプリミティブ1万5000個だ。プリミティブとは「セカンドライフ」のすべてのオブジェクトを構成する部品単位である。これは人為的に設けられた上限ではない。「セカンドライフ」のパブリッシャーが判断した、現在のサーバーで安定して処理可能な最大データ量だ。上限をあげるにはハードウェアのアップグレードが必要となり、それは高くつく。そのため「セカンドライフ」上のプリミティブは性質上希少なリソースとなった。同様の理由から、「チームフォートレス2」でオブジェクトの材料となるポリゴンも性質上希少なリソースだ。オブジェクトの外観をよくするには大量のポリゴンを使うため、ポリゴンの需要が供給を上回るのだ。

　限られた資源に対する強い需要への調整措置として、ふたつのパブリッシャーは大きく異なるアプローチをとった。「チームフォートレス2」のパブリッシャー、バルブ社は配給制にした。使用するポリゴン数を帽子なら800未満、武器なら8000未満にするようユーザーに求めたのだ。配給制の問題

は、どのデザインも、すばらしかろうと無価値だろうと、同じ量のリソースを割り当てられることだ。これでは最善の配分法とは言えない。優秀なデザイナーが利用できるポリゴンを下手なデザイナーより多くするほうが、ゲームの体験価値があがる。

「セカンドライフ」はプリミティブの割り当てに市場メカニズムを利用した。ユーザーは誰でも自由に参加できる公開市場で土地の売買を行う。土地には、割り当て分のプリミティブの利用権がついてくる。理論的には、これでプリミティブは「セカンドライフ」とユーザーにとって最大限にその価値を引きだされる形で利用されることとなる。たくさんのユーザーが楽しむ人気のアトラクションは、入場料を取ったり、お土産を販売して土地代を支払うことができる。人気のないものは売却するか再開発して、よりよい資本の投資法を模索することになるだろう。企業が宣伝のために作ったつまらない仮想店舗にプリミティブが浪費されたとしても、「セカンドライフ」は土地代をもらっているので採算は取れている。実際のところ、「セカンドライフ」が導入した仮想経済は完璧ではないが、市場を利用して、希少な計算資源から支出に見合うだけの価値を得ようというアイディアの例だ。

計算資源とは別に、もうひとつの性質上希少なリソースがユーザーの関心だ。これはユーザーによって大量のコンテンツが制作されるとすぐに明白になる。低水準のコンテンツの中からよいものを見つけるのは、誰にとっても困難になるからだ。ここでもマーケットとその他の仮想経済デザインを用いれば、もみ殻と小麦をふるい分けるように、よいものだけを選別するのは可能だ。

◉関心：ユーザーを引きつけてとどめる

コンテンツの無料提供

ユーザー貢献にもとづくものであれ、プロが制作するものであれ、コンテンツ戦略が決定したら、デジタルパブリッシャーはユーザーを見つける必要が出てくる。デジタルコンテンツのマーケティングは、これがいわゆる体験商品だという事実に大きく左右される。消費者は実際に体験することなし

にはその価値をきちんとはかることができない。ハードウェアのパーツのように製品概要を記すだけでは不十分なのだ。中身がわからないという消費者の不安を取り払うには、コンテンツの一部を体験してもらう必要がある。

　デジタルコンテンツの体験版は昔からあるが、重要性はますます高まっている。1990年代、パソコンゲームのパブリッシャーは自社のゲームの体験版が入ったフロッピーディスクをゲーム雑誌の付録につけていた。2000年代になると、オンラインゲームのパブリッシャーがゲーム発売前に数週間、ゲームの無料"オープンベータ"版を配信するのが一般的になる。今や、モバイルからオンラインまでさまざまなプラットフォームで発売される新しいゲームの大半は、いわゆるフリーミアム、もしくは"フリートゥプレイ"（F2P）モデルを取り、基本となるサービスは制限なしに無料で提供している。

　コンテンツの大部分を無料で提供する流れは、ふたつの大きな力が生み出している。それは競争の激化と、ますます社会性を増すデジタルコンテンツ消費だ。デジタル配信によって、新たなゲームパブリッシャーが業界へ参入する障壁は劇的に低くなった。これにより、多種類のプラットフォームにおいてゲームとデジタルエンターテインメントの供給は爆発的に増加した。中でもマーケティング費の少ない小さなパブリッシャーは、ユーザーの関心を引くために、自社のコンテンツの基本部分を無料で提供する必要がある。それに加え、どこでもインターネットにアクセスできるようになったこと、ソーシャルネットワークとネット接続できる携帯機器の普及により、消費者はデジタル体験にますます人と人がつながる社会性を求めるようになった。みんなで楽しむ体験を一定人数のユーザーへ提供するには、フリーアクセスを通してやるのがいちばん簡単だ。無料化の動きはゲームのみにとどまらない。出版社や音楽、映画業界、それにほかにも多くの業界が同じ流れにのっている *3。

　しかし、ユーザーを引きつけるためにゲームのコンテンツを無料で提供すればするほど、売りに出せる中身は減少する。**図1・1**はこのトレードオフを表す。左上から右下へ向かう斜線はパブリッシャーのコンテンツ予算だ。パブリッシャーの選択肢の幅は、無料提供するコンテンツ0%（結果としてユ

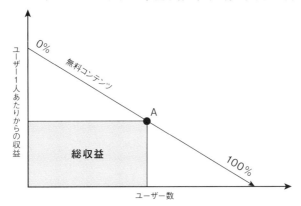

図1・1　コンテンツパブリッシャーが収益を最大化する際に直面する問題

ーザー数はゼロ）から、コンテンツを100%無料提供する（結果として収益ゼロ）ところまで示される。広告を見るのも支払いの一種であり、本書における分析では、純粋に広告収入主体のデジタルプラットフォームも100%無料とは考えない。ポイントAは総収益がもっとも増える点を示す[*4]。

　コンテンツをどこまで無料でどこから有料とするかを決めるのに、とりわけ強力な方法が仮想経済の利用だ。仮想経済の特徴を生かせば、もっとも適した位置へとバランスを調整するやり方はたくさんある。ゲームでよく利用される解決策のひとつが2種類の仮想通貨の創設だ。無料で入手できる"ソフトカレンシー"と、リアルマネーで購入する必要のある"ハードカレンシー"、そしてそれぞれの通貨に対応する市場。利用できるコンテンツは仮想商品である——仮想アイテム、キャラクター、エリアの開放、リプレイなどなど——そしてふたつの市場間で割り振られる。

友人紹介と忠誠心（ロイヤルティ）に対するユーザーへの報酬

　デジタルコンテンツのマーケティングにおいて、無料でコンテンツへのアクセスを提供することは第一歩でしかない。パブリッシャーは潜在的なユーザーへこの無料コンテンツを知らしめねばならないのだ。従来型の広告はひとつの方法だが、多くのセグメントと製品カテゴリーにおいて、ソーシャ

ルメディアを通じた口コミマーケティングはさらに重要だ。たとえば、いわゆるソーシャルゲームでは、あらゆる機会を利用してプレイヤーに友人をゲームへ招待するよううながす。言うまでもなく多くのゲームは友人と一緒にやるほうが楽しいため、プレイヤーたちはもとからそうしたがるものだ。だが多くのパブリッシャーは友人紹介には仮想商品や通貨などの報酬を与えている。友人紹介を促進するもっと目立たない方法は、チームでプレイするほうがどんどん進行するようゲームを作ることだ。どちらのやり方を取るにしろ、友人紹介を推し進めるには、仮想経済のデザインがカギとなる。

　仮想報酬とゲームの仕組みそのものも、ユーザーに望み通りに動いてもらう（毎日ログインしてもらう、ユーザーコミュニティに参加してもらう、など）ためによく利用される。これらのインセンティブの目的はサービスへの定着率をあげることだ。新たなユーザーをたくさん呼び込んだところで、二度とログインすることがなく、常連にならなければ意味はない。

ユーザーの囲い込み

　ユーザーを引き止める最後の要素は、競合サービスへのユーザー流出を最小限にすることだ。入手しづらい、あるいは高価な仮想商品をプレゼントされると、ユーザーはそのサービスへ投資しているという気分になるだろう。他に移るならこの投資を失ってまた一からゲームをはじめなければならない、と考えさせることは、サービス退会への大きな抑止力となる。逆に、よくできた仮想経済デザインを利用すれば、ユーザーが競合サービスからの乗り換えコストをさげることが可能だ。

● 収益化（マネタイズ）

価格差別

　コンテンツが完成し、それを消費するユーザーを見つけたら、残る唯一の問題はいかにして収益をあげるかだ。最近まで、デジタルコンテンツの主な収益モデルは、実店舗での小売り、デジタルにおける小売り、サブスクリプション［製品やサービスの利用期間に応じて料金を支払う方式］、そして広告だった。これらす

べてのモデルは仮想経済を含む収益サービスに利用でき、実際に利用されている。しかし仮想経済はこれにまったく新しいモデルを加える。仮想商品と通貨のリアルマネーでの販売だ。このモデルはプラットフォームとコンテンツの種類によっては、少額決済^{マイクロペイメント}やアプリ内課金としても知られている。

　仮想商品収益モデルはそれ以前のモデルにはない明白な利点がある。ユーザーの支払う意思に応じて価格を大幅に変えることができるのだ。消費者が自分で決めるのである。パブリッシャーはサービスの無料利用から、無制限のアクセス、それに仮想商品や付加価値サービスへの課金まで、幅広い支払いオプションを提供する。するとユーザーは時間と料金に対する個人の価値観、それに自分がどのタイプの消費者に属するかという認識などにもとづいて、それぞれ異なる金額を支払う。少額か、まったく金を使わないユーザーもいるだろう。従来の定額モデルでは、ほとんどが顧客にすらならなかったユーザーだ。他方で高額を支払うユーザーもいる——定額制モデルで払うより桁違いに多い額を払う者さえいるはずだ。この価格差別が成功すると、総収益は定額制モデルをはるかに上回る結果となる。図1・2はこれを示している。

コンテンツ配信の管理

　利用する収益モデルを問わず、コンテンツの販売が成功すると、それをユーザーへ届けねばならない。顧客の満足度を保てるようじゅうぶんなコンテンツを配信する必要があるが、満足度が必要以上であってはならない。コンテンツは消耗品であることを思い出してほしい。コンテンツがユーザーへひとつ配信されるたびに、今後販売できるコンテンツはひとつ減るのだ。ちょうどいいコンテンツ量とは、パブリッシャーがユーザーに約束した量だ。これは収益モデル間で大きく異なる傾向にある。

　実店舗での小売り販売は時間と費用がかかるため、ひとつのパッケージにコンテンツを山盛りにして販売するのがもっとも効率的だ。丸1年開発に心血を注いだゲームが箱に詰められて60ドルの値札シールを貼られ、AAAタイトルとして大々的なマーケティングキャンペーンとともに世に出

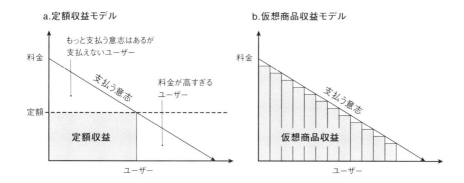

図1・2 支払う意志と総収益。a.定額収益モデル b.仮想商品収益モデル

a.定額収益モデル

料金

もっと支払う意志はあるが
支払えないユーザー

支払う意志

料金が高すぎる
ユーザー

定額

定額収益

ユーザー

b.仮想商品収益モデル

料金

支払う意志

仮想商品収益

ユーザー

るのだ [*5]。買った側は、箱を開いたが最後、それからぶっ続けに15時間、25時間とゲームをプレイするのはよくあることだ。

　もっと最近の形態であるデジタル配信はよりスピーディーで、諸経費はより少ない。アップデートはネットを通して行われ、ユーザーはクレジットカードで支払いを請求される。これにより1年分の開発努力を少しずつ販売することが可能になる。標準的なMMOゲームのようにサブスクリプション制にすることもできるし、仮想商品の売上げや広告から収益化することもできるだろう。どちらの場合も支払いは少額ずつとなり、それゆえに、コンテンツも少しずつ提供される必要がある。苦労して開発したゲームを丸ごと与え、パッケージ販売されるゲームのように15時間でプレイし尽くされてはいけないのだ。サブスクリプション制のゲームでそんなことをしたら、翌月には、翌々月にはユーザーへ何を提供する？　サブスクリプション制では、時間をかけてコンテンツを少しずつ提供しなければならない──その量が少なすぎると、ユーザーは嫌気がさして退会するだろうし、多すぎると、今度は開発費を回収する前にコンテンツが尽きてしまう。ゲームでは、コインを一定数集めないと次のエリアへ進めないというように、パターンを繰り返すことで中身を引き伸ばすことがままある。

　コンテンツ配信を管理する上で、仮想経済の諸側面が大いに役立つ。価格、税、生産性、効率、それに価値の低下といったパラメーターは、プレイヤー

の進行スピードを設定する際に直接影響する。また、それらのパラメーターの一部は容易にきめ細かく操作可能だ。一方で、経済デザインの予期せぬインタラクションや抜け穴によって、ユーザーの進行スピードがデザイナーの想定より速くなる場合もあるだろう。

　主な収益モデルを仮想商品の販売に頼るサービスでは、コンテンツ配信の管理はさらに重要で奥が深い。ユーザーが戻って来続けるちょうどいい分量の無料コンテンツを与えつつも、仮想商品を購入すると得られる追加コンテンツがほしくなるぐらいには物足りなさを覚えさせる、という、絶妙なバランスを保たねばならないのだ。実際、この場合にはコンテンツはごくごく薄くまで引き伸ばされる傾向にある。フェイスブックの無料ゲームでカボチャひとつを育てるあいだに、通常のAAAタイトルゲームなら世界を二度救うことができるだろう（**コラム1・2**ではこの段階的な配信スケジュールについて論じている）。

　フリートゥプレイ（F2P）ゲームでユーザーが仮想商品を買うことに決めたら、適切な分量のコンテンツが遅滞なく配信されるようデザインされていなければならない。理屈の上では、もしユーザーが、しかるべき支払いをするから一度のセッションでゲームの全コンテンツを購入し体験したいと望めば、そうすべきだ。だが実際には、マルチプレイヤー向けのゲームでは、こんなことをすれば、ほかのプレイヤーのゲーム体験にどんな影響を及ぼすかを考える必要がある。

　ここで取りあげた収益モデル（小売り販売、サブスクリプション、仮想商品）が関わってくる、異なるカテゴリーのゲームのコンテンツ配信スケジュールを**図1・3**に表した。F2Pゲームのグラフは、課金ゼロのプレイヤーへのコンテンツ配信を表している。

　コンテンツ配信の管理には、収益の最大化以上の目的がある。プレイヤーはその習性として、次のコーナーの先に何が隠れているかを少しでも早く知りたがるものだ。しかしゲーム内の壮大な景観も1時間で突っ走ってしまったら、印象など残るだろうか？　経済学者に言わせれば、ゲームコンテンツの消費には限界効用逓減の法則が当てはまる。つまり、一度に多くを

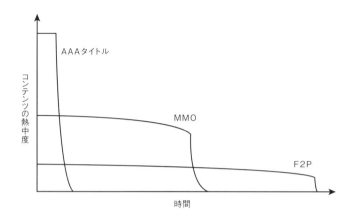

図1・3　異なるゲームカテゴリーのコンテンツ配信と時間ごとの割合

体験すればするほど、ひとつひとつのイベントから得られる印象は少なくなるわけだ。そう考えると、ひとつのゲームから得られるエンターテインメントの総量は、ときおり立ち止まって、そのゲーム世界を楽しむほうが増加する。そのため、収益モデルにかかわらず、優秀なゲームデザイナーはプレイヤーが減速するよう必ずスピードバンプを設けている。

◉仮想経済デザインの目的

　要約すると、マルチプレイヤー向けゲーム、仮想世界、もしくはその他のデジタルサービスに組み込まれた仮想経済の諸要素は、以下の目的の少なくともどれかひとつに役立つことを目指すものなのだ。

1. コンテンツ制作。　仮想経済の要素は、興味をそそるシングルプレイヤー向けコンテンツの一部を形づくりうるし、ユーザーが生みだすコンテンツの枠組みとなりうる。どちらの場合も挑戦と競争を生みだす経済へ人為的に希少なリソースを導入する際に関わってくる。また、ユーザーやサードパーティーの開発者に新たなコンテンツを制作してもらうインセンティブの提供にも仮想経済の特長を利用できる。すべてのデジタルサービスは性質上希

コラム 1・2

フリートゥプレイゲーム（F2P）開発の経済学

　仮想商品の収益モデルは、コンテンツを小さく分けて売り続けることを可能にする。このモデルに沿って開発プロセスを組み立てる F2P のパブリッシャーは、運転資金負担の減少とリスクの減少という、ふたつの大きな経済的長所に気づくだろう。

　次の例を考えてみよう。パッケージ販売の AAA タイトルと、ゲームサイズ的には同じ F2P のデジタルタイトルが、どちらも1000万ドルの開発予算で1100万ドルを稼いだとしよう。AAA タイトルのパブリッシャーは製品が店頭に並ぶ前に、1000万ドルを丸々先行投資する必要があるため、利益率は10％しかない。対して、F2P のパブリッシャーはコンテンツの一部のみが完成した段階でサービスを開始できる。1年を通して新たなコンテンツを追加し、開発費はすでに公開されたコンテンツからの売り上げでまかなう。開発費の総額は同じく1000万ドルに達しても、特定の時点で投資されている資本の最大額は100万ドルにとどまり、利益率は実に100％という結果になる。

　開発予算をすべて先行投資するため、ゲームが売れなかった場合には、AAA タイトルのパブリッシャーは大きな経済的リスクに直面する。これまで数々のゲームスタジオがたった1本の AAA タイトルの失敗で倒産の憂き目に遭ってきた。F2P はこれよりリスクが低い。F2P であれば発売後に人気が出なかった場合は、どの時点であれ単純に開発を打ち切って損失を削減できる。

　言うまでもなく、以上の分析は現実世界におけるいくつもの要因を省略した理想にすぎない。例えば、コンテンツを形のないサービスとしてではなく、製品として手にすることを好む消費者も多いだろうということが一つ。とはいえ、経済的には F2P やサービスとしてのゲームのほうが圧倒的に有利なため、これこそゲーム業界とその他のデジタル産業が向かっていく方向だ。なぜいまなのか？　なぜ10年前ではなかったのか？　F2P に求められるデジタル配信と請求のためのインフラストラクチャーは、基本的には10年以上前から存在した。当時存在しなかったのは仮想経済のノウハウだ。Iron Realms Entertainment 社［コンピューターゲームの開発会社］のマット・ミアリーや、Sulake社［テレビゲームの会社］のサンポ・カルヤライネン、スルカ・ハロ、その他の人々のような少数の先駆者を別とすると、欧米の開発者たちは、これが良質のゲーム体験につながることはおろか、仮想商品と通貨でリアルマネーを稼げることにまだ気づいてなかった。ブロードバンドがデジタル販売を可能にしたように、仮想経済はF2Pゲームを可能にする技術、技術革新なのだ。

少な計算資源とユーザーの関心にある程度頼っている。仮想経済の要素、中でも適切に定義された仮想所有権と市場は、これらのリソースがもっとも価値のある使われ方をされるようにできる。

2. 関心：ユーザーを引きつけ、とどめること。ユーザーを引きつけるためにコンテンツの一部を無料で提供する一方で、その他のコンテンツを有料のユーザー向けに取っておくという目的にも、仮想経済の仕組みが利用できる。これを成し遂げる代表的な方法はふたつの通貨を創設することだ。ひとつは無料で稼ぐことができ、もうひとつは購入の必要がある。仮想商品と通貨は友人紹介とユーザーの「ロイヤルティ」［ゲームやサービスへの愛着、帰属意識などの好意的感情］の報酬として利用することも可能だ。仮想商品はそのそもそもの性質として、ユーザーの囲い込みを生みだす。競合サービスへ乗り換えると、現在のプラットフォームの仮想財産に費やした時間とお金を失うために、乗り換えを思いとどまらせるだろう。

3. 収益化<ruby>収益化<rt>マネタイズ</rt></ruby>。仮想経済が収益化にいちばん明確に役立つのは、仮想商品と通貨の販売を通してだ。ほかの収益モデルと比較して、このモデルには支払う意思に応じて料金を変えられる、価格差別という利点がある。しかしほかの収益モデルを使うゲームやサービスにおいても、コンテンツへのアクセスを調整することにより仮想経済が収益へ貢献することは可能だ。サブスクリプション制のゲームでは、有料会員の興味を持続させるために、コンテンツを比較的すみやかなペースで提供する必要がある。純粋に広告収入によって成り立っているサービスでは、可能な限り長い期間ユーザーをつかまえておくため、もっとゆっくりしたペースでコンテンツを与える。

　仮想経済デザインの目的を詳細に見てみたところで、本章の最初に提示した問題に少しのあいだ戻ってみよう。仮想経済デザインのゴールは従来型の経済デザインのゴールとどう異なるのか？　どちらも同じ人間行動のモデルにもとづくが、従来型の経済学は一点にのみ着目する。性質上希少な

リソース、そしてそれをいかに効果的に配分するかという点だ。通常、従来型の経済学は、関心を引きつけるためや、消耗されるゲームコンテンツとしての経済活動そのもののために生みだされた、人為的に希少なリソースは扱わない。よって、従来型の経済学者によって生みだされたゲーム理論、同時競り上げ入札は、無線周波数のように性質上希少なリソースを割り当てるにはもってこいだが、そこに興奮や楽しさ、「ロイヤルティ」はほとんど発生しない。「イブオンライン」の分析を頼まれた教科書的な経済学者は「イブオンライン」の人為的な希少性と非効率性を必然的に生じたものと取り違えた。そしてコンテンツとして分析する代わりに費用として分析し、希少性と非効率性を取り除くべきだと結論した――ゲーム内の経済活動の醍醐味であった部分をだ。

　系統的学問である経済学は、農業、製造業、そして商業の研究から発展した。飢餓や失業など人の身に現実に降りかかる悲劇に対する解決策を見つける必要性が、その進路を形づくったのだ。しかしこんにち、少なくともオンラインゲームとデジタルサービスの世界では、もっとも希少なリソースはいまや食料や住居ではなく、人の関心だ。このリソースを求め、経済活動そのものまでが消耗品に様変わりしたのである。

■本書の概要

　実際には仮想経済はどのようにデザインするのだろう？　そこには膨大な疑問と可能性がある。現実世界の見てくれをまねる仮想経済もあれば、デジタルサービスに深く組み込まれて外からはわからない仮想経済もある。すべての仮想アイテムと通貨単位はなんらかの形で生みだされるか、発行される。購入する、報酬として与えられる、ゲーム内で作る、もしくはユーザーによって一からデザインされる場合さえある。一部の仮想商品はユーザー間でトレード可能だが、その他はパブリッシャーから購入するしかない。仮想通貨を使ったやりとりが発生することもあれば、リアルマネーが使われることもある。マーケットの外で多くの仮想商品がプレゼントとして、または盗

みさえも通して、手から手へと渡る。使うことで消費される仮想商品もあれば、有効期間が設定されているもの、有効期間のないものもある。本書ではそれらの選択肢を体系的に述べ、それぞれの意味を説明してその中から選択する際の指針を提供する。そのためには、経済学の基礎概念と理論をある程度紹介しなければならない。結果的に、本書は経済学を学んでいないデジタルネイティブにとっては基本的な経済学の入門書ともなるだろう。

　経済学者はどんな経済にも内在する基本概念や構成要素を切り出すが、そのひとつが経済主体、つまり経済活動を行う人である。人はモノを所有し、決定をくだす。もうひとつの構成要素は商品だ。商品なしでは経済活動は存在せず、そこにあるのはただのおしゃべり会だ。三つ目の構成要素は生産である。その他の重要な構成要素としては、マーケット、インスティテューション（制度、慣例）、そして貨幣があげられる。仮想経済とは基本的に、特定の方法で形づくられたこれらの構成要素の組み合わせだ。本書のその他の部分は、これらの構成要素にからめる形でおおまかにまとめてある。それぞれのテーマのもとでは、関連する経済理論を紹介するとともに、デジタル開発者が直面する実際のデザインに関する問題点を取りあげて、決定とデザイン分析に経済理論がどう活用できるかを示す。本書の後半では仮想経済の管理に関するテーマにも触れたいと思う。各章で取りあげるテーマを簡単に紹介しよう。

　第2章では、商品に焦点を当てる。有形商品、情報商品、そして仮想商品の違いを説明する。社会科学と文化研究に目を通して、無形の仮想商品に高い価値が与えられる幅広い理由を見てゆき、そういう高価値商品の顕著な例を考察する。

　第3章、第4章、そして第5章はマーケットと現代の経済活動を定義するインスティテューション、そして仮想経済の重要な構成要素に当てている。第3章は、楽しさや収益化などのデザインゴールを追求するため、規制によって基本的競争市場を別の形にする方法を検証する。第4章は市場力、すなわち価格を決定する力に焦点を当てる。市場力をつけて、利益があがる

よう仮想商品の価格を設定するさまざまな戦略を見ていく。第5章では、店舗やオークション、競争売買など、買い手と売り手が取引をするマーケットの具体的メカニズムを考える。マーケットの考察の最後に、こちらがマーケットデザイン決めたところで、時にユーザーはそれを回避してしまうことがある、という、その実例を見る。

第6章は仮想経済における予想外の行動を考察する。ものごとは常にデザイナーの意図した通りに進むわけではない。ここでは経済学の概念、外部性を紹介する。外部性とは、取引によって発生した費用や利益がサードパーティーに及ぶことを意味する。この概念を用いて、ユーザーがパブリッシャーの許可なしに仮想商品を売り買いする、二次市場取引と呼ばれる現象を検証する。二次市場取引の影響を分析し、それに取り組むさまざまな方法を外部性理論にもとづいて提案したい。

第7章は、自治団体〔コーポレーション〕、犯罪、慈善を含む、さまざまな非市場の富の流れを見ていく。ここではインスティテューションの概念を紹介する。これは市場の強力な平衡力となる、企業、組合、そして法制度〔ジャスティスシステム〕などの執行力を有する社会的な構造を指す。ここでは仮想経済のデザイナーがいかにインスティテューションの成長を促進させ、デザインゴールへの到達に利用できるかを見ていく。

第8章では、貨幣〔マネー〕に焦点を当てる。貨幣とは何か、なんのために使うのか、そしてさまざまな種類のお金を説明する。良貨の特性とアフォーダンス〔環境が人や動物に与える意味〕を検証し、仮想経済で成功する仮想通貨の作り方を提示する。また、お金のマクロ経済的側面についても一部話をはじめたい。

第9章と第10章はマクロ経済デザインと仮想経済の管理に割り当てる。第9章では"蛇口と流し台〔シンク〕"というとても重要な概念を紹介する。これは新商品と通貨を流通させる機能と、それらを流通から取り除く機能を指す。ここではこれらを市場やインスティテューションのようなほかの構成要素と組み合わせて、完全な仮想マクロ経済を生みだす方法を見ていく。第10章は仮想マクロ経済の管理法に着目する。経済活動の監視に利用できる経済指標を紹介し、望ましい方向へ調節するための政策レバーについて論じる。

第11章では、果たして仮想経済には現実経済へ応用できるものか、世界経済を取り囲む危機に対処する手がかりがあるのかを考えて本書を締めくくる。

　多くの章は前の章の内容を発展させたものではあるが、章の順に読んでいただく必要はない。ゲーム理論やデジタルサービスにすでに精通し、基本のミクロ経済とその極めて珍しい例だけを知りたい方は第3章、第4章、第6章をお読みいただきたい。経済学にはすでに詳しく、仮想経済についてより知りたい方は、第2章、第6章、第8章、第9章から読みだしていただくといいだろう。デザインのインスピレーションを求めているだけなら、第2章、第5章、そして第7章を見ていただきたい。

*1
中国における Q コイン経済の話は Lehdonvirta と Jiaping Xu の2007年から2008年の調査にもとづく。調査の一部は Virtual Economy Research Network のサイト、http://virtual-economy.org に公開されている。仮想経済における主要な進展の多くはアジア、中でも韓国と中国で起きているが、言葉の壁と研究者間のつながりの弱さのために情報が伝わる速度が遅い。多言語を使いこなす学者とアナリストにはアジアと欧米間で新機軸を伝え合うことが期待される。

*2
実際の経験から技量を身につけたゲームデザイナーたちが、仮想経済のデザインに関して洞察力に富んだ論文を著している。Richard Bartle は初期の MUD（テキストベースの仮想世界）の共同開発者であり、彼が2003年に発表した著作は仮想世界デザインの古典であり、経済の考察も含まれる。Raph Koster は1990年代の「ウルティマ・オンライン」の先導者であり、刮目すべきオンラインエッセイを発表している。一般的なゲームデザインに関する書物もぜひ利用してほしい。Crawford (1984)、Salen and Zimmerman (2003)、Rollings and Morris (2003)、Schell (2008)、Koster (2004)はおもしろさの理論をわかりやすく解説している。Fullerton (2008)と Braithwaite and Schreiber (2008)は行動することで学ぶユニークなアプローチを取っている。

*3
『WIRED』誌の編集長、クリス・アンダーソンはデジタルエイジの価格下落について記している。彼の著作『フリー〈無料〉からお金を生みだす新戦略』（2016年）はモノを無料で提供することは収益をあげる最善（もしくは唯一）の道ではないかと提案している。

*4
現実的にはグラフの斜線は直線ではなく湾曲する。このグラフは単なる例であり、分析ではない。

*5
AAAには厳密な定義はないものの、大まかには、大手パブリッシャーから発売される、家庭用ゲーム機のような主要プラットフォーム向けの大予算ゲームを指す。本書では主にシングルプレイヤー向けのパッケージ商品を意味する。

第2章 ——*Chapter 2*　　商品：有形、デジタル、仮想

　この章では"仮想商品とは正確にはなんなのか、なぜ人はそれらに引きつけられるのか"を見ていこう。これにより、ユーザーの行動と、効果的な仮想商品デザインの二つを理解できるようにしたい。前述のように、仮想商品はすべての仮想経済の二番目の構成要素だ。

■商品の種類

　もっとも広い意味では、経済における商品とは、誰かにとってなんらかの価値を持つものすべてを指す。例えば、有形の製品、サービス、デジタルコンテンツ、あるいはきれいな空気。多くの経済分析は、そのうちの排除財と呼ばれる一部の商品に焦点を当てる。排除財とは、原則として有形の製品のように誰かが実際に所有できる商品のことだ。重力は極めて有益だが、誰でも無償で利用できるため、経済学の範疇外となる。

◉情報商品

　デジタル商品というと、ふつうはMP3形式の音楽ファイルやソフトウェアパッケージ、それに電子書籍のようなデジタル情報商品が思い浮かぶだろう。情報商品とはそれが持つ情報に価値のある商品と定義される。これは音楽から映画、それにソフトウェアやニュース、詩までなんでも指す。情報商品はデジタルである必要はない。モノであってもいいのだ。たとえば、DVD、書籍、雑誌、それに新聞は形のある情報商品だ。媒体はなんであれ、情報商品はそれが持つ情報ゆえに価値がある。ふつう、情報が埋め込まれるモノ自体には価値はほとんどない。中身を消去したら、DVDは単なるプラスチック製の円盤にすぎない。

情報は**非競合性**と**非排除性**を有する傾向にある（**コラム2・1**）[1]。あなたが本を読んで何か興味深いことを知ったとして、お茶を飲みながらその情報を同僚と共有しても、自分はその情報を持ったままだ（非競合的）。出版社には読者が情報を共有することは止められない（非排除的）。デジタル情報ではさらに非排除性が高まる。電子書籍の中身をそっくりコピーして同僚に渡しても、自分はその本自体を持ったままでいられる。これはデジタル潤沢（アバンダンス）と呼ばれ、情報を紙媒体で販売する出版業界の従来型のビジネスモデルを崩壊させる。そのうえ、商品は希少であるという前提から成る経済理論の大部分がデジタルアバンダンスによって否定される。経済学では情報の複雑さと影響力の研究だけでひとつの分野になっている[2]。

● 仮想商品

　すべてのデジタル商品が情報商品というわけではない。ICQのユニークな連絡番号や、オンラインレースゲームの仮想レーシングカーは、情報ではなく**機能**にその価値があるデジタル商品の好例だ。前者であれば目立つことができるという心理的もしくは社会的機能であり、後者の場合は任意のデジタル環境において、レーシングカーは有形製品としての機能を果たす。これらの商品をデジタル情報商品と区別するため、ここでは**仮想商品**と呼ぶ。仮想商品の注目に値するところは、デジタル商品でありながら、容易に競合性と排除性を持たせられる点だ[3]。オンラインゲームに登場する仮想のレーシングカーは、パブリッシャーの協力なしには複製できない。スクリーンショットを撮って友人に画像を送ることはできるが、それは現実世界で車の写真を送るのと同じだ——もとの製品の機能は何ひとつ持っていない画像にすぎない。よって消費者から見れば、仮想商品は通常、デジタル商品と考えられるものよりも有形商品に近いのだ。生産者から見れば、仮想商品はあくまでデジタル商品だ。生産の限界費用［1単位を追加で生産する費用］は本質的にゼロである。この意味で、仮想商品は両方の世界のもっともいいところを示している。制作費のかからない排他的物品なのだ！

経済学において、商品のふたつの重要な特性は**排除性**と**競合性**だ。人々が使用するのを妨げることができればその商品は**排除的**で、それができなければ非排除的だ。たとえば、マグロステーキを食べている人は、ほかの人がそれを食べるのを防げるため、マグロステーキには排除性がある。しかし、外洋のマグロ漁場は誰でもやって来て利用できるため、排除性はない。誰かが使用するとほかの人は使用できなくなる商品は**競合的**であり、価値を損なうことなく大勢が同じ商品を使用できる場合は非競合的である。もちろんマグロステーキは競合的だ、1人が食べればほかの人は食べられないのだから。マグロ漁場は漁獲高を維持できるところまでは非競合的だが、そこから先は競合的なリソースに変わる。非競合的な商品の多くは特定の使用レベルまでしかそうではない。これらふたつの側面から商品は表のように四つのカテゴリーに分けられる。

	競合的	非競合的
排除的	**私的財** 魚ステーキ、仮想アイテム	**クラブ財** 映画館(収容数未満)、ウェブサイト
非排除的	**共有財** 漁場(乱獲済み)、きれいな空気	**公共財** 灯台、情報

排除性と競合性は希少性と密接に関係する——起こりうるすべての需要に応じるだけの供給がない状況だ。競合性のある商品(必然的にであれデザインによってであれ)は、極端に需要が少ない場合や商品が大量に供給されている場合を除いて、通常希少である。重力のように絶対的に非競合的なものは、本質的にどれだけ大勢でも利用できるため、性質上、希少ではありえない。しかし排除的かつ非競合的な商品は、それらへのアクセスを制限することで人為的に希少にすることができる。このように、たとえば本来は誰でも見ることのできるウェブサイトは、コンテンツの閲覧を有料にすることで、人為的に希少なクラブ財に変えられる。

仮想商品のほかにも、どのようなデジタルサービスでもユーザーインターフェース要素、背景グラフィックス、それに仮想の風景のような、その他のデザインを必要とすることは明らかだ。これらも商品であるが、すべてのユーザーが利用できるクラブ財で、特定のユーザーが所有する私的財ではない。そのため、仮想経済デザインの埒外となり、一般的なゲームデザインとユーザーエクスペリエンスデザインの範疇に入る。だが、本書では、インターフェースデザインとレベルデザインについては、マーケット（第5章）と経済的インスティテューション（第7章と第8章）と関わりを持つ限りにおいては論じることにしたい。

　経済分析の観点から仮想商品を見ようとすると、希少性というおなじみの領域に立ち戻ることになる。以下では、少なくとも仮想商品に詳しくない読者のみなさんは疑問に思っているに違いないことを細かく検証していこう。人は仮想商品のいったい何にそこまでの魅力を見いだすのだろうか？

◉ 仮想商品に価値を与えるものは何か

　約10年前［原書の出版は2014年］、学会やテクノロジー業界のイベントで筆者らが仮想商品の販売について話しはじめたばかりの頃、聴衆から受ける質問の多くは以下のようなものだった。あなたたち、気はたしかですか？　ゲームの仮想アイテムにお金を払うなんて理屈に合わないでしょう？

　経済理論はそうは考えない。合理的選択理論では、個人にはそれぞれ独自の好みがあり、人は選択を通じて好みを満たそうとすると考える。言い換えると、ゲームの仮想アイテムが本当に気に入ったのなら、お金を払うのだ。好みが少しばかり変わっていても、あまり好きでもないものにはお金は払わない。経済価値はとことん主観的だ。モノの価値はそれを求める人が決める。それが現実の城だろうと、ジーンズだろうと関係ない。もちろん、この理論は人の好みがどこから来るのかには触れていない。**人それぞれ**と述べてあるだけだ。仮想アイテムを好んで、それらにお金をつぎ込み続けるのは何かおかしいところがあるだろうか？

　経済学者のモデルでは人の好みがどこから来るのかは扱わない。経済学

では好みとは数理モデルの外から与えられる変数、すなわち**外生変数**であると考える。経済学以外の社会科学者たちはむしろそちらの問題に強い興味を示してきた。社会学者、人類学者、それに心理学者は、人の好みを左右するさまざまな社会的、心理的プロセスを実証してきた。仮想消費を検証してきた筆者らとそのほかの研究者は、同じプロセスが仮想環境でも好みを生みだすことを発見した。

　次の節では、これらのプロセスを簡単にまとめ、それぞれ一般的なレベルでのプロセスについて論じ、仮想環境での機能例を紹介する。アナリストにとっては、一部の仮想商品にはなぜ人気があるのかを理解する助けとなり、仮想経済デザイナーにとっては、できる限りいろんな形の、できる限り魅力的な仮想商品を開発するのに役立つだろう。

　本書で扱う内容はあまたの支流を持つ知識の大河であるため、厳選する必要がある。本書では三つの分野に着目したい。1）社会的マーカーとしての商品の活用、2）商品が持つ個人的、感情的意味、そして3）基本的ニーズと問題への解答としての商品の有用性だ。需要という無形のものからはじめ、商品の利用法という有形のものを最後に取りあげたい。

■モノは社会的マーカーとして利用される

　自分で認めると認めないとにかかわらず、人はそれが持つ社会的価値のために商品を求めることがある。社会学者と人類学者は人間関係において商品が果たす多種多様な役割を観察してきた。所有し他者に見せることによって、商品は社会的ステータスの確立、社会的アイデンティティの表現、そしてグループへの忠誠心やメンバーシップの意思表示として利用される。あげる、貸す、その他のやりとりを通して、商品は人々が互いに友好関係を築き、絆を強め、社会的義務を満たすのに利用される。現代の消費者文化では、学校や職場から、友人や家族と顔を合わせる場合まで、デートはもちろんのこと、ほぼすべての社会的遭遇において、社交を目的としたモノの慎重な選択、利用、そして交換が関わってくる。これらの利用法をもう少し詳細に見ていこう。

◉ モノは社会的ステータスのサイン

　ステータス商品という概念は多くの人が知っている。特別さという以外は特に価値のない、極めて高級、もしくは手に入りにくいモノだ。それを持っていることでほかの者たちとはひと目で区別され、よって富と成功、それに社会的地位のしるしとなる。経済学者であり、経済社会学者でもあるソースタイン・ヴェブレンは、19世紀のアメリカで顕示的消費について記し、モノは無用であればあるほど、マーカーとしての価値は高まり、その所有者は生産活動を気にしなくていい身分であることをまわりに伝えると考察した＊4。よって、3カラットのダイヤモンドは立派なステータス商品であるが、ショベルカーはそうではない（仮想商品の例は**コラム2·2**を参照）。

　ステータス商品は数が少ないが、ステータス的価値を含む商品は多々ある。これを踏まえ、マーケットはしばしば同じ製品を2種類用意する。余計なもののついていない通常版と、値段がより高く、見せびらかすためにも使える特別版だ。ステータスと社会的認識の追求は、社会的動物である人間が生まれ持っている欲求である。その追求の仕方は十人十色だ。博士号もひとつのステータス商品に当たる。ステータス商品の大半は万人に認められているものではなく、特定のグループや社会においてのみステータスを与える。たとえば、ティーンエイジャーのあいだでは、最新のスニーカーがそれかもしれない。葉巻愛好家たちの中では、純キューバ産の木箱入り手巻き葉巻かもしれない。ウェブコミュニティでは、仮想商品は仮想アイテムや通貨という形を取る。レアで手に入りにくい仮想アイテムは、現実世界で有形のステータス商品がそうするようにはっきりと、その持ち主をほかとは違う特別な存在にする。

　仮想環境では、ステータス的価値を持つモノは金塊や宝物とはまったく違うことがしばしばだ。次の例を見てみよう。マッシブ・マルチプレイヤー・オンラインゲーム、「ウルティマ・オンライン」では、金は希少でもなんでもなかった。バグのせいで一時期溢れかえってしまい、まったく無価値になったのだ。一方、システム内でもっとも価値のあるモノのひとつになったのは、キラキラなど絶対にしない茶色の物体だ。ゲームの世界を作りだした

　2008年、ドイツの開発者が I am Rich という iPhone用アプリをリリースした。このアプリには機能はいっさいなく、輝く赤い宝石が表示されるだけで、アイコンに触れると "わたしはお金持ちだ" などと短い文章が現れる。機能がないことは問題ではない。このアプリの重要な特徴は中身ではなくその価格だ。アップルのアプリストアでアプリにつけられる価格としては最高限度の999.99ドルがつけられたのだ。

　経済理論では、商品の価格は供給と消費者にとっての実用性を反映すると仮定される——つまり価格は実用性に従う。しかしこのアプリの場合、この論理がひっくり返ってしまった。アプリの実用性は価格から生じた。その名が示すように、このアプリの重要なポイントは持ち主の富を見せびらかすことだ。無意味なアプリにこれだけ法外な金額を払うのは、賢明であるかはさておき、たしかにお金が有り余っている証拠となる。

　8人が購入し、リリース翌日にはアップルは販売を停止している。その結果、その八つは世界にそれだけしか存在しない特別な仮想ステータスアイテムとなり、社会的価値はさらに高まった。その後ほかのモバイルプラットフォームでも似通ったアプリがリリースされている。

際に、開発者たちはおそらく雰囲気作りのため、厩舎にいくつか馬糞を置いた。ところが馬そのものは作らなかったために馬糞が増えることはなく、それ以上供給されることはなかった。これに気づいたプレイヤーたちは、珍しい記念品として馬糞を拾うようになった。とあるプロの仮想商品ディーラーが算出したところによると、ある時点では、3万人のプレイヤーに対して馬糞はひとつしか存在しなかった。ディーラーの談では、「馬糞は現実世界のダイヤモンドと同じステータスシンボルだった」[*5]。幸運な所有者は、自分の城など目立つところに誇らしげに馬糞を飾って、仲間内で羨望の的となるのだった。また、馬糞はゲーム内の通貨で数百ドル相当で取引された。

　この話は、人為的な希少性により、仮想アイテムが有形のステータス商品と同様に、持てる者と持たざる者との社会的な区別を生みだすことを示している。しかし希少性はいつまでも続くとは限らない。過去10年、20年のあ

いだに、ダイヤモンド、博士号、それにスニーカーは、豊かさが増し、新たな生産技術により商品が手に入りやすくなったために、どれも象徴的な価値が急速に減少した。大衆化が進むと、ステータス商品もふつうのモノ、さらには通俗的なモノにさえなりかねないのだ。歴史を通して無数の商品が同じ憂き目に遭ってきた。衣服、食品、そして家庭にある日常品が、かつては特権の象徴だったのに地位から転落したのだ。仮想環境では、これはさらに日常茶飯事となっている。仮想世界でのアバターチャットサービス、Habboでは、もっとも貴重なアイテムのひとつだったDJ用ターンテーブルが突如キャンペーンの一環として再リリースされた。その結果、取引においても希少さにおいても、DJ用ターンテーブルの価値は急落した[*6]。

　ひとつの商品が普及しても、モノは社会的地位のマーカーとして利用され続ける。商品がその社会的価値を失ったら、消費者は手に入れにくい新たな商品を見つけるか、自分たちで作りだすかするのだ。そして新たなステータス商品が同じように一般的になったら、次を探す。こうしてより特別なモノを常に追い求めて、終わりのないいたちごっこが繰り返される。有形商品であれ、仮想商品であれ、売り手はこのサイクルを利用してモノを売る。

◉モノはアイデンティティとメンバーシップを表現する

　商品の大衆化により、社会的ステータスがモノではなく、モノを選ぶ目にあるとされるようになることがある。別の言い方をすると、ステータスが金融資本よりも文化資本——いまの流行は何かという情報——によって決められるのだ[*7]。例をあげると、どんどん裕福になっているティーンエイジャーたちの中では、高価な新品のスニーカーを履いていたところで意味はない。スニーカーを履くなら、特定のブランドの特定のデザインでなければならない。そしてこのプロセスも終わりなく繰り返される。情報が広まってはやりのスタイルが一般的になるなり、新たなスタイルがもてはやされる。結果として無限のファッションサイクルが生まれ、これはとりわけ衣服では顕著だが、ほぼすべての消費分野に見受けられる[*8]。

　では誰が流行を決めるのか？　1930年代のイギリスではそれは皇太子だ

った。しかしこんにちの多元的社会ではファッションは極めて細分化されている *9。流行を決めるのは、特定の社会的グループやコミュニティに属する大勢の人たちだ。セレブ、アーティスト、デザイナー、脚本家、ジャーナリスト、ブロガー、シリコンバレーで成功した企業家、学校の人気者などなど。デジタル環境で、ユーザーは自分の自己紹介欄やアバターに使う飾りを選ぶのに、現実世界のスタイルやセレブからインスピレーションを引きだすことがままある。だが、コミュニティ内の仮想セレブ、中でも有名なユーザーによって流行がはじまることも起こりうる。ときにはサービス内で人気の管理者が、ユーザーによってセレブのようにまねられる。

　この細分化された世界では、モノはステータスを表すだけでなく、そもそも自分がどこに属するのかを示すためにも使われる *10。キャリアウーマンなのか、社会的意識の高い大学生なのか、ゴス［黒ずくめの服装に代表されるファッション］なのか、スウェーデン人なのか、日本のアニメのファンなのか？　誰もがある程度は、自分が属していると考える現実または架空のグループを通して自分を定義し、そのグループに結びつけられる行動や態度を取るものだ。これは社会的アイデンティティと呼ばれる。人間心理の基礎となる部分だ。消費者社会では、弁護士がスーツを着るように、またはファンがバンドのロゴ入り商品を買うように、自分が所属しているグループの商品や消費パターンを選ぶことで、グループとの結びつきを行動化する。消費者社会では、文字通り、アイデンティティを買うのだ。正しいモノを購入する知識によって、人はグループ内で社会関係資本［社会などにおける信頼関係や結びつきを表す概念］を勝ち取る。

　仮想環境で、人はモノとスタイルを使って、ゲーム内およびゲーム外のグループ両方のメンバーシップを表現する。たとえば、ティーンエイジャーが集うチャットサービスのほとんどには、ゴスやエモ［長い前髪など、独特のこだわりを持つファッション］の格好をしたアバターがいるが、Habboでは "ホースガール" や "エジプシャンマフィア" など、サービス内で形成されたとっぴなグループのアバターもいる *11。販売促進のため、仮想商品のデザイナーは主流を成す文化とインターネット文化、両方の人気要素を自分たちの製品に取り入れ

る。また、バンパイアが出てくる人気のテレビドラマなどと提携してファン向けの仮想商品を売ることもできる。社会的アイデンティティは、逆にどのグループに関わっていると思われたくないかで自分を定義することも可能だ。たとえば、マッチョな男性はゲイと間違われかねない商品や消費スタイルは避けるだろう。これは仮想商品にも当てはまる[12]。

　原理上、多元的消費者社会では、その気がある者なら誰でも、認知されているあらゆる既存のスタイルの枠を超えて独創的に商品を組み合わせ、自分のスタイルを作りだすことができる。社会によって与えられる主流のアイデンティティが押しつけがましく、不平等に思えたら、それに取って代わる新しいタイプのアイデンティティを作りだすのだ。例として、1960年代には、女性としての伝統的な役回りを拒む多くの女性が、スカートの代わりにズボンを着用しはじめた（逆に男性がスカートを着用する動きは、これまでのところ広がっていない）。1970年代になると、パンクは自作のどぎついファッションを打ち出して従順な消費者の役目を放棄し、より本物の価値に根ざすという主張のもと、新たなアイデンティティを築いた。1980年代には、押しの強いヒップホップスタイルが人種的不公平に対する抵抗の象徴として発展した[13]。

　スタイルが持つこういう強烈に政治的な側面に反して、こんにちの新たな流行の裏にあるもっとも影響力の強い要素は、結局のところ、経済的な利益だ。有形商品および仮想商品の売り手は、製品を売るために常に流行を作っている。まさにこのシステムに反対し、逆らうためにはじまったスタイルさえも、最後は大量消費されかねない。チェ・ゲバラのTシャツに、パンクの革ジャン、最近では世界中の中産階級の若者に広まったヒップホップのファッションも同じ道をたどり、その意味は抵抗から同調へと逆転した。ラッパーのスヌープ・ドッグが公式に販売する仮想商品は、ティーンエイジャー向けのチャットサービスで20万ドル以上を売上げた[14]。

●モノの流れは絆を生みだし、義務を満たす

　ここまでは商品の購入と所有に関わる社会的プロセスを見てきた。いか

に所有物が社会的ステータスを築き、社会的アイデンティティを表現する
か、ということだ。しかし、商品の中には所有ではなく、プレゼント向きの
ものもある。この節では、モノを与え、貸し、交換することの社会的意味
合いを簡単に検証したい。

　長期にわたる個人の商取引を図に描き起こすと、その図は個人のソーシ
ャルネットワークと一致するだけでなく、ネットワーク中のそれぞれのつな
がりや関係の性質を示していることもわかるだろう。文化的および社会的
背景によってそれぞれの商取引の具体的な意味は異なるものの、その概念
を説明する一般的な原則を引きだすことはできる。日常的に商品に対する
支払いをしている関係は、おそらく食料雑貨店などとの商業的関係だ。無
償で商品を与えたり受け取ったりしている関係は、より個人的な関係を表
す。何か贈り物をするということは、社会的絆を結ぶということだ。贈ら
れた側のお返しが当然期待されるからである[*15]。

　多くの場合、とある関係内でやりとりされる商品の総額は親密さの度合
いを反映する。これは長期的には、自分が愛する者へのプレゼントが質・量
ともに最大になる傾向にあるからだ。また、プレゼントが動く方向は、取引
を行う人の年齢もしくは社会的ステータスを反映する。ふつう、子どもで
あれば両親や年長の親戚からモノをもらうほうが多く、自分たちからお返
しをすることは滅多にない。隣人や同僚など対等の相手とのあいだでは、
ほぼ同等の価値を持つモノで返礼するのがふつうだ。ビールを飲むときな
ど、相手に借りを作るのを避けるために順番でおごり合うだろう。利息な
しに何かを借りるのはプレゼントをされるのに似ている。隣人から芝刈り機
を借りた場合、芝刈り機自体は返却しても、それを使用したことから小さ
な借りができる。

　このように、社会におけるモノの流れは社会関係の一般的枠組みに従う。
これはなぜだろうか？　ひとつには、人々はプレゼント、モノの貸し借り、
取引を積極的に活用して人間関係を築き、ソーシャルネットワークを形成
しようとすることがあげられる。もっとも顕著な例は、相手の好意を得る
意図でプレゼントを惜しみなく与える場合だ。（意図的でない効果の例とし

マダガスカルにおける牛の売買とウイルス拡散

　最近の研究で、Gaelle Niccolasと同僚の国際チームはマダガスカルにおける牛の病気を分析した[a]。彼らはkapsileと呼ばれる特殊な取引法に病因があると仮定した。kapsile取引では、トレーダーふたりが交渉するあいだ、互いの牛の群れは近接している。研究チームは最初に、ウイルス拡散のソーシャルネットワーク分析図を描いた。次に、牛の一般的な売買での動きの分析図を、そして最後にkapsile取引の図を作成した。ウイルスの拡散図と牛の一般的な売買の図では、重なる場所はほとんどなかった。しかし、ウイルスの拡散図とkapsile取引の図では、重なる部分ははるかに大きかった。この発見は統計的分析からも裏付けられた。これは取引が行われる場所と方法には、商品のやりとり以上の意味あいがあることを示している。あらゆる種類の社会的マテリアルが通商路を通り、それには病気だけではなく、文化、技術、そして政治的影響も含まれる。

　[a]　Nicolas et al.（2013）.

てはコラム2・3を参照）もうひとつの理由は、人々が好もうと好まざると、モノの取引はソーシャルネットワークによって規則化されることにある。嫌いな上司や親戚への誕生日プレゼントなど、自分の意思ではなく社会的義務から贈り物をすることはままあるはずだ。そのような場合には、モノが流れる方向を決定するのは、自由意思ではなく社会における情勢であり、その情勢に対してわれわれが持つ影響力は限定的だ[16]。

■モノは人に意味と喜びをもたらす

　モノを求める理由は買い手の心の中にも見いだせる。喜びという消費の側面を研究する社会学者や心理学者は、いかにモノが他者との人間関係を築くかではなく、いかに人がモノから美的喜びを引きだし、モノと感情的な結びつきを形成して、心の中の空想にモノを利用するかに焦点を当てる。
　誰しも個人的に特別な意味を持つモノがあるだろう。婚約指輪、赤ん坊

のおもちゃ、フェンシングのトロフィーなどなど。それらの重要さは、過去にまつわる大切な人や瞬間とのつながりから来る。人生の旅で拾い集めた記念の品なのだ。仮想環境でも似たような思い出の品が見つけられる。必ずとは言わないまでも、たいてい有形のモノより重要さは劣るが。ネット上でひと目惚れした相手にまつわる思い出の品や、ネットゲームで勝利した記念品などだ。

　現実ではなく、空想や希望、後悔していることなどへの思い入れから意味を持つモノもある。企業はマーケティングメッセージを通し、よってたかって消費者の空想や不安をふくらませる。そしてその後、王様や女王様気分に浸ってつかの間心を満たせる製品を提示するのだ [*17]。

　個人的な意味と感情的な喜びは、単にモノを集めるだけでなく、モノへの働きかけを通じて生みだされる場合もある。前述のように、広く行き渡っているしきたりへの一種の反抗として、新たなアイデンティティを確立するため、モノの独創的な組み合わせが利用される。これはファッションでは特に顕著だ。このような独創的なファッションは、それ自体が芸術性を持つとも見なされうる。社会的なもがきの表現ばかりでなくともいいのだ。独創的なファッションには純粋に美を追い求める楽しさがある。個人の空想を実現させ、大事な思い出を追体験するよすがとなり、自己表現の喜びを外へ表す [*18]。

　ユーザーが独創力を発揮できる仮想環境では、大胆で思いもよらない、心をとらえる芸術作品を見かけることがたびたびある。現実世界でもそうだが、飛び抜けて興味深い作品は既存のものを活用していることが多い。たとえば、「ウルティマ・オンライン」では、ユーザーたちはさまざまなやり方でオブジェクトを積みあげ、ピアノもどきを作った（もともとゲーム内にはピアノは存在しない）。グランドピアノの材料には、チェス盤に派手なシャツ、それに魚のステーキを含めた数十のオブジェクトが使用された。もちろんそのような独創的な努力の成果は、ときには大きな誇りとともに、ほかのユーザーが見られるよう展示される。このように、モノから引きだされる喜びにはある程度、社会的な顕示欲が含まれるのがふつうである。

最後に、モノを楽しむ上で、コレクションはもうひとつの積極的かつ、ときには独創的でもある方法だ。モノを集める行為は言うまでもなく人間の本能を刺激するが、独創性や審美眼、それに感受性にも訴えかける。コレクターは、ほかの者の目には古くさい道具やガラクタでしかないオブジェクトに美を見いだし、それらに関する知識を広げて、独創的かつ魅力的な方法で展示し、集めたモノに思い入れを注ぐ *19。

　ピンからキリまで多種多様なモノが溢れる仮想環境において、コレクションは人気のある気晴らしだ。おそらく仮想商品のコレクターのもっとも極端な例は、Entityとして知られるプレイヤーだろう。彼は「イブオンライン」の世界に存在する仮想アイテムをそれぞれひとつずつ集めることを目標とした。9年以上を費やしてコツコツとコレクションを増やし、現在では9000を超えるアイテムを所有している。Entityが仮想世界ではちょっとしたセレブになったのは言わずもがなだろう。好きで集めはじめただけであっても、ある程度のコレクターになると、社会的ステータスの競い合いという側面を帯びてくる。

■モノは要求を満たし、問題を解決する

　人が社会的、娯楽的理由から有形商品を求めるように、仮想商品を求めることはすでに見てきた。では最後に、道具としてのモノの有用性を検証しよう。さすがにこれがあるのは有形の商品のみで、仮想商品はやはりあくまでただのお飾りなのだろうか?

　社会的、娯楽的用途を取り除いた、道具としてのモノの有用性は、人の基本的要求に応えられるかでおおむね見ることができる。人の要求については多くの理論があるが、人にはエネルギーや酸素など、生理学上必要不可欠な基本的必需品があることでは一致している。食料はエネルギー源として有用であり、よって釣り竿は食料を得るために有用である。もちろん仮想商品にもある種の有用性はある。ゲームの世界で立ちはだかる問題を克服するために使えるし、ゲームに出てくるキャラクターの要求を満たすこ

ともできる。それに仮想世界で何かを作る材料になる[20]。だがこれらはゲームデザイナーによって作りだされた人為的問題で、本当の問題ではない。仮想商品は本物の要求を満たすことはできない。そうではないのか？

　仮想商品を切り捨てる前に、ひとつだけ質問をしよう。同じく一般的な基準に照らして、われわれの日用品はどれほど有用だろうか？　消費者社会ではどれほどの有形商品が人の基本的要求に関連しているのだろうか？　現実には、釣り竿を買うのはサバイバルのためというより、娯楽目的ではないのか？　食料自体、その消費量は生きるために必要な量を明らかに大幅に上回っている——アメリカでは成人の3人にふたりが肥満だ[21]。そしてキッチンや車庫にある道具や器具は、自然に発生する要求ではなく、文化によって生じた要求に応えるもので、かつその要求がマーケティングによって作りだされることも少なくない。個人の衛生用品から園芸道具に至るまで、あらゆる種類の業界は、絶え間なく新たな必要性を生みだし、それへの対処法を商品という形で提示することで成り立っている[22]。

　社会学者や人類学者は、人が“基本的要求”ととらえることがらは、生理学とはほぼ無関係で、むしろ文化的なものであると主張する[23]。こんにちでは必需品と考えられている日用品の多くは、100年前には存在すらしなかった。同様に、昔は必需品だったものの多くがこんにちではとうに忘れ去られている。毎朝通勤のために車を利用するというような基本的問題のほとんどでさえ、われわれが暮らす社会における技術的な取り決めによって存在しているのだ。それらは架空の問題ではないものの、純然たる自然の法則によってわれわれに課せられたものでもない。それらは現実の問題ではあるが、われわれが選んだ道を進む上でみずからもたらしたものだ。フィンランドではインターネットのブロードバンド接続を国民の基本的権利とする法律が制定された。これは必要性は時代によって移り変わることを如実に示している。

　以上の議論を背景とすると、仮想商品の有用性に対する見方は違ってくる。なるほど、仮想商品とは人が作りだした問題に応じる目的でデザインされた人工的な商品だ。しかし有用だと宣伝されるその他の商品もたいて

いはそうだ。われわれはますますデジタルメディアを介して暮らしていることも考慮に入れよう。われわれが抱える小さな問題やその解決法がますますデジタル化されるのも当然ではないだろうか? これについては本書の最後で再考する。

■仮想商品の価値

ここまでは人がモノを必要とし、ほしがり、要求するさまざまな心理的、社会的過程を簡単に見てきた。同じ過程は有形と仮想の両方の世界で見られるし、スヌープ・ドッグが仮想商品を販売するように、ふたつの世界を股にかけることもある。よって、"人はなぜ仮想商品を求めるのか?"という問いに対する答えは、"物理的商品を求めるのとまったく同じ理由から"となる。

この章で見てきた経済理論は、そもそも人の要求はどこから来るのかを述べている。これはデザイナーにとっては役立つ情報だ、これらの過程を利用して消費者に求められる商品を生みだすことができるのだから。仮想経済の分析をする際にも、なぜある仮想商品が人気となるのか分析するのに役立つだろう。

この章で紹介したモノのさまざまな機能的、快楽的、社会的用途を、それらの用途を満たすための仮想商品の特性とともに、**表2・1**にまとめた。実際には、快楽的アイテムに関わる特性の多くは社会的用途にも用いられ、その逆もまたしかりである。

デザイナーはいかなる種類の仮想商品を重要視すべきだろうか? これは想定された利用者、プラットフォーム、ユーザー間の交流方法、それに収益モデルなど、多くの要因に左右される。**図2・1**ではパソコンのフリートゥプレイ(F2P)、モバイルゲーム、ソーシャルゲーム[SNSで配信されるゲーム]における課金アイテムを分析した。アイテムの割合を機能的、快楽的、そして社会的の用途に分けて示している。快楽的用途と社会的用途の区別は困難なため、この図では"アバターの服など見た目に関係するもの"というひとつのカテゴリーにまとめた。フェイスブック、iOS、そしてパソコンのフリ

表2・1　モノの用途と、用途を満たす仮想商品の特性

機能的：必要性を見たし、問題を解決するモノ。
- ●モノは必要性を満たすことができる。
- ●モノは問題解決および試練克服の助力となる。
- ⇒ 価値のある仮想商品の特性：性能（"成績"）、機能性（"能力"）

快楽的：個人的意味と喜びを与えるモノ。
- ●モノは美的喜びを与えられる。
- ●モノは人生の大切な出来事の記念品となる。
- ●モノは空想を誘い、不安をぬぐうことができる。
- ●モノは独創的な自己表現の構成要素になる。
- ●モノは蒐集できる。
- ⇒ 価値のある仮想商品の特性：視覚的アピール、サウンド・エフェクト、
　　由来と歴史、架空の設定、カスタマイズ性

社会的：社会的マーカーとして利用されるモノ。
- ●特別なモノには社会的ステータスがある。
- ●流行のモノには社会的ステータスがある。
- ●モノはグループやサブカルチャーへの所属を表す。
- ●モノはアイデンティティを築いたり、拒絶したりできる。
- ●モノのやりとりは社会的つながりを強化する。
- ●プレゼントは義務を生みだし、満たす。
- ⇒ 価値のある仮想商品の特性：レアさ、価格、文化的レファレンス、公式グッズ

ートゥプレイゲームから集めた1万500を超える仮想アイテムのデータにも
とづき分析した[24]。全般的なパターンは驚くに当たらない。チャットルー
ムでは"見た目に関係する"アイテムが多い傾向にあり、ユーザーが競い合
うパソコンゲームでは機能的なアイテムがより多い。しかし、グループ平均
の陰に隠れているが、各グループ内のゲームタイトルによって傾向は驚くほ
どさまざまだ。これはとりわけソーシャルゲームに顕著である。名前に反
して、ソーシャルゲームの多くは1人でプレイするもので、社会的アイテム
はひとつも出てこない。

●地位財

　表2・1では、仮想商品に結びつけられる特性で、その用途の高さからユー

ザーに高評価されるものも取りあげた。たとえば、高い"成績"や"能力"は
機能的ゲームアイテムをより価値あるものにする。見た目のよさとアイテム
との思い出は、快楽的アイテムの価値をあげる。レアさと特別さは価値あ
るステータスアイテムに不可欠な特性だ。ここで注目すべき点は、これらの
特性の大半は地位的特性だということだ。つまり、特性自体の絶対的価値
ではなく、他のアイテムとの関連から生じる価値が重要なのである。たとえ
ば、対戦型格闘ゲームでは、鎧の厚みはほかのプレイヤーと比べてどれだ
け分厚いかが重要となる。アバターが集まる広場では、ほかのアバターのス
テータスアイテムと比べて、自分の帽子がどれだけ特別かが重要となる。そ
れ自体の絶対的な品質ではなく、同類のアイテム（代替品）と比べた際の
ランキングに価値の根拠があるものを、**地位財**と呼ぶ。
　地位的仮想商品のデザインには留意すべきことがふたつある。ひとつは、

図2・1　プラットフォームごとに見る機能的商品と見た目に関する商品の割合

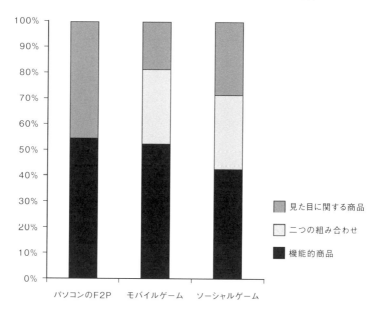

もっとも価値のある仮想商品ラインナップとは、全アイテムの特性がすべて最大値に設定されたものではないということだ。そんなことをすれば、すべてのアイテムは同じランクになって、どれも価値がない。そうではなく、価値あるラインナップとは、すぐれたアイテムと同様に、まずまずのアイテム、ほかにもすぐれたアイテムの引き立て役となる、どう見てもぱっとしないアイテムを取り混ぜたものだ。留意点のふたつ目は、仮想商品の価値は、さらにランクの高い新たな代替品を登場させると容易に下落することだ。不用意にこれをやると、ユーザーの怒りを買うことになる。用心してこれをやれば、出回っているアイテムの価値をうまく調整できる。マクロ経済における地位性は第9章（計画的陳腐化）と第10章（MUDflation）でさらに検証することにする[*25]。

*1
一部の特別なタイプの情報は競合性を有する。たとえば、アップル社の株が明日上昇するとわかっている場合、それを共有しなければその情報はすこぶる価値がある。今夜のうちにアップル社の株を買って、株価があがったら利益を得られるだろう。しかし、情報を共有したら、ほかの人たちも株を買い、結果として自分が買う前に価格が上昇してしまう。この場合、情報を共有することで価値がさがるわけだ。マーケティングではこのプロセスは逆転する。仮に、自分は世界中の誰よりもコンピュータの修理の仕方を知っているとしよう。しかし、そのことを知らしめなければ、誰もコンピュータの修理を頼んではこない。こちらにはなんの利益も出ないのだ。一方、これを知らしめれば、大勢に修理を頼まれて、たくさんもうけられる。この場合、情報は広めれば広めるほど、自分にとってさらに価値があがるわけだ。

*2
情報経済学とその実務的貢献については、シャピロとヴァリアンの『情報経済の鉄則』をごらんいただきたい。カール・シャピロとハル・ヴァリアンは伝統的なミクロ経済学者であり、インターネット・バブルがはじける直前に、その著書でインターネットは経済学の観点から見ると、性質的に何も目新しいところはないと指摘した。なみはずれて見えるものごとも、新規な状況において情報経済が働いているだけなのだ。筆者らもこの考察には大いに賛同し、本書で取りあげる題目の扱い方に影響を受けている。仮想経済の分析は経済学を新たに作り直すのではなく、経済学を新たな状況に適用する。

*3
仮想商品の競合性と所有権法から見た意味合いは、法学教授Joshua Fairfield（2005）によって最初に分析された。

*4
Veblen（1899）.

*5
Lehdonvirta（2009a）.

*6
Lehdonvirta, Wilska, and Johnson（2009）.

*7
Bourdieu（1984）. ピエール・ブルデューは影響力のあるフランス人社会学者、人類学者であり、社会関係資本、文化資本などの概念を発展させた。

*8
このいわゆるファッションのトリクルダウン・モデルはドイツの初期の社会学者Georg Simmel（1957）によって紹介された。

*9
Featherstone（1991）. マイク・フェザーストンはイギリスの社会学者であり、消費者文化に関する著作がある。

*10
Bourdieu (1998).

*11
Lehdonvirta et al. (2009).

*12
Malaby (2006) は現実と仮想の世界内および世界間で、経済的、文化的、そして社会的形態を発展させ、資本を転換する方法のモデルを提示している。Thomas Malabyはゲームとゲーム的プロセスに着目する人類学者。

*13
Barnard (2002).

*14
Au (2010).

*15
Mauss (1990). マルセル・モースはフランスの社会学者、人類学者。

*16
Granovetter (1985). Mark Granovetterはアメリカの経済社会学者であり、ソーシャルネットワークとそれがいかに経済を形づくるかという研究で知られる。

*17
Bauman and May (2011).

*18
Featherstone (1991).

*19
Belk (1995).

*20
Hamari and Lehdonvirta (2010).

*21
Flegal et al. (2010).

*22
Bauman and May (2001).

*23
たとえば、Belk (2004)、Barnard (2002)、そして Douglas and Isherwood (1978) があげられる。

*24
Lehdonvirta and Joas (2012a, 2012b, 2013). これらは学術的発表というより市場分析報告書である。

*25
本章で取りあげた主なテーマ、消費と消費者行動の社会科学理論を掘りさげるには、Gabriel and Lang (1995) によるわかりやすく広範囲をカバーする入門書、Lury (2011) による社会学的考察、もしくは Barnard (2002) のファッションに焦点を当てた分析を参照するといい。これらの理論を仮想商品へ適用する詳細は Lehdonvirta (2009b) をごらんいただきたい。

第3章 ——*Chapter 3*　　　　　　　　　　　　　　市場の規制

　仮想経済における市場の多くは、パブリッシャーによってなんらかの方法で規制される。たとえば、課金アイテムの販売権はしばしばパブリッシャーが独占し、競争の余地はない。競争があるように見える市場の多くでも、実際にはパブリッシャーが価格の下限や価格の上限を設定している。

マッシブ・マルチプレイヤー・オンラインゲームに出てくるノンプレイヤーキャラクター（NPC）の商人は、たとえどれほど無価値なアイテムでも、プレイヤーが売ろうとするモノには必ず定められた最低価格を提示する。そこで本章では、規制された、不自由な市場に焦点を当てたい。そんなマーケットをなぜ生みだすのか、どうやって生みだすのか。これは大切な章である。仮想経済デザインのキモは、多くの場合、その経済が目指す目標に合致するいろんなタイプの規制市場をどう作り上げるかにあるのだから [1]。

■なぜ市場を規制するのか？

　教科書的な経済学によると、自由な競争が行われる完全競争市場こそが最善の市場だ。なぜならもっとも効率的な配分へとつながるからだ。もちろん現実には完璧な市場など存在せず、完璧からはほど遠いことがしばしばだ。そのため反競争的行為の禁止など現実世界の規制は、市場を理論的理想の方向へ少しでも押しやることを目的とする。仮想経済学者の目的はこれとはほぼ反対である。多くの規制は理想的な競争市場へ近づけるのではなく、遠ざけることを目的とする。それはなぜだろうか？　第1章を思い出していただきたい。仮想経済では効率性は達成しやすいものの、たいていそれは目指すべきことではない。何より肝心なのは、コンテンツを提供し、ユーザーを引きつけてとどめ、収益をあげることだ。これらの目標の追求

は自由市場よりも不自由な市場のほうが適していることがわかってきた。

　たとえば、収益を確保することを考えてみよう。マルチプレイヤー型戦車対戦ゲームの課金アイテムで砲弾を販売するとして、もっとも単純なやり方は、パブリッシャーが砲弾の販売を独占する不自由な市場を作ることだ。一方で、自由な競争市場を作って誰でも砲弾を制作できるようにし、市場に課税することで収益をあげることもできる。しかしこのやり方は複雑で、アクション主体のゲームというゲームデザイナーの意図を離れ、プレイヤーに新たな手間と負担をかけるだろう（しかも税金も一種の規制であるため、実際には完全な自由市場ではない）。仮想経済デザインでは、規制市場とするのがまず一般的な選択肢である。収益をあげるもっとも簡単な方法なのだ。競争市場は高度なデザイン要素であり、シンプルな仮想経済ではほぼ用いられない。

　別の例を見てみよう。今度はサブスクリプション制のファンタジーゲームだ。ゲームデザイナーはプレイヤーに楽しいゲーム体験を提供する仮想経済を作ろうとしている（"コンテンツを提供"と"ユーザーを引きつけてとどめる"）。競争市場はうまくいくと楽しさも大きい。プレイヤーの役回りがリンゴ農家であれ、ドラゴンスレイヤーであれ、商品を自由市場でほかのプレイヤーに買ってもらえれば満足感を得られるだろう。特定のアイテムに大きな需要が生じたら、それに応じて狩りに行ったり、作物を育てたりして、金貨をさらに稼ぐこともできるだろう。だが自由市場では逆に特定のモノが過剰に出回る危険もある。もしもキャラクター設定でドラゴンスレイヤーを選び、ドラゴン退治用の全アイテムを課金してそろえたあとで、供給過剰のためにドラゴンのうろこの価格が暴落したと聞いたらがっかりするだろう。ギルドや治療師のほうがもうかると知ってもいまさら遅い。そもそもドラゴンスレイヤーになりたくてゲームをはじめたのだから、ほかの役はやりたくないのだ。このような不確かさは、多くのプレイヤーがオンラインゲームをやめる最たる原因となる。ゲーム内で転職を余儀なくされたら、プレイヤーはさっさとほかのゲームへ移るだろう。これを避けるため、ゲームデザイナーは競争市場であっても、仮想商品に価格の下限と上限を設定する。実際の経済

とは異なるが、ゲームを成り立たせるにはこちらの方がやりやすいのだ。

◉市場規制の間違った方法

　ルールで定めるのが、もっとも簡単に市場を規制する方法のように見える。たとえば、市場に価格の下限と価格の上限を設定したければ、そう明示した法律を作ればいい。パンひとつの均衡価格が5ドルとして、それを2ドルにさげたいとする。そこで"パンひとつに5ドルは高すぎるから、価格は2ドルにする"と法律で決める。これでどの店でもパンの価格はひとつにつき2ドルとなるが、実際にはどうだろう？　まず、市場では2ドルでしか売れないので、多くのサプライヤーが市場を離れ、それによりパンは希少となる。そこで闇取引ではパンに高値がつき、サプライヤーはそちらへパンを流すようになる。結局、買い手のもとにパンが届く頃には、5ドルより高い値段になってしまうだろう。価格規制は実際には逆効果で、パンの供給は減って値段はあがる。

　仮想経済でも同じことが言える。ゲームの設定でパン1個を売って受け取れるのは2コインまでとしても、プレゼントやほかの無価値なアイテムの支払いとして残り3コインを受け取ることができるし、別のやり方で売買することもできる。ハック＆スラッシュゲーム、「ディアブロIII」ではまさにこれが起きた。ゲーム内にはユーザーがドルなど現実の通貨でアイテムを売買できるオークションハウスが設けられ、価格の上限は250ドルに設定されていた。だがユーザーは貴重なアイテムを高額で違法に売買するようになった（違法取引については第6章で触れる）。規制の抜け穴をすべてふさいでしまったら、ユーザーはもうけの少ないオークションハウスへの出品には魅力を感じなくなるだろう。こういうことから、上から命じることで市場を規制しようとするのは忘れたほうがいい。規制には市場構造を利用するのがもっとも効果的だ。

◉規制の正しいやり方：市場構造

　"市場構造"は、市場で誰を買い手や売り手と設定するか？　ということだ。

第1章で説明したように、仮想経済には異なる種類の経済主体が登場する。通常、経済主体は2種類に分かれる。ユーザーとパブリッシャーで、後者はコンピュータ制御の商人などのノンプレイヤーキャラクター（NPC）の姿をしている。ゲームの世界で"パン1個の価格は2ドルまで"などと、特定のルールを強いるのは難しいが、"パンの売買は禁止"、"NPCもパンを売ることができる"とするのは比較的簡単だ。買い手や売り手を変えることで、経済主体の組み合わせが9通りできる。これらが基本的な市場構造だ。

　基本的市場構造を表3・1に示した。これらは6種類の市場構造に加えて、ユーザーに売り手役も買い手役も禁じる非市場状況を含めたものだ。それぞれの構造は市場において大きく異なる特徴を持つ。仮想経済をデザインする上でのカギは、経済が目指すところを支える市場構造を選ぶ点にある。これらはオンラインコミュニティからMMOゲームやモバイルゲームまで、すべての種類の仮想経済に適用できる。それぞれの構造に適した目標を取りあげる前に、ゲームデザイナーがコンテンツに市場構造を利用できる方法と、収益化について見ていこう。

表3・1　基本的な市場構造

| | | 買い手 | | |
		パブリッシャー	ユーザー	両方
売り手	パブリッシャー	（非市場）	売り手独占	売り手独占
	ユーザー	買い手独占	規制なし	下限価格
	両方	買い手独占	上限価格	中間価格帯

■楽しむための市場構造

　プレイヤー間で売買のできる、規制のない市場はゲーム内で楽しい市場構造となるだろう。これは「イブオンライン」のようなMMOゲームで利用される。しかし、生産量と消費量を慎重に管理しなければ、規制のない市場は多くのプレイヤーのゲーム体験を損ないかねない。たとえば、ドラゴン

のうろこの価格があまりに下落すると、ドラゴンスレイヤーたちはゲームを
やめてしまう。生産と消費——これは仮想経済の用語で**蛇口**と**シンク**と呼ば
れる——の管理は第9章と第10章で見ていく。ここでは市場構造とパブリ
ッシャーの介入によって市場をコントロールする方法に焦点を当てる。

　パブリッシャーがユーザーからモノを購入する**買い手独占**構造では、価
格が低くなりすぎてユーザーがやる気を失う危険がある。この構造では、
パブリッシャーはNPCの商人という姿で、プレイヤーからドラゴンのうろこ
をすべて定価で購入し、ほかのプレイヤーが買い手役になることはない。ド
ラゴンのうろこがどれだけ市場に出回ろうと、定価を保証することで、う
ろこの価格が下落してドラゴンスレイヤーが転職の憂き目に遭う危険性を効
率的に排除する。しかしこの構造では、価格が上昇する可能性と、プレイ
ヤー同士が取引する楽しさまで排除される。

　下限価格構造は、楽しいけれど不安定な自由市場価格と、安定している
が退屈な買い手独占価格を折衷したものだ。この構造では、ユーザーが市
場で買い手役となるのを許す一方で、パブリッシャーもNPCの商人として
買い手役をする。NPCの商人はどんな商品にも必ず下限価格を提示するの
で、ドラゴンのうろこにほかの買い手がつかなくても、常に一定の収益が保
証される。政府が農産物を買いつける制度と同じ、補助金の役割を果たす。
これによりドラゴンスレイヤー（農家）は価格が上昇した際の利益も享受で
きる一方、下落しても心配する必要はない。

　市場の需要不足（もしくは生産過多）が慢性的な場合、下限価格構造は
買い手独占とほぼ変わらない。こうなるとユーザー間の取引にはほとんど
利益もないだろう。また、補助金はどこから金が出ているかという問題が
ある。仮想経済では、補助金の資金は何もないところから生みだせる。し
かしこの付加的な資金源は、経済へ流れ込んだあとはシンクへ排出して相
殺する必要がある。さもなければお金の流通量が増えてインフレーションを
引き起こしかねない。インフレーションとは、金を持つ者全員にかけられる
税と同じである。よって仮想世界でも補助金はただではないのだ[*2]。

　ここまではプレイヤーがモノを売る場合の市場構造を見てきた。次は買い

手側の観点から見てみよう。モノを買いたいプレイヤーにとって、ユーザー間で取引できる規制のない市場が魅力的なのは、売り手と同じ理由だ。ほかのユーザーからアイテムを買い、ときには値切り交渉をするのは楽しいものだ。価格が変動する自由市場では、思わぬ掘り出し物を安値で買えることもあるだろう。これならプレイヤーも頻繁にログインしたくなるはずだ。マイナス面としては、価格の大きな変動で、買い手側は予期せぬ問題に直面する可能性が出てくる。例をあげると、「ワールド・オブ・ウォークラフト」では、何かを作るのに必要な材料が高値になりすぎることがあり、せっかく生産スキルを持っていても肝心の材料を買えない。材料の価格がいつも高くては、物を作る職業を選んだプレイヤーは何もできない。

　売り手独占構造では、売り手はパブリッシャー（もしくはNPCの商人）のみで、売り手が価格を決める。価格には規制がなく、ユーザー間の取引の楽しさもない。パブリッシャーとともにユーザーも売り手になる**上限価格構造**は、規制のない市場と売り手独占の折衷だ。パブリッシャーが求める値段以上を払う必要はないため、事実上、パブリッシャーの提示額が市場の上限価格になる（**コラム3・1**を参照）。売り手役のユーザーもパブリッシャーの提示額より下値なら客がつくだろう。この方法なら、材料価格の高騰で、物を作る職業のユーザーが憂き目を見ることもない。しかしパブリッシャーは何もないところから商品を作りだしているため、流通する商品が過剰にならないよう注意が必要だ。

　下限価格と上限価格の両方が同時に機能する市場構造を**中間価格帯**と呼ぶ。ユーザー間の取引はこの価格帯内の値段でのみ実行され、ほかはパブリッシャ・との取引となる。価格帯が小さいほど、市場は予測しやすくなるが、ユーザー間の取引が行われる余地も小さくなる。ユーザーがゲームを楽しめるよう適切な市場構造とパブリッシャー価格を設定するには、規制過多（退屈）と自由過多（不安定）のあいだでちょうどいいバランスを取る必要がある。

「イブオンライン」では、トリタニウムという無機物（ミネラル）は、宇宙船から武器に至るまで、あらゆる種類のモノを作るのに使用される原材料だ。トリタニウムは宇宙に漂う小惑星から採取される。プレイヤーは船で小惑星帯まで行って小惑星を選び、採掘用レーザーを照射する。すると鉱石が採取され、あとはそれを精錬する。全小惑星帯はいずれ採掘され尽くすが、一定の時間を置くと（リスポーン時間）、ミネラルがたっぷり眠る新たな小惑星が誕生する。だがこの再発生までは、ミネラルを産出するにはどんどん遠くて危険なアステロイドベルトを探すしかない。結果、ミネラルの生産量は右肩上がりの供給曲線となる。

　以前、トリタニウムには市場で上限価格があった。購入の分量にかかわらず、定価は1ユニット当たりおよそ3.6インターステラークレジット（ISK）〔ゲーム内通貨〕だ。これは次のような方法でなされた。NPCの売り手はトリタニウムを直接販売するのではなく、中古の宇宙船や部品を量に制限をつけずに固定価格で売った。リサイクル技能のあるプレイヤーはこれらからトリタニウムを取りだす。その分量とリサイクル品の価格から換算すると、トリタニウムは1ユニット当たり3.6ISKとなる。そこでプレイヤーたちはトリタニウムの市場価格が1ユニット当たり3.6ISKを超えるたび、リサイクルしたトリタニウムを市場へ売りに出して差額を稼ごうとした。これはミネラルの効果的な上限価格となった。

図3・1　トリタニウムの価格の推移

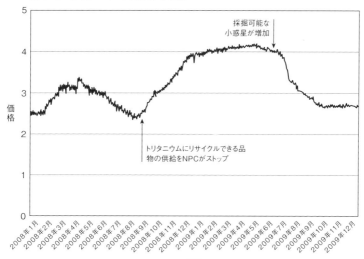

この場合、上限価格は意図して設けられたものではなかった。事実上、上限価格を作りだしたNPCの売り手は、プレイヤー主体の経済システムで供給が滞った場合に備えて、必需品を提供するためだけに存在した。上限価格は産出された原材料の価格に上限を定めるためのものだが、同時に、主に採掘を仕事としているプレイヤーの増加と利益を限定もした。2008年、ゲーム内の経済システムを極力プレイヤー主体とするために、ゲーム開発者はNPCの売り手を取り除き、これにより上限価格はなくなった。

　上限価格廃止の影響は図3・1に見ることができる。それまでも種々の要因により価格は変動し、3.6ISKに固定されているわけではなかったが、上限がなくなったあと、価格は着実に上昇していった。需要と供給が釣り合う均衡価格はおよそ4.1ISKになっている。ゲーム開発者の期待通りに採掘活動は活発化した。しかし、これは別の結果も招くことになる。小惑星はどんどんなくなり、安全なエリアではとりわけそれが顕著になる。そのため、中でも経験の浅いプレイヤーにはゲームの難度が高まった。原材料の価格も当然ながら上昇する。

　2009年6月19日、ゲーム開発者はゲームに新たな変更を加えた。トリタニウム鉱石のある小惑星のリスポーン率をあげたのだ。競争市場モデルでは、供給源の増加は価格の下落と数量の上昇につながり、ゲーム内の市場もまさにそのように反応した。トリタニウムの価格は2カ月で25%さがり、数量はほぼ倍増した。原材料価格と採掘可能な小惑星の数に関しては、状況は上限価格が廃止される前に近くなった。違いと言えば、いまや採掘産業はより成長し、以前はNPCの売り手によって供給されていた分までカバーするようになったことだ。

　市場構造の正しい選択は、ターゲットとなるプレイヤー層などの要素にも左右される。従来型のMMOゲームへプレイヤーは比較的熱心なプレイヤーであり、多少挫折をしてもゲームそのものをやめることはなく、それに見合う報酬が期待できればなおさらだ。そのためMMOゲームでは比較的規制の少ないユーザー間の市場が導入されることが多い。対して、モバイルゲームやソーシャルゲームは、シングルプレイヤー向けのカジュアルゲーム［簡単な操作で楽しめるゲーム］や非インタラクティブ・エンターテインメントに慣れている一般の顧客層を対象としている。よって、いわゆるソーシャルゲームでは、プレイヤー間の交流を促進する構造ではなく、売り手独占や買い手

独占の非社交的市場構造を取ることが多い。イチゴの苗からレストランの椅子まで、ゲームのアイテムカタログで定価で売られる。一部のプレイヤーには物足りないかもしれないが、これにより予測可能な安定したゲーム体験が提供される。

◉ NPC商人の経済的意味

　パブリッシャーが買い手や売り手として介入する市場構造の場合、コンピュータ制御の経済主体が使われるが、価格が一定の限度を下回ったり上回ったりしないようするため、というのが基本的な考え方だ。ここではその経済主体を**プライスボット**と呼ぼう。通常これはNPCの商人や単にアイテムと価格を示した"ストア"としてゲーム内に登場する。プライスボットの際立った特徴は、経済観念がゼロだということだ。プライスボットの売り手は、単一の固定価格で商品を無限に売り続ける。現実であれば、それではいずれ売る物がなくなり、商品を仕入れるために価格をあげざるを得なくなるだろう。同様に、プライスボットが買い手の場合も、ユーザーが持ってくるものはガラクタでもなんでも、固定価格で無限に買おうとする。このような行動はまったくもって不合理である。現実の商人や"ストア"にはガラクタを際限なく買い取り続ける資金はない。そんなことをすればたちどころに資金が底を突いて店をたたむはめになるだろう。そして倉庫には、たとえば"ドブネズミのスープ"が大量に残るのだ。プライスボットが商売を続けられるただひとつの理由は、言うまでもなく、商品を無限に供給できるようデザインされているからだ。プライスボットはガラクタを買い取るのに必要なコインをいくらでも作りだせるようになっている。商品もコストをまったくかけることなくいくらでも生産可能で、だからこそ同じ値段で売り続けられるのだ。プライスボットはユーザーから取引で受け取るものは――コインであれ"ドブネズミのスープ"であれ――単に破棄するよう設定されている。

　プライスボットは市場に無限の供給もしくは需要を提供する。**図3・2**はプライスボットの市場価格への影響を示している。この例ではプライスボット

図3・2　下限価格：プライスボットの買い取り効果

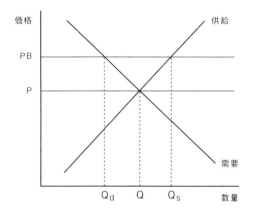

は買い手だ。自然のままであれば市場は価格Pと数量Qに到達する。しかし、たとえばリンゴを定価PBで制限なく買い取るプライスボットが導入されると、価格Pでプレイヤーにリンゴを売っていた人たちは、もっと高値で買ってくれるプライスボットのもとへ持っていくようになるだろう。すると市場からはリンゴがなくなる事態になる。ではリンゴを買いたければどうするのか？　プライスボットと同じ値段で買うことに同意するしかないだろう。PBより下の価格では、誰も売ってくれないはずだ。そのため、リンゴがほしければ競争相手が払うのと同じ金額、PBを払うしかない。競争相手がノンプレイヤーキャラクターなのは重要ではなく、プライスボットがリンゴをいくらでも価格PBで買い取ることが重要なのだ。これが下限価格構造である。

　市場価格をPBに引きあげるのに加え、プライスボットの買い取りは市場に別の影響を与える。リンゴの価格があがったことで、新たにリンゴを売りに来るプレイヤーが増えるだろう。するとリンゴの総生産量はQからQsへと大幅に増加する。プライスボットの登場により、リンゴの販売は前よりもうかるため、売り手が増える。しかし同時に、プレイヤーによるリンゴの消費量は減少する。生産されたQsのリンゴの中で、かなりの量が（Qs－Qd）がプライスボットへ渡って廃棄される。プレイヤーに残される量はQdのみで、

これはQよりも少ない。経済学者であればこう言うだろう。プライスボットはプレイヤーを押しのけてしまった、と。それまではプレイヤーの手に渡っていたリンゴが、一部はプライスボットに買い取られるようになったのだ。

　プライスボットが均衡価格以下で買い取る場合には市場になんの影響も与えないことに注意しよう。売り手は最高値で売る。PBがPより下であれば、売り手はプライスボットではなく、ほかのプレイヤーに売る。ここでもPBは下限価格となり、それを下回る価格はないが、それを上回る価格になんの影響も与えない。

　今度はプライスボットが売り手となる場合を検証しよう。プライスボットは上限価格を設けるために、定価で無限に商品を売る。上限価格が市場の均衡価格を超える場合には、これはなんの影響も出ない。ほかのプレイヤーが提示する値段より高くては、誰もプライスボットからは購入しないからだ。そのため、効果をもたらすには、プライスボットの売値は均衡価格より下でなければならない。そしてその場合には同様の効果がある。市場価格はプライスボットが提示する価格までさがるため、ほかの売り手はプライスボットの価格に対抗する必要がある。いままでより安い値段になるから、売り手だったプレイヤーの一部は市場から去ることになるだろう。買い手は安い値段で前より多く買うことができる。

　仮想経済の中には、プライスボットの買い手と売り手、両方を同時に使うものもある。これが中間価格帯構造だ。プライスボットは安い値段でリンゴを無限に買い、極端に高い値段でリンゴを無限に売る。先ほど見たように、高い価格で売る売り手と、低い価格で買う買い手には客がつかない。しかし、これらの価格は市場に効率的な制約をかけ、それ以上には行けない限界を設ける。たとえば、なんらかの理由から突然、市場にリンゴが溢れても、価格がゼロにさがることはない。設定された安値で買い取るプライスボットがいるからだ。何があろうとプライスボットは同じ値段で買い受ける。極端に高い売値のプライスボットは市場ではそれが最高上限価格となり、それを超える価格は出てこない。もしもなんらかの理由から突然、リンゴの価格が跳ねあがったとしても、売り手のプライスボットがつけた価格

を超えることはない。何があろうとプライスボットはその価格で常にリンゴを売るからだ。これらふたつのプライスボットはふたつひと組で自由市場に枠を作り、その中に価格が収まるようにする。

（思考実験として、安値で売るプライスボットと高値で買うプライスボットが与える効果を考えてみるのもいいだろう。結果は好ましいものではない。）

　NPC商人を利用して上限価格と下限価格を作りだし、市場を規制する方法を見てきたが、NPC商人を使って経済をさらに活気づかせることもできる。たとえば、新たな買い手や売り手のプライスボットが定期的に市場に現れるようにして、市場価格に変化を与えるのだ。その一方で、生産者には彼らが満足する価格での買い取りを保証し、買い手には納得のいく売値を提示する。

■収益化のための市場構造

　コンテンツを収益化する手段として仮想商品や通貨を販売する場合、問題は、どの市場構造が良質のユーザーエクスペリエンスを提供できるかだけではなく、どの市場構造が任意のコンテンツから最大の収益を生みだすかでもある。この観点から見ると、当然の選択は売り手独占構造であり、ソーシャルゲームの多くでこれが取り入れられている。この構造では通貨やアイテムを市場での販売を目的とする"商品アイテム"として指定し、ほかのユーザーへの転売を禁じて、中古品との価格競争が起きるのを防いでいる。なんと言っても、仮想世界の中古品は新品とまったく変わらないのだ。中古品の販売を許可したら、一部のユーザーは新品の代わりに中古品を購入し、パブリッシャーの売上げが落ちる――そうではないだろうか？

　世界最大の書店、アマゾン・ドット・コムは大勢が利用し、ほかで本を買うことは考えもしない人がたくさんいる。うまくいく仮想経済がそうであるように、アマゾンは消費者に対して強い独占力を持っている。しかし、書籍販売のサイトで使われている市場構造は売り手独占構造ではなく、上限価格構造だ。アマゾンが取り扱っているそれぞれの書籍のページには、

新品で買う場合の値段のほかに、同じ書籍の中古品の値段も掲載されている。サードパーティーの中古書店からも、アマゾンから新品を買うのと同じように簡単に購入できる。アマゾンはなぜこんなことをするのだろう？　なるほど、アマゾンを通して中古品が1冊売れるたびにいくばくかの手数料が入るだろう。だが、完全に独占するほうが道理にかなっているのではないだろうか？

　二次市場として知られる中古市場が存在することで、消費者の一部は新品の代わりに中古品を買うだろう（一次市場のセールスが食われる"カニバリゼーション"が起きる）。しかしおもしろいことに、何も買わなかったかもしれない消費者が新品を買うことがあるのだ。この驚くべき効果の説明はこうだ——二次市場があることで書籍1冊の生涯価値は、店舗で買うより長くなる。読者には、読み終えた本を売却して費用の一部を回収するという選択肢ができたわけだ。以下の不等式を見ていただこう。二次市場がない場合、消費者は次の条件がかなったときに本を購入する。

　　価格＜内容の価値

　二次市場が加わる場合、条件はこうなる。

　　価格＜内容の価値＋下取り価格

　これは大勢の消費者にとって魅力的であり、本1冊の価値は増す。それでは本を本棚に残しておく場合（参考もしくは飾りとして）の価値も考えてみよう。本を売ればこの残余価値は失われる。ここでは二次市場が加わると、以下の場合においてのみ一次市場の価格がより魅力的になる。

　　下取り価格＞書籍の残余価値−本棚の場所代

　このモデルでは、消費者は本の購入を決めるときにその内容の価値を知

っていることになる。現実にはそんなことは滅多にない。書籍は体験商品（第1章で紹介した）の一例だ。実際に購入して消費する前に、価値を計るのは難しい。経験商品の購入には賭けがともなう。最初の数ページを読んだあとに期待はずれだとわかるかもしれないからだ。二次市場があれば、もしも中身がはずれでも、購入価格の一部は少なくとも取り戻せるため、経験商品を買うリスクが減る。剣やパワーアップアイテムのように、前もって効果がわかっている仮想商品の場合、これは問題にはならない。しかしその他の仮想商品、たとえばデジタル著作権管理により仮想商品となったゲームキャラクターやゲーム全体は、だいたいにおいて経験商品となる。

　まとめると、収益をあげるために市場で売り手独占構造と上限価格構造（すなわち二次市場のある売り手独占）のどちらを選ぶかは、二次市場の導入によって一次市場のセールスが食われても、それを上回る売上げが期待できるか次第だ。

　また、カニバリゼーションの影響を削減することも可能だ。これは価格差別の観点から見ると理解しやすいだろう。アバターチャットサービスHabboのパブリッシャー、Sulake社は、ユーザーへの仮想アイテム販売で収益をあげている。ユーザーはSulake社が販売するHabboクレジットを使ってアイテムの支払いをするが、アイテムの販売はSulake社の独占ではない。ユーザー同士で（Habboクレジットを使い）転売できるのだ。もっとも、Habboのユーザーは新発売のアイテムに目がなく、Sulake社は定期的に新しいアイテムを発売し、宣伝する。新アイテムが出るたび、高い値段を払ってでも新商品がほしいユーザーはSulake社から買う。中古品では、出回るまでに時間がかかるのだ。のちに中古品が市場に出だすと、ほかのユーザーはもっと安く買うことができる。これは一種の時間による価格差別だ。一次市場への新商品導入から中古市場の出現までの期間が長いほど、後者による前者のカニバリゼーションは少なくなる。

◉ 仮想通貨の収益化

　Habboの例では、仮想アイテムの市場は上限価格構造を取ったが、それ

にもかかわらずHabboクレジットの市場は単純な売り手独占構造を取った。ユーロとドルでHabboクレジットを販売する経済主体はSulake社だけだ。おそらくこれは仮想通貨を収益化するもっとも一般的なやり方だろう。しかし、上限価格市場構造を用いて収益化することも可能だ。中国の仮想通貨Qコインが、インスタントメッセンジャー、テンセントQQの外でまで商品やサービスの支払いに使われるようになったことは第1章で紹介した。消費者は1コインにつき1人民元の定価でテンセントからQコインを購入できる。または、"中古"コインを無認可のサードパーティーからそのときの相場で買うこともできる。これらの中古コインは支払いとしてQコインを受け取った業者から回ってくる。

　中古コインが消費者と業者のあいだで流通しているのに、テンセントはいかにして収益をあげるのか？　答えはこうだ、ひとめぐりするたびにコインの一部はテンセントの公式グッズや付加価値サービスに使われる。これらの商品やサービスはシンクだ。そこに使われたコインは回収されて流通から消える。これにより総貨幣供給量は減少し、結果として、二次市場におけるQコインの価格はわずかに上昇する[*3]。二次市場の価格が一次市場の価格に近づくと、消費者はわざわざ中古コインを買わずにテンセントから新しいコインを買うようになるだろう。これでテンセントには収益がもたらされ、新たなコインが流通することによって貨幣供給量が増え、二次市場の価格がさがる。結果として、二次市場におけるQコインの価格は0.9人民元前後で推移し、1人民元の上限価格を超えることはない。

　単純な売り手独占と比較して、このやや複雑な上限価格の仕組みが持つ利点はなんだろう？　これは極めて特殊な戦略だ。市場を通して仮想通貨を人民元に戻すことができるため、サードパーティーの業者やサービスプロバイダーは仮想通貨を支払いとして受け取ることが可能になった。これにより通貨圏が広がってさらなる消費者を呼び込む。また、経済を支えるために通貨量がぐんと増えることになる。新たなコインがひとつ発行されてユーザーに売られるたびにパブリッシャーは収益を得る。経済的な成長はかくしてパブリッシャーの収益増加へ転換される。経済が成長し続ける

限り、収益はあがる。成長が止まったあとは、シンクを通して回収された分のコインの発行や、取引手数料でパブリッシャーは収益を得ることになる。売り手独占でも、同様に経済成長から利益を得られるが、サードパーティーの業者なしでは、そこまでの経済成長は見込めない。通貨を設けたところで、サードパーティーが実際にそれを使用しだすかは、もちろんなんの保証もない。ユーザーに使いたいと思われる仮想通貨については第8章で取りあげる。

「セカンドライフ」のパブリッシャー、リンデン・ラボ社は自社の仮想通貨、リンデンドル（Lドル）を収益化するのに同じようなシステムを使っている。リンデンドルは複数の市場で米ドルに換金でき（ほかの通貨や仮想通貨にも換金可能）、全体としては規制のない市場に似ている。しかし、リンデン・ラボ社は市場では売り手の役目も果たし、シンクを通して回収された分として、また経済成長時に総貨幣供給量を増やす目的で、リンデンドルを新たに発行・販売する。テンセントとの違いは、リンデンは明確な上限価格を設定しなかったことだ。交換レートを1ドル=270Lドルあたりで保とうとしているのは明確だが、それより下の価格で販売したことも知られている。このため、パブリッシャーは安く売ることでユーザーによるリンデンドルの販売を妨害したと非難された。上限価格が固定されないリンデンの長期収益見込みは、上限価格が固定されるテンセントとまったく同じ要因に左右される。経済成長、それに通貨が流通から回収される率だ。しかしながらモデルとしてはテンセントのほうがすぐれている。より予測がつきやすく、透明性があり、市場に信頼を与えるためだ。

収益化のために上限価格構造を用いる上での課題は、通貨が流通から回収される率を決定する通貨の供給源とシンクのバランスが、どのユーザーにとってもうまく取れていなければならない点だ。大多数のユーザーにとってうまくいっても、ごく少数のユーザーが余剰通貨を大量に抱えてしまう場合には、これらの裕福なユーザーはパブリッシャーより安い値段でほかのユーザーに通貨を売ることができ、パブリッシャーは収益がなくなる。売り手独占戦略ではこれは起きない。ユーザーは余剰分をほかのユーザー

に売ることはできないためだ。これにより少数の裕福なユーザーは販売機会を失う。多くの仮想経済はハードカレンシー（収益化に利用される通貨）の供給源をパブリッシャーのみとすることで、この潜在的な問題を完全に回避している。供給源とシンクは第9章で詳しく論じる。

　売り手独占戦略に対し、上限価格戦略の最大のデメリットは、法規制に引っかかりやすいことだろう。政府は法定通貨が仮想通貨に取って代わられるのを喜びはしない。プラットフォーム内や、あらかじめ定められた業者とだけ仮想通貨を使う分には、おそらく問題にならないだろう。Qコインは意図せずして汎用性の高いオンライン通貨になってしまったために、中国人民銀行からにらまれることになった。注目を浴びだしたデジタル暗号通貨、ビットコインも同様の問題に直面しはじめている。ビットコインについては第8章で詳しく触れる。

◉ 複数の市場をつなぐ：フェイスブック・クレジット

　2011年1月、Qコインの誕生からおよそ10年後、フェイスブックは独自の仮想通貨、フェイスブック・クレジットを発行した。テクノロジー業界や金融業界の大勢が、フェイスブック・クレジットは世界の電子商取引全体を揺るがす可能性があると考えた。それには理由がある。2011年のアクティブユーザー数は7億5000万を数え、フェイスブックはテンセントQQを追い抜き、世界一の規模を誇るオンラインメンバーシップサービスになっていた。Qコインと同様に、フェイスブック・クレジットはストアから購入したり、広告主からもらったりでき、それで仮想商品を買うことができた。Qコインが中国に与えた影響を考えると、フェイスブック・クレジットの世界的な影響は計り知れないのではないか？

　フェイスブック・クレジットの真の可能性を理解するには、それを取り巻く仮想経済デザインを理解する必要がある。仮想通貨が交換される市場の構造は、フェイスブック・クレジットとQコインでは異なる。フェイスブック・クレジットを山のように積みあげてみたところで、買ってくれる相手はフェイスブックしかいない。この買い手独占により、フェイスブック

は販売したときよりも30%安い値段でフェイスブック・クレジットを買い戻すことができる。また、これによりフェイスブック・クレジットは通貨よりも商品券に近い、閉ざされた経済となる。これは政府からすれば、フェイスブックの売上げを単に監視していれば経済規模を把握できるので非常に楽だ。しかしそれは一方で、フェイスブック・クレジットの経済はQコインのように思いもよらぬ発展を遂げることはないのを意味する。

　フェイスブックの経済をさらに詳しく見てみよう。ユーザーはフェイスブックからクレジットを購入して、仮想商品やサービスの代価としてアプリケーション開発会社へクレジットを支払う。アプリケーション開発会社はそれをフェイスブックを通して米ドルに換金する。ここにあるのはひとつの市場ではない。一次市場と二次市場の組み合わせでさえなく、異なる三つの市場で、それぞれが独自の市場構造を持つ。ひとつの市場で買い手となる経済主体は、次の市場では常に売り手となり、パブリッシャーからはじまってパブリッシャーで終了する、市場のつながりを形成する。この市場チェーンを表3・2にまとめた。

　フェイスブックの収益化モデルは、Habboのシンプルな売り手独占と、テンセントの上限価格戦略両方の類似点を持っている。上限価格戦略と同じで、フェイスブックの戦略はサードパーティーの開発業者や商売人を後押しする。これは仮想通貨の自国通貨への換金を許可しているためだ。しかし、消費者とサードパーティーの開発業者の両方を"ユーザー"として扱うテンセントの戦略と違い、フェイスブックは消費者のアカウントと開発業者のアカウントを区別して別々の役回りを当てる。消費者はほかの消費者へクレジットを売ることは許されない。プロモーションの一環として、フェイスブックやその提携企業から無料でクレジットをもらうことがあってもだ。開発会社も支払いで受け取ったクレジットを消費者へふたたび売ることはできない。つまり消費者はパブリッシャーからしか仮想通貨を買えないわけだ。これはHabboの売り手独占と同じである。言い換えると、消費者がフェイスブック・クレジットを買うには、フェイスブックのいい値で買うしかないわけだ。購入量と支払い方法で変わってくるが、現在はおよそ1クレ

	売り手	買い手	市場構造
市場1	フェイスブック	ユーザー	売り手独占
市場2	ユーザー	開発業者	規制なし
市場3	開発業者	フェイスブック	買い手独占

ジットあたり0.10ドル前後だ。

　同様に、サードパーティーの開発業者が消費者から受け取ったクレジットを売ることができる相手は、フェイスブックのみだ。競争がないため、フェイスブックはクレジットの買い取り価格を自由に決定できる。現在の買い取り価格は1クレジットあたり0.07ドルとなっている。このように、消費者が支払う金額と開発業者の収益にはおよそ30%の差がある。これは支払い方法により、50%にまで上昇する。さらに、フェイスブックはプロモーションの一環としてユーザーに無料で配布したクレジットの買い取りは行っていない。無料クレジットは開発業者にとっては無用の長物で、支払いで受け取る義務があるのに換金はできない。

　フェイスブックの経済では、Qコインの場合は単純に技術インフラを通過するだけなのに対し、すべての取引は最終的にフェイスブックの帳簿を通るため、業者にとってはうまみが少ない。その結果、フェイスブック・クレジットはQコインのように広まることはなかった。フェイスブックは2012年にクレジットの発行中止を発表し、その後、現地通貨での決済に切り替えている。フェイスブックの市場構造が変わるわけではないため、この変更自体はここでの分析になんら影響を与えない。フェイスブックの信用残高がクレジット建てであれ、ドル建てであれ、ユーロ建てであれ、銀行通貨に替えられるまでは、フェイスブックのサーバーにあるバーチャルマネーである事実に変わりはない。話がフェイスブック・クレジットの経済から、フェイスブックの信用<ruby>経済<rt>クレジット</rt></ruby>に変わるだけだ。仮想通貨の名前の代わりに昔ながらの通貨名を使うことで、実のところシステムの本質がより明らかに見える。

これは新たな世界通貨ではなく、独自のオンライン支払いシステムである。

　市場チェーンモデルは、経済の中に複数の異なるタイプの経済主体が存在し、それぞれの役割と能力が違う場合、すべての種類の状況に適用できる。フェイスブックの経済はサードパーティーのアプリケーション開発会社を想定してデザインされているが、これを広告主に置き替えることもできる。広告主はパブリッシャーから仮想通貨を買い、広告を見てくれた消費者にその代償として通貨を渡すわけだ。

■市場アリか、市場ナシか

　ここまでは種々の目的達成に使われるいろいろな市場構造について見てきたものの、まだ取りあげていない選択肢がひとつある。市場を持たないという選択だ。市場とは経済を形作る概念であるため真っ先に論じてきたが、競争市場と規制市場の両方を紹介し終わったことだし、次の質問を考えてみよう。そもそも市場がないほうがうまくいくのではないか？

　有形商品であれば、手から手へと渡されることで市場は自然に発生する。仮想商品の場合、そうとは言えない。そうデザインされているのでない限り、仮想商品はひとつの経済主体から別の経済主体へ移動させることはできないのだ[*4]。交換メカニズムがなければ市場も存在しない。アイテムは最初に購入したユーザーのもとに永遠にとどまる。いずれシステムから消えるようにデザインされていれば別だが。市場デザインに関する決定と同様に、市場を持つかどうかはそれぞれのアイテムのタイプによる。決定の指針は、どの仮想経済のデザイン決定でも用いられるものと同じだ。すなわち、デザインは（1）コンテンツ提供、（2）ユーザーを引きつけること、とどめること、および（または）（3）収益化に向けて貢献しなければならない。最終的に何が正しいかは、ケース・バイ・ケースだが。

　MMOゲームの世界から例を見てみよう。「ワールド・オブ・ウォークラフト」では、一般的なアイテムはキャラクター間で自由にやりとりでき、オークションハウスへ出品もできる。ところがもっともレアなものや最強のア

イテムはキャラクター同士でやりとりできなくなっている。なぜ一般的なアイテムはやりとりできて、レアなものはだめなのか？　このような市場デザインの裏にある論拠は以下のように分析できる。

　まず、取引を可能にすべき理由はいくつかある。プレイヤー同士の取引により、プレイヤーはゲーム内で自分の好きなコンテンツに集中でき、ほかに必要となるものは別のプレイヤーから入手することができる。たとえば、革でものを作るのが好きであれば、革のブーツやバッグを作製し、それを売ったお金で、ほかのプレイヤーが作った武器や魔法アイテムを購入できる。買ってくれる人がいれば、作りがいもあるというものだ。それに、プレイヤー同士の取引はそれ自体におもしろさがある。値切りや鞘取引、買い占めなどが起きるだろう。そのため、取引を可能にすることは一番目の目標にかなっている。すなわち「ユーザーへのコンテンツ提供」。

　しかし、プレイヤー間の取引を禁じるべき理由も存在する。プレイヤーが得意とする分野のものばかり作って、残りはほかから購入していたら、ゲームは簡単になる。実質的に、難しいことは飛ばして簡単なことばかりやっているわけだ。その結果、取引機能なしのときより、ゲームのコンテンツを早々と消費することになるだろう。これは目標2と3、ユーザーをとどめ、収益化を計ることに反する。ユーザーにできる限り長くゲームを楽しんでもらうには、コンテンツの消費スピードを調整する必要が出てくる。あまりにさくさくとゲームが進行すれば、ユーザーは強化アイテムやその他の仮想商品を買う必要性を感じない。さっさとゲームをやり尽くして退会したら、ユーザーが払う利用料金はそれだけ少なくなる。

　ユーザー同士の取引から生じるもうひとつの問題は、ユーザーの手から手へと渡ったアイテムはあかしとしての価値を失うことだ。過酷な試練を乗り越えた者だけが手に入れられるアイテムは、その持ち主が熱心なプレイヤーであるあかしとなる。これはプレイヤーの社会的ステータスを高めるだけでなく、ほかのプレイヤーが相手の経験レベルを判断するのを助ける。パーティーを組んで危険なダンジョンを攻略しに行く際には、はじめて会うプレイヤー同士がお互いを品定めする重要な情報となるだろう。しかし、当の

アイテムが自力で手に入れたのではなく、買ったものとなると、あかしの信憑性は疑問視されるようになる。このためアイテムの価値は減少し、ひいては苦難を経てアイテムを手に入れようとするモチベーションまで低下する。これは"コンテンツ提供"という目的1に反している[*5]。

　以上のプラス面とマイナス面を考え合わせ、取引は行えるようにすべきだろうか？　この場合、答えは問題となっているアイテムのタイプによる。「ワールド・オブ・ウォークラフト」の一般的なアイテムの場合、プレイヤー同士の取引はプラス面がマイナス面を上回ると考えられる。一般的なアイテムは、どのみち簡単に生産でき、シグナルバリューはないのだから。レアなアイテムの場合は、手に入れにくく、大きなシグナルバリューがあり、マイナス面のほうがプラス面を上回る。誉れ高きレアアイテムを手に入れるための冒険は、多くの人がゲームを続ける主な理由だろう。これらのアイテムが市場で簡単に手に入れられたら、多くのプレイヤーは自分たちのゴールにあっさり到達し、物足りなさを感じるはずだ。よって結論は二重構造となる。「ワールド・オブ・ウォークラフト」のゲームデザイナーは、一般的なアイテムは取引可能とし、レアなものの多くは取引できないようにした。アイテムによって扱いが違う言い訳に、ゲームデザイナーは"soulbound"という設定を作り、特定のアイテムは手にしたり装備したりした瞬間に、持ち主の魂に結びつくため譲渡できないことにした。

　とはいえ、正確に言うと、「ワールド・オブ・ウォークラフト」では、もっともレアなアイテムでも市場にまったく出せないわけではない。NPCの商人には売ることができるのだ。だから市場は存在するが、買い手独占で、プレイヤー間の取引は含まれない市場構造となる。これでプレイヤー同士の取引のマイナス面は取り除かれながらも、不必要なアイテムを売却するすべは確保される。本当に市場を完全に排除すべき状況はあるのだろうか？　答えはイエスだ。そんな状況は山とある。レベルやスキルポイント、獲得したバッジ、ハイスコア、"いいね！"などは、取引できないようにデザインされているのがふつうで、譲渡はできない。ユーザーの価値ある所有物という意味では、これらは明らかに仮想商品である。だが、譲渡や取引ができな

いため、それらを商品として考えるのを忘れがちだ。これらがふつうは取引できないのには、ゲームデザインか、シグナルバリューか、どちらかに関わる正当な理由がある。それでも絶対に取引できないわけではない。宇宙を舞台にしたMMOゲーム、「エントロピアユニバース」では、キャラクターがためたスキルポイントはチップにダウンロードして、公開市場でほかのプレイヤーに売ることができる。フェイスブックやツイッターでは、"いいね!"やフォロワー数を家畜のように売買する裏ビジネスが存在する。これについては第6章でふたたび触れる。次の章では自由競争の制限について考えよう。

....

*1
一般的なミクロ経済用語で言うと、本章で扱うのは、価格統制、市場構造、完全に弾力的な需要、そして完全に弾力的な供給ということになる。これらのテーマは定評のあるミクロ経済学の教科書、McConnell, Brue, and Flynn (2011) や Mankiw (2011)、Varian (2009) で理論的に取りあげられている。本章はそれらのデザインと経営上の適用に焦点を置く。

*2
金融政策とお金の流出入の均衡については第10章で論じる。

*3
通貨供給量と通貨価値の関係は第10章の"金融政策"のセクションで検証する。

*4
規制をまぬかれる方法をユーザーが作りあげ、パブリッシャーの許可なしに勝手に市場が誕生したケースも存在する。これらの状況と対処法については、第5章と第6章で取りあげる。

*5
これらと同じ問題は、プレイヤーがゲームアカウントそのものを売買する無認可のリアルマネー市場でも関わってくる。これは第6章で取りあげる。

第4章 —Chapter 4　　　　　　　　　　　　　　　市場力と価格

　本章では、市場力について詳しく見ていこう。市場力とは何か、いかに
して手に入れるのか、どうやって市場力に抵抗するのか、そして市場力を
どう使うのか、だ。この本で取りあげる多くの知識と同様に、本章の内容
はふたつの異なるレベルに適用できる。ひとつは仮想経済の内部デザインで
あり、もうひとつはデジタルコンテンツパブリッシングというビジネス全般
だ。本章で取りあげる例は、市場におけるパブリッシャー同士の支配力争
いだが、「セカンドライフ」やアバターを使うソーシャルゲーム、IMVUなど
のプラットフォーム内で、市場力を作りだし利用する方法もこれで理解で
きるだろう。また、本章の内容はデザイン（独占力から利益を得る方法）
と分析（独占力の利用がいかに市場に影響するか）の両方に適用できる。
まずは市場力とその源について論じ、それからその主な利用法、利益を得
るための商品の価格設定について詳しく見ていこう。

■市場力とは何か

　前の章では、仮想経済の中でパブリッシャーが独占販売者となり、収益
をあげる方法について論じた。たとえばHabboは、昔風のドット絵で表現
された、ティーンエイジャー向けの仮想世界だ。2009年にはパブリッシャ
ーのSulake社はこのゲームで6000万ドルの収益をあげている。そのほとん
どは、テレポート装置やアイスクリームマシーンなどの奇抜な仮想アイテム
の売上げから来ている。ほかのパブリッシャーの多くと同様に、Sulake社は
ゲーム内で使用する仮想アイテムの制作をサードパーティーやユーザーに許
可していない。事実上、Sulake社はゲーム内における新たな仮想アイテムの
販売を独占していることになる。

独占販売者である利点は、販売する商品の価格を自由に決められること
だ。消費者は言われた価格で商品を買う。また、独占販売者は商品の流通
量を調節し、需要に応じて価格を決定することができる。価格もしくは流通
量を自由に決められる力が、**独占力**だ。これはミクロ経済モデルにおける独
占販売的な行動であり、紙幣を印刷する権限を持っているのに近い（仮想
経済では、まさにその場合もある）。計算は省略して一般的な結論だけ述べ
よう。利益の最大化を目指す独占販売者は、完全な競争市場よりも常に高
い価格で少ない量を生産し、これにより完全な競争市場でよりも高い利益を
得る [*1]。ビジネスにおけるこの意味合いは明白だ——独占力はすばらしい。

　しかし、本当にSulake社は消費者に対して独占力を振るっているのだろ
うか？　たしかに、Habboのゲーム内では新しい仮想商品を販売できるのは
パブリッシャーだけだ。だが仮想アイテムを扱っているティーンエイジャー
向けの仮想世界はHabboだけではない。たとえば、「ガイアオンライン」は
同じようなユーザー層向けのアニメ風アバターを使うソーシャルゲームで、
収益モデルは同様に仮想アイテムの販売を中心としている。これらふたつの
プラットフォームのあいだに、なんらかの競争があるのは明白だ。どちらか
一方の仮想アイテムが大幅に値上がりすれば、ユーザーは愛想を尽かして
もう片方のゲームに鞍替えするだろう。そうなると、ティーンエイジャー向
けの仮想商品市場を、単一供給者による独占販売モデルと呼ぶのは正確で
ないかもしれない。もっとも、「ガイアオンライン」の仮想アイテムはHab
boのそれとは明らかに別物であるから、完全な競争モデルとも言えないの
だ。本章では、市場力の競争モデルを紹介し、仮想経済同士の競争につい
て何がわかるか見てみよう。

　こういう話がある [*2]。東京のとある通りの端にラーメンの屋台があり、飲
み屋の帰りに締めの一杯として人気があった。通りにはほかにラーメン屋
はなく、屋台はこの "通り" という市場を独占し、ラーメンを高い値段で売
っていた。ところがある晩、同じくラーメンを売る別の屋台が通りの反対
側の端に現れ、最初の屋台の独占力は減少した。値段が高いままでは、客
は新しい屋台へ去ってしまうだろう。

しかし、通りの反対側の端までは距離がかなりあり、とりわけ朝まで飲んでいた客はそっちまで歩くのをいやがった。この距離が、ある店からほかの店へ客が乗り換えるときに発生する**スイッチングコスト**だ。通りの真ん中に近い客は少し歩いても安いほうの店に行くだろう。だが最初の屋台のすぐ前にある飲み屋から出てきた客は、通りの反対側の端までわざわざ歩くより、高くても近い屋台で食べる。このスイッチングコストのおかげで、最初の屋台はある程度の価格設定力を維持できるわけだ。それはもはや完全な独占力ではなく、**市場力**として知られるものだ。

　このラーメン屋台の市場は経済学者が独占的競争と呼ぶものにどこか似ていて、独占と競争、両方の特徴を持つ[*3]。完全な競争と比較すると、独占的競争では店側は客に対してある程度の市場力を持っている。とはいえ、純粋な独占と違って、この力はやはりある程度の競争によって制限される。独占的競争は現実世界の市場でもっとも一般的に見られる状況だろう。あいにくながら、もっとも分析が難しい状況のひとつでもある。

　ラーメン屋台の市場が仮想経済となんの関係があるだろうか？　屋台はプラットフォーム、ラーメンは仮想商品と想定してみよう。通りはゲームデザインのジャンルを表す。最初の屋台はHabbo、そしてあとから来た屋台は「ガイアオンライン」だ。Habboのドット絵が好きなユーザーは、アニメ風の絵柄に変わる通りの端まではなかなか行かない。彼らの好みからはほど遠いのだ。市場にはこれらふたつのプラットフォームしかないとすると、どちらのパブリッシャーもそれぞれが抱えているファンに対して、大きな価格設定力を持つ。だが、もしもどちらかのパブリッシャーが仮想アイテムの価格を極端につり上げれば、ファンは高いお金を払うぐらいなら、あまり好きではない絵柄で妥協しようと考えるかもしれない。言い換えれば、自分たちのプラットフォームで仮想商品を販売するパブリッシャーは、一見ユーザーに対して独占力があるように見えるものの、ほかのプラットフォームが出てくると、この力は決して絶対的でないのが明白になる。多くのビジネスと同じで、仮想商品のプラットフォームは市場力を持ってはいても、完全な独占力は持っていないのだ。

表4·1　市場力の例

市場	市場力の保有者	保有者による力の使い方
新薬	医薬品特許の保有者	限界費用より高い価格設定
ポピュラーミュージック	音楽レーベル	限界費用より高い価格設定。コンサート回数を限定
コンピュータのオペレーティングシステム(OS)	ソフトウェア開発会社	限界費用より高い価格設定。製造会社に必要なソフトウェアをバンドル販売。バグ
ミッキーマウス	ディズニー	ネズミをモチーフにした衣服の流通量を限定、高い価格設定。アミューズメントパークの高い入場料
サッカー	国際サッカー連盟(FIFA)	ワールドカップの開催を4年に1度に限定
レゴブロック	レゴ(Lego)	プラスチック製の小さなブロックの割に高い価格設定
ダイヤモンド	デビアス	ダイヤモンドの流通量を限定、高い価格設定。人工的な希少さ

　だが、"絶対的ではない市場力"であっても、この力があれば完全競争では不可能なほど高い価格を設定できる。市場力があればあるほど、価格を高く設定できて収益が増す。**表4・1**は実世界における市場力の例だ。次の疑問は当然これらだろう――市場力はどこで得られるのか？　すでにある程度持っている場合はどうしたらさらに増すことができるのか？

■市場力の強化

　ラーメン屋台の話では、屋台が持つ市場力は**差別化**にもとづいている。つまり、立地であれジャンルであれ、競合相手と商品やサービスに違いがあるのだ。商品やサービスが自分の好みに合っていれば、競合する商品やサービスのほうがたとえ安くても、客はそっちに乗り換えることはない。よって、市場力を強化する第一の方法は差別化だ。どのような方向およびスケールで競合相手と差別化すべきかは、客が求めるものによって変わってくる。

しかしながら、往々にして差別化は持続するのが困難だ。最初のラーメンの屋台に起きたことを考えてみよう。ある夜、あとから来た屋台は通りの端から中央のほうへ100メートルだけ場所を移した。その結果、通りの中央付近にある飲み屋の客で、以前は最初からいる屋台の常連だった客がそっちへ行くようになった。常連客を奪われてなるかと、最初の屋台も通りの中央へ100メートルだけ移動する。次の夜には、二番目の屋台はまたも中央へ100メートル移動し、最初の屋台も負けじとさらに100メートル近づく。これを何度か繰り返すうちに、最終的にふたつの屋台は通りの真ん中に並ぶことになる。これがこの市場における競争均衡であり、ここからはどちらも移動することによって客の増加を見込めない。どちらの屋台も通り全体を相手に商売できる位置にいるのは同じだが、最初の屋台は距離というスイッチングコストを失った！　いまや屋台は隣り合わせのため、片方が値下げすれば、もう片方もただちにそれにならう必要がある。でなければ、客をすべて取られるだろう。ラーメン屋台の市場は、市場力をベースにした競争から、完全競争へと移ったのだ。

　同じように、デジタルパブリッシングビジネスでも市場占有率の競争により差異が失われていく。大衆向けのゲームはどれも万人受けする内容になりがちで、刺激を求めるゲームファンをがっかりさせることになる。Habboと「ガイアオンライン」はこれまでのところこれを避け、オリジナルのデザインを堅守している。すでに人気を確立している場合にはこれは賢明な戦略だろう。しかし特定のファンがいるオリジナルのデザインを守っても、それが成功すると、柳の下の二匹目のドジョウを狙う競合相手が出てくるものだ。似たようなゲームやサービスが現れれば唯一性は失われる。2000年に発表された仮想世界でのアバターチャットサービス、Habboにも同様のことが起きた。仮想世界を用いた新たなサービスが次々と現れ、中には大成功したものもあって、Habboはたくさんある中のひとつになっていた。

　「ワールド・オブ・ウォークラフト」は大衆化と模倣、両方の試練に直面した。まず、多くの一般ユーザーを引きつけるために、はじめからよくありがちなファンタジー設定となった。次に、オリジナル要素は後発のゲーム

にあっという間にまねされてしまった。「タワー・オブ・アイオン」のような
なゲームは、ゲームメカニクスからユーザーインターフェースデザインまで
驚くほどそっくりに作られている。しかし、このように差別化不足という
状況でも、「ワールド・オブ・ウォークラフト」は大成功を収め続けた。リ
リースから10年近く経つが、毎月数百万人が10ドルから15ドルの月額利
用料金を支払っている。こんなことがなぜ可能なのだろうか？　次の節で差
別化以外の独占力を見ていこう。

◉ スイッチングコスト

　差別化により客のスイッチングコストが増えれば、市場力は強化される。
ほかの要因も、客に競争相手への乗り換えを思いとどまらせる。一般的な
要因としては、代わりとなるものを探し、その品質を調べる手間や、新た
なサービスの使い方を覚える手間、それにガイドブックや攻略本、専用のハ
ードウェアなどに投資する費用があげられる。もはやベストなサービスでは
ないと言われても、見限ることのできないファン心理なども、乗り換える
かどうかの決定を左右する。契約期間を月や年単位にする、サブスクリプ
ションの請求頻度を減らす、仮想通貨を先にまとめて購入させてあとで使
用させるなどの前払い制も、スイッチングコストを生みだす。

　以下に、オンラインゲームとコミュニティ特有のものである、ソーシャル
ネットワークと仮想資産という2種類のスイッチングコストを取りあげる。
市場力の強化にこれらのスイッチングコストを最大化する方法と、それらの
戦略に対抗する方法を見ていこう *4。

◉ ソーシャルネットワーク

　オンラインゲームやコミュニティを含む多くのオンラインサービスには、
ネットワーク外部性が見られる。これはユーザーにとってサービスの価値
は、目下それを利用しているほかのユーザー数によって決まるというもの
だ。ソーシャルネットワークサイトの場合は、ユーザー数が多いほど、ほか
の人たちとつながれるため、個々のユーザーにとって便益が増す。規模の

小さなソーシャルネットワークサービスへの乗り換えは、価値の下落となる。一般的に、ネットワークのユーザー数が多いほど、そこからのスイッチングコストは大きくなる。このためソーシャルネットワーク市場では、ひとつのサービスが一定のユーザーを獲得すると、そこから急速に成長して似通ったサービスを駆逐する。言い換えると、ネットワーク外部性がうまく作用すれば、自然と市場を独占できるようになるわけだ。

　しかし、オンラインゲームとコミュニティではネットワーク外部性が否定的に作用する場合もある。マッシブ・マルチプレイヤー・オンラインゲーム（M）（M）（O）のサーバーは、大勢が同時にアクセスすると反応が遅くなる。チャットチャンネルでは書き込んでいる人数が多ければ読みづらい。これらの場合、一定のところからは、ユーザーが1人増えるごとに利用者にとってネットワークの価値がさがる。このようなネットワークには最適なサイズに限界がある。MMOゲームでは一般的なように、サーバー別に複数の世界を作って負荷を軽減することができるが、これでは正の外部性は損なわれる。これを緩和するため、多くのMMOゲームではプレイヤーがサーバー間を移動するのを許可している。「イブオンライン」は珍しい例外で、全プレイヤーが常に同じ架空の宇宙を体験できるよう、単一サーバー構造になっている──それゆえサーバーのレスポンスが悪いこともたまにあるが。

　ゲームとオンラインコミュニティにおけるネットワーク外部性の特性についてさらに留意すべき点は、個々のユーザーにとって重要なのは総利用者数ではなく、どれだけ自分の友人や知り合いが利用しているかだ。新たなコミュニティの総利用者数がいくら多かろうと、友人や知り合いとすでにネットワークができているゲームやコミュニティからそっちへ乗り換えるのは人との繋がりの上からはマイナスとなる。電話やインターネットなどの社会インフラとなる通信網では総利用者数の方が重要だ。

　スイッチングコストを高くするために、友人や家族をサービスへ招待するよううながすという方法がある。コミュニケーションツールやフレンドリストを提供して、サービス内での交流を促進するのもいいだろう。ギルドやクランをサポートし、チームプレイを前面に押し出すこともできる *5。一方多

くのMMOゲームでは、ゲーム内に適切なコミュニケーションツールがないため、ギルドやクランのメンバーはサービスとは別の場所にフォーラムを設置して、独自のイベントカレンダーを作るようになる。これにより、メンバーはいつでも簡単にギルドごと別のゲームに乗り換えることができる（これについてはあとでさらに触れる）。

　ソーシャルネットワークでは忘れられがちだが、敵がいるのは仲間がいるのと同様に大切だ。宿敵を倒すことを悲願とする筋金入りのゲーマーであれば、宿敵を失うぐらいなら、友や同盟者を捨てるだろう。

◉ 仮想資産

　別のサービスに乗り換えると、それまで集めた仮想アイテム、ポイント、バッジ、成績、称号などの仮想資産はすべて失われる。これはユーザーの忠誠心を高く保つ大きなスイッチングコストであり、どのプラットフォームもシンプルな仮想経済を実装すべきもうひとつの理由でもある。しかし、失われる仮想資産がユーザーにとってなんらかの価値を持っていなければ、これはスイッチングコストにならない。無意味なポイントや賞品、いまのモンスターにはまったく歯が立たない昔の武器ではユーザーを引き止めることはできないだろう。

　仮想資産を用いてスイッチングコストを生みだすには、ユーザーがなんらかの資産を蓄積できるようにデザインする必要がある。また、その資産は価値があるもので、時間が経っても価値が失われないものであるべきだ（仮想商品のデザインは第2章で取りあげた）。見落としてはならないシンプルな資産は、ユーザーアカウントの古さだ。古参のメンバーのあかしとなる古いアカウントを大きな誇りとするユーザーもいる。これにはなんらかの方法でアカウントの古さを可視化し、堂々と見せられるようにすればいいだけだ。本書の冒頭で紹介したICQナンバーはこのいい例だろう。もうひとつの注目すべき例が、コンピュータ関連のニュースサイトであり、オンラインコミュニティでもある、「スラッシュドット」だ。ICQと同様に、ここでも珍しいナンバーがときおりイーベイに出品される。サイトのパブリッシャー自身

が3桁のナンバーをオークションに出し、収益を寄付したこともある。

　ナンバーの取引は、仮想資産のスイッチングコストのみを市場力の担保とすることの危険性も露わにする。ユーザーが仮想資産を取引できる市場が現れると、仮想資産はスイッチングコストとしての機能を失う。これはリアルマネー市場でも、シンプルな物々交換でも同じである。ティーンエイジャー向けの仮想世界のファンが集まるフォーラムでは、"Habboのアカウントを「ルーンスケープ」（同じ年齢層に人気のファンタジーゲーム）のアカウントと交換しましょう"、あるいはその逆の書き込みがいくつもあった。第6章では、このようなパブリッシャーにとって迷惑な市場への対処法を紹介している。

　モバイルゲームとソーシャルゲームのパブリッシャー、デジタルチョコレート社はナノスターと呼ばれる仮想キャラクターをリリースした。キャラクター数は150を超え、ユーザーはそれらを集めてさまざまな種類のゲームで使うことができる。ナノスター用の新たなゲームが登場しても、それまで集めたキャラクターはすべて利用可能だ。これはゲームのジャンルを超えて、デジタルチョコレート社へのユーザーの忠誠心を高めることを狙いとしている。ユーザーにしてみれば、ひとつのゲームでしか使えない仮想商品にお金を払うより、ナノスターのように汎用性のある仮想商品にお金を払うほうがいいだろう。その一方で、長期的には大量の仮想商品を抱えることになり、ゲームバランスと収益化の点では問題となる。仮想商品の蓄積については第9章と第10章で論じる。

■市場力への抵抗

　新たなサービスを発表しても、ここまで説明したテクニックを用いて先行のサービスがすでに客を囲い込んでいたら、どうすればいいだろうか？　先行サービスの市場力をどうすれば減らせるだろう？　ここでは相手の市場力は客のスイッチングコストにもとづくため、こちらはなんらかの方法でスイッチングコストを小さくするか、移ってくる客がこうむるコストの埋め合わ

せをするかしなければならない。

◉ スイッチングコストの埋め合わせ

サブスクリプション制のゲームでは、別のゲームから乗り換えてくる客には、たとえば入会初月の利用料は無料にするなど、最初に割引をするのがもっとも一般的なやり方だ。乗り換えることでひと月分の利用料金がただになり、一部のユーザーには前のゲームの仲間や資産を失う埋め合わせになるだろう。無料でプレイできるオンラインゲーム、フリートゥプレイ（F2P）の場合には、仮想商品の売上げが収益となるが、ユーザーが新規登録した際にアイテムや仮想通貨をプレゼントするのが客のスイッチングコストの埋め合わせとなる。

しかし、仮想商品を埋め合わせに利用する難点は、通常、仮想商品は希少だからこそ価値がある点だ。新規のユーザー全員にレアなアイテムや強力なアイテムを配っていたら、それらはあっという間に誰もが持っているアイテムになってしまい、埋め合わせとしての魅力は失われる。最初に通貨をプレゼントするのも、新米ユーザーが必要最小限のアイテムを購入する費用としか思われないだろう。期間限定のキャンペーンの一環としてプレゼントするほうが、仮想商品の特別さが保たれる。

客のスイッチングコストの埋め合わせをすることで、パブリッシャーは実質的にそのコストを肩代わりする。客を獲得するためのこの初期投資は、客の生涯価値がそれを上回れば元が取れる。だが、プレゼント目当てで登録する客もいるのを忘れてはならない。彼らはポイントや仮想通貨を使い切ったら、さっさと次のサービスに乗り換えるだろう。

◉ スイッチングコストの低減

ルフトハンザ航空が北ヨーロッパで新たな航路を開設したとき、その地域のビジネス旅行者の大半はすでにほかの航空会社のプラチナ会員になっていた。ルフトハンザに乗り換えれば、会員の条件となる搭乗回数が振り出しに戻り、専用ラウンジは利用できなくなる。ルフトハンザは航空券の価格を

さげることもできたが、これでは自社の負担が増してしまう。そうする代わりに、ルフトハンザは新規の顧客の会員ステータスを他社からそのまま移せるキャンペーンを開始した。これは言い換えると、ルフトハンザは新規の客に前のサービスから仮想資産を持ってくることを認めて、もっとも大きなスイッチングコストを取り除いたのだ。

　この戦略はオンラインゲームとコミュニティでも使える。多くのオンラインサービスはほかのプラットフォームから連絡先をインポートできるようになっている。だが、仮想アイテムやキャラクターレベルをインポートするのは、プラットフォームごとに特性や機能が違うため、難しいだろう。それに最初からレベルが高くては、追加アイテムの購買意欲が損なわれ、ゲーム自体もさっさとクリアして解約されかねない[*6]。そこで前のプラットフォームから成績だけを記録してインポートできれば、新たなプラットフォームで有利になりすぎることもない。また、成績がインポートできるのを一度限りにすることで、ユーザーがもとのプラットフォームへ戻るのを防げる。

　プラットフォームを乗り換えてそれまでのゲーム仲間を失うソーシャルコストを減らすには、グループでの乗り換えが有効だ。たとえばMMOゲームであれば、ギルドごと移るようユーザーに勧めればいいだろう。中国のMMOゲームパブリッシャーの話によると、ギルドやギルドのリーダーに金を払って新しいゲームに移ってもらうことがあるそうだ。ユーザーが一定数になってネットワーク外部性がうまく作用しはじめれば、新たなプレイヤーを呼び込むのは簡単になる。

■市場力を使って仮想商品の価格を設定する

　ここまでは競争市場環境において市場力を高めるさまざまな方法を検証してきた。この章の残りは、市場力を用いた、収益のあがる価格設定法の検証に当てる。ここで取りあげる主な価格設定理論は、価格弾力性、価格差別、そして抱き合わせ（バンドリング）を通した最適な価格設定だ。実際の理論へ進む前に、競合相手の動向を観察して最初の価格を決める、実践的なアドバイス

からはじめたい。

● ベンチマーキングを使って最初の価格を設定する

　賢い戦略を用いて仮想商品の価格を最適化する前に、おおよその見当を
つけるために、出だしとなる価格が必要だ。そのような価格の見当をつける
のはなかなか難しい。これまで何も売ったことがなければ、相場はどれくら
いかもさっぱりわからないだろう。形のある商品なら、原価を計算してだい
たいの値段をつけられるが、仮想商品では、そのように参考となるものが
ない。よって、仮想商品の場合には、競合相手を分析してそれを指標とす
るベンチマーキングが最善のアプローチとなる。これには2種類のやり方が
ある。収益のベンチマーキングと値札のベンチマーキングだ。

　収益のベンチマーキングとは、競合する仮想商品プラットフォームのユー
ザー1人当たりの売上げを指標として、価格を設定することだ。たとえば、
ほかの類似のゲームでは、ユーザー1人当たりの平均的売上げ（ARPU）が
ひと月2ドルとする。新たにリリースするゲームでは、ひと月およそ10コイ
ンを消費する仕様になっているので、最初の価格は1コイン0.20ドルとする
のが現実的だろう。ここには、ユーザーは必要となるコインやトークンの数
にかかわらず、同じようなゲームに同じぐらい払うという前提がある。この
アプローチが抱える問題は、平均はとかく当てにならないことだ。多くのフ
リートゥプレイゲームの収益は、平均よりはるかに多くをつぎ込むごく一部
のプレイヤーからのそれが大部分を占めており、その他ほとんどのプレイヤ
ーはまったく課金しない。価格設定を低くしすぎないよう、実際は存在し
ない"平均金額を払うユーザー"ではなく、課金してくれるユーザーを対象
とした最適価格を決めねばならないが、そのようなデータを他社から入手
するのは困難だろう。

　プライスタグのベンチマーキングは単純だ。競合するゲームでさまざまな
種類の仮想商品につけられている値段を調べ、同じようなやり方で仮想商
品や通貨の価格を設定する。たとえば、競合相手が、装飾目的しか持たな
い仮想アイテムの帽子に仮想通貨で1ドル相当の値段をつけていたら、こち

らも帽子の価格は10コインとし、コインは1コイン0.10ドルにするなど、コイン数とコイン単価の組み合わせで1ドル相当になるようにすればいい。ここにあるのは、ユーザーは同じような利益のためには同じぐらい払うという前提だ。このアプローチでは、たくさん課金するユーザーとまったく課金しないユーザーの差は考慮に入れなくていい。また、ソーシャルゲームの場合には、対戦ゲームと同じようなARPUを出す必要はない。**図4・1**はモバイルゲームでの一般的な仮想商品価格を表している。

◉需要の価格弾力性

あるゲームのパブリッシャーが仮想コインを販売するとしよう。最初のコイン価格は、他社の同じようなゲームを指標として設定された。では次に、収益を最大化するためにコイン価格を調整する方法を考えよう。コインの単価をあげると収益には何が起きるだろう？　答えはふたつある。（1）**価格効果**：単価当たりの価格の上昇により、ひとつ売れるごとに得られる収益があがって、総収益が増加する。それから（2）**数量効果**：単価当たりの価格があがると、往々にして売れる数は少なくなり、総収益は減少する。

　価格と数量の効果を**図4・2**に記した。はじめは、総収益はP1×Q1に等しく、AとBの面積によって表される。価格をP1からP2にあげると、販売量はQ1からQ2へさがる。よって新たな総収益はP2×Q2に等しくなり、AとCの面積によって表される。面積Bは数量効果によって失われ、面積Cは価格効果のおかげで得られた。この場合、BとCの面積の大きさを比較すると、価格をあげたかいがなかったことがわかる。数量効果のほうが価格効果より強力で、現に、総収益は価格をあげたあとのほうがあげる前よりさがっている。この状況においては、収益改善のためには、価格をあげるのではなくさげるべきだったわけだ。

　どちらの効果の影響がより強いか、つまり、収益改善には価格をあげるべきかさげるべきかを決めるには、シンプルな経済学的手段、**需要の価格弾力性**（PED）が役に立つ。需要の価格弾力性は、"価格が1%上昇すると、需要量は何%減少するか？"という問いの答えとなる数値だ[*7]。言い換えれ

図4・1　主要モバイルゲームにおける仮想商品の価格分布図

Lehdonvirta and Joas (2012b)より。26種の主要モバイルゲームから2096種の課金アイテムが調査の対象とされた。
価格はそれぞれのゲームの仮想通貨販売所で使われる平均的な交換レートを用いて、仮想通貨から米ドルに換算されている。

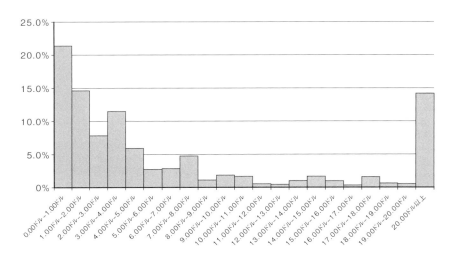

図4・2　価格上昇にともなう総収益の変化

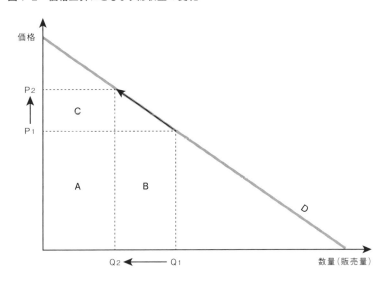

ば、価格の変化に需要がどれほど敏感かを計ったものである。生活必需品は1より小さな数値となることが多い。たとえば、ある研究によると、アメリカにおけるガソリンのPEDは0.26だ[*8]。ガソリン価格が10%上昇しても、ガソリンの消費量はほんの2.6%の減少にとどまる。このことから、ガソリンの需要は価格の変化にそれほど敏感ではないとわかる。ドライバーはガソリンの消費量を減らすよりも、別の項目で出費を控えるというわけだ。ガソリンの生産を独占していれば、価格をあげることで収益を増加できる。

PEDは固定された数値ではない。価格をあげると、PEDもあがる傾向にある。比較的に低い価格の商品では、一般的にPEDは小さい。1ドルの商品の価格が1%あがっても、そこまで価格に違いは出ないため、販売量にたいした影響はない。しかし高い価格の商品では、1%の価格上昇は大きな違いとなる。その結果、販売量は大きく下落し、PEDが上昇する。PEDが1の場合には、価格上昇量と需要の減少量は等しくなり、価格効果と数量効果が相殺されて、総収益に変化はない。

一般的に贅沢品はPEDが1を超える。たとえば、ある研究によると、シボレーの最高級車のPEDはおよそ4だ。これは価格を10%あげると、販売台数が40%も減ることになる。車の価格をさげることで総収益は上昇するだろう。価格がさがると、PEDもさがる傾向にある。PEDの数値とそれをもとにした価格設定について、**表4・2**にまとめた。

表4・2　PEDの数値と価格設定

PED	価格が上昇した場合	収益を増やす方法
>1	需要が劇的に下落	価格をさげる
=1	需要は価格に比例して下落	最適価格（変えるべきではない）
<1	需要はわずかに下落	価格をあげる

これにより、PEDがぴったり1となる価格が、最大の収益を得られる価格だと結論できる。ではなぜガソリンはPEDが0.26になるほど低い価格で販売されているのだろうか？　それは競争により、ガソリン価格が低く抑え

られているからだ。ではなぜゼネラルモーターズはPEDが4に達するほどシボレーの値段を高くしているのだろうか? それは自動車製造は限界費用が大きいからだ。少ない数の高級車を売るほうが、採算ギリギリの価格で大量に売るよりも大きな収益を得られる。仮想コインの販売では、これらの要因を考慮する必要がない。仮想コインの価格はPEDがぴったり1になるよう調整すればいいだろう。

　ではいかにしてPEDを決めるのか? 方法としては、過去の販売データにおけるユーザーの価格変更への反応の調査や、消費者やベータ版のユーザーを対象としたさまざまな価格水準に関するアンケート、または価格実験があげられる。過去の販売データは入手が困難かもしれず、入手できたとしても、価格の影響をマーケティングキャンペーンやパッチ［ゲームの微調整］、季節商品など、ほかの要因から来るものと見分けるのは至難の業だ。ユーザーからアンケートを採るのがもっとも簡単だが、問題はアンケートの回答が実際の行動と違うこともある点だ。少数のユーザーを対象に新たな価格案を試用する価格実験（つまりABテスト）なら、もっとも信頼できるデータが得られるだろう。

　最後に、PEDに関して留意すべきもうひとつの重要な要因は、価格変化に対するユーザーの反射的な反応と、長い目で見た行動には違いがあることだ。ガソリンの短期PEDは0.26だったが、長期では（1年以上と定義する）、同じ研究でガソリンのPEDはほぼ2倍の0.58だった[*9]。これはガソリン価格が上昇してしばらく経つと、消費者はガソリンを節約するよう工夫しだすからだ。よって価格変化による収益の増加は一時的だ。仮想通貨の価格を低く設定するより、キャンペーン期間中のみ価格をさげてはどうだろうか。これならユーザーが低い価格に慣れるのを避けられる[*10]。

◉ 価格差別

　ここまでは、どの消費者に対しても価格は同じという設定で話を進めてきた。だが消費者によって同じ商品でも価格を変えられるとしたらどうだろう? 個々の消費者の支払う意欲に応じた価格にするのだ。一部の消費

者には低すぎ、一部の消費者には高すぎる単一の妥協価格よりも、このほうが高い収益が見込まれる。消費者ごとに価格を変えるこのやり方は**価格差別**と呼ばれる。

　価格差別が倫理的に正しいかは議論の余地がある。同じ製品なのに、ある人はほかの人より多く払うのは不公平に見える。その一方で、ほかの人より安く買える人がいることで、より多くの消費者が製品を手にしてその恩恵を受けられる。これを理由に、ある出版社はアメリカとインドで同じ教科書を販売しながらも、まったく異なる価格に設定している。いずれにせよ、価格差別に否定的な消費者がいることは決して忘れてはならない。目先の利益のために消費者の信頼を失うと、長期的には深刻な影響が出る。

　理論的には、仮想経済で完全価格差別を実行することは可能だ。一般的な需要曲線の代わりにABテスト［2パターンの商品をユーザーに選択させ、どちらがより好まれるかを実験する］を使い、需要の価格弾力性と個々のユーザーの最適価格を決定し、それを支払わせればいい。実際には、これは言うほど簡単ではない。ユーザーごとに多少のデータがあっても、彼らの好みを分析するには不十分だからだ。だがデータ量が増加し、検証方法がより高度になれば、消費者ごとに価格を変える完全価格差別に近いものが可能となるだろう。これはソーシャルゲームの会社ではすでに一定の規模で実施されており、現実世界の小売業ではさらに大きな規模で行われている。小売店はいちいち値札を替える代わりに、客の利用頻度や購入料金に応じた割引クーポンを発行する。これなら定価で買う消費者からの反発もない。

　非完全価格差別であれば、より簡単に実施できる。ここでは非完全価格差別を、グループ差別と消費者による自主的選択の2種類に分ける。グループ差別では、支払い意欲に関連するなんらかの共通点にもとづき、消費者をグループ分けする。一般的なものは、ユーザーの居住国だろう。これはシステムへのアクセスポイントやIPアドレスから容易に特定できる。売上げ最大化のためには、貧しい国のユーザーには価格を低く設定し、裕福な国のユーザーには高くする。たとえば、Sulake社はアメリカのユーザーにはHabboコインの価格を1コイン20セントに設定しているが、エクアドルのユ

ーザーには17セントにしている（Sulake社はこれをコストの違いを反映したもので、国による価格差別ではないと説明している）。

　消費者による自主的選択は、グループ差別とあわせて実施することも、その代わりに実施することもできる。基本的な考えとしては、価格の異なる製品を提供し、支払い意欲に応じたものを消費者に選ばせる。財布の紐が堅い消費者には廉価版を、多少余裕のある消費者にはもう少しいいものを、そして裕福な消費者には豪華版を提供するのだ。版によって機能が異なる必要はない。マーケティングとプレゼンテーションを通して適切なイメージを作りあげるのが重要であり、あとは消費者がそれぞれ情報を処理する。第2章で論じたように、価格自体が商品をほかと区別するサインだ。オンラインゲームでは、基本のゲームは無料で提供し、裕福な消費者向けにさまざまな価格の帽子を用意するのがこれに当たる（**コラム4·1**を参照）。消費者による自主的選択を"サポート"するのに、データを利用して購入額の高いユーザーを割り出し、彼らがいちばん高いオプションをいつも選んでくれるようにするのは極めて効果的だ。これならデータを利用しつつもユーザーに価格を押しつけることはなく、最後の決定権はユーザーにあるため、倫理的にも問題はない。

　消費者による自主的選択へのもうひとつのアプローチとして、たいていの場合、裕福な消費者には金があり、貧しい消費者には時間があるという事実が利用できる。差別化のためには、同じ製品を2種類の方法で提供する。片方は手間暇かかるが安く、もう片方は手間はかからないが価格は高くなる。通常の小売業では、チラシに割引クーポンをつけてこれを実施する。チラシに目を通して切り取る暇のある者は安く購入できるわけだ。フリートゥプレイゲームでは、同じ仮想商品が"グラインディング"、つまり時間をかけてゲームを繰り返すこと、の末に無料でもらえて、課金すれば即座に手に入れられるようになっていることがままある。多くの場合に欠けているのはこの中間だ。戦車で戦うMMOゲーム、「ワールド・オブ・タンクス」では、新しい戦車を手に入れる方法は三つある。有料の戦車を購入（すぐに手にできる。プレミアム車両は50ドルほどかかる）、グラインディングと

ゴールドの組み合わせ（時間はおよそ10時間、プラス類似の車両に10ドル）、もしくは純粋なグラインディング（数十時間かかるが無料）[*11]。

● バンドリング

ここまでは単一の商品の価格設定に焦点を当ててきた。同時に複数の商品を販売する場合、価格差別に頼らずとも収益をあげる別の戦略がある。それがバンドリングだ。ふたつの商品、リンゴとナシがあり、客もアダムと

コラム 4・1

クジラ漁と銛

ゲームに大金を費やす者は"クジラ"と呼ばれる。一般的な定義では、これはひとつのゲームにおける生涯価値（ライフタイムバリュー）が500ドルを超える者のことだ。カジノで大金を賭ける客のように、クジラは客の中のごく少数でしかないが、ゲームパブリッシャーにとっては経済的に非常に重要なグループだ。たとえば、アプリ内課金のあるモバイルゲームでは、クジラは課金する客の10%未満ながら、彼らへの売上が収益に占める割合は50%を超える。

多くのゲームで、プレイヤーにとって買うに値するものがないために、客の支出と運営会社の収益が頭打ちを食らっている。全部で50ドル相当のものしかなければ、いくらクジラでも500ドル使うことはできない。この問題への簡単な対処策は、クジラ用の特別な高額アイテム、"銛"を作ることだ。表4・3は主要モバイルゲームで販売しているもっとも高額なアイテムのリストだ。

このリストの中では、もっとも高額な銛はレジェンダリーモンスターで、価格はそれぞれ200ドルを超える。このゲームでは、課金せずとも根強い努力と驚くべき幸運の組み合わせでモンスターが手に入ることもある。だから課金ではなく、努力によってモンスターを手に入れたと友だちに言い張ることだってできるのだ。われわれが調べた中でもっとも高額なクジラ用の銛は、フェイスブックゲーム、Ninja Sagaの一撃必殺の武器、Shark Skin Swordで、価格はおよそ850ドルだ。

だが、現実世界のクジラ漁と同様に、このやり方は倫理的にどうかと思える場合があり、対象が子クジラであればなおさらだ。ユーザーに判断能力があり、自分が何を購入しているかわかっているのをたしかめる必要がある。さもなければ、いずれしっぺ返しを食らうことになるかもしれない。

表4・3

ゲーム名	アイテム名	耐久性	価格
Tiny Monsters	レジェンダリーモンスター	耐久性がある	211.86ドル
Deer Hunter Reloaded	複数アイテム(3)	耐久性がある	139.89ドル
iMob2	Disrespect: Im Rich	消耗品	113.64ドル
Race Or Die	Burn: Hate Stain	消耗品	113.64ドル
DragonVale	Leap Year Dragon	耐久性がある	88.00ドル
Crime City	Onslaught Shotgun	耐久性がある	74.00ドル
Monopoly Hotels	Film Reel Room	耐久性がある	71.01ドル
Kingdom Age	Roc	耐久性がある	64.00ドル
Modern War	Tactical Nuke	耐久性がある	63.60ドル
Battle Nations	Compound	耐久性がある	55.56ドル
Tiny Village	複数アイテム(14)	耐久性がある	36.62ドル
Kingdoms of Camelot	Magical Restoration	消耗品	34.62ドル
Pet Hotel	Mountain	耐久性がある	27.92ドル
Tap Paradise Cove	Santa Maria	耐久性がある	23.92ドル
The Sims Freeplay	Pirate Statue	耐久性がある	16.67ドル
Temple Run	複数アイテム(4)	耐久性がある	14.29ドル
Original Gangstaz	Link Breaker	耐久性がある	13.16ドル
Global War	Link Breaker	耐久性がある	13.16ドル
Snoopy's Street Fair	Woodstock	消耗品	12.50ドル

注記：Lehdonvirta and Joas(2012)より。価格はそれぞれのゲームの仮想通貨販売所で使われる平均的な交換レートを用いて、仮想通貨から米ドルに換算されている。

表4・4　顧客価値

	リンゴ	ナシ
アダム	2ドル	4ドル
スティーブ	4ドル	2ドル

スティーブのふたりがいるとしよう。ふたりの好みは異なるため、それぞれの商品に見いだす価値も違う。**表4・4**は彼らが適正と認める価格、顧客価値を表す。

　リンゴとナシの供給者は店頭での販売データにより、彼らの好みを知っている。仮に知らなくとも、リンゴが好きな客もいれば、ナシが好きな客もいることは想像がつくだろう。この事実を考慮に入れ、価格差別に頼ることなしにいかに収益を最大化できるだろうか？　リンゴとナシの価格をそれぞれ4ドルにすれば、1個ずつ売れて8ドルの収入になるが、2ドルであれば売れた残りの分の売上げを失う。それぞれ2ドルにすれば、リンゴもナシも2個ずつ売れて8ドルになるが、そのうちふたつは消費者が支払う意欲があった価格より2ドル安く売っている。表の顧客価値の合計は12ドルだ。どうすれば8ドルではなく、12ドルの売上げをあげられるのだろう？　答えはバンドリングだ。新たなバンドル製品、"リンゴとナシ"を作って、消費者がそれらに適正と考える最高価値と最低価値を合わせた価格、この場合は6ドルの値段をつけるのだ。これならアダムとスティーブの両方が適正価格と認めるが、アダムはリンゴが2ドルにナシが4ドルと考え、スティーブはリンゴが4ドルにナシが2ドルと考える。ふたりともバンドル製品を購入し、売上総額は顧客価値と同等の12ドルとなる。

　実際には、言うまでもなくものごとははるかに複雑だ。製品の数も消費者数もずっと多い上に、顧客価値はこれほど明確ではない。しかし基本的な考えは同じである。まずは多くの消費者が求めるが、顧客価値の異なる製品をふたつ見つける。そしてそれぞれには最高価値の価格をつけ、そのふたつを抱き合わせた商品には最高価値と最低価値を合わせた価格をつけて提供する。

●政策的な意味合い

この章では、大きな市場力を有するパブリッシャーが、自社の仮想商品プラットフォーム内では独占販売者に近いふるまいができることを見てきた。完全競争市場と比較し、売り手独占は少ない商品を高い価格で販売し、その結果、社会厚生の損失につながると、経済理論では説かれている。この論拠にもとづいて、競争市場は有益と考えられ、独占は往々にして規制される。では、ここからどのような政策的意味を仮想経済にあてはめるべきだろう？ Sulake社がHabboで仮想商品の販売を独占するのを禁じるべきなのか？ アバターチャットサービス内の仮想アイテムは誰でも自由に作れるようにし、それらのアイテムのコストを限界費用にまで、仮想環境ではゼロにまで、引きさげるほうが社会のためだろうか？ 教科書的な経済学通りに言えば、答えはイエスだ。だがゲームデザイナーたちはこれに強く反発するだろう。そしてこの場合には彼らのほうが正しい。第2章で見てきたように、仮想商品の価値はその希少さおよび商品同士の関わり、使用される仮想コンテクストにもとづく。仮想商品はパブリッシャーが提供するサービス全体の一部であり、よってパブリッシャーの務めは、サービス全体の価値を最大化できるよう仮想商品を供給することであって、単に価格を最低限に抑えることではない（ゲーム内の仮想経済における市場力の規制については**コラム4・2**を参照）。

言い換えると、通常、現実世界の規制は、仮想経済内の市場に干渉すべきではない。仮想経済間の市場となると、別の話だ。パブリッシャー同士が競い合うこの市場は、かなり典型的な消費者市場であり、差別化された財・サービスに、正のネットワーク外部性の要素、それに強いスイッチングコストを生じうる仮想商品を有する。公正な競争を保つことを目的とする一般的な規制監督は、その他いかなる市場においてもそうであるように、ここでも適切である。購入した仮想商品に関する消費者の権利については、じゅうぶんな情報を与える必要がある。電子書籍やゲーム、仮想通貨の保管にクラウドサービスを利用するのは比較的新しい傾向であり、有形の保管場所とは違い、これらのサービスではしばしば中身の移動が厳しく制限

されることを理解していない消費者もいることだろう。また、この章で取りあげたような方法を使うにしても、価格設定は明瞭でなければならない。競争が作用するには、プラットフォームを選択する際にじゅうぶんな情報が消費者に与えられていることは欠かせない。

コラム 4・2

仮想経済内の市場力 —— 寡占から自由市場

市場力は仮想経済内でもその外と同様に作用し、興味深い影響を生じうる。「イブオンライン」では、Tech IIシップと呼ばれる宇宙船はそれ用の設計図と極めて希少な原料がなければ製造できないと長年されてきた。つまり、Tech IIシップの市場は少数の供給者しかいない**寡占状態**で、彼らはときには競い合い、ときにはカルテルを組んで宇宙船の価格をつりあげた。限定された市場力が、ユーザー主体のコンテンツを作り上げる原動力となっていたわけだ。

2006年、「イブオンライン」の開発会社は、全体のゲーム体験に貢献するには、Tech IIシップは製造価格が高くて艇数が少なすぎると判断した。では彼らはいかにして供給量を増やしたのだろうか? たとえば、必要となる部品数を削減することで生産コストを抑えるのもひとつの手だっただろう。しかしゲーム内の市場は完全競争ではなく、寡占状態だったため、供給者側が結託し、単に彼らの利益が増すだけになる恐れがあった。そうなれば、価格と艇数は前のままとなるだろう。開発会社はそうはせずに、市場にいる供給者数を増やして、寡占に近い状態から競争市場へシフトさせることにした。そして、適切なスキルを持つキャラクターは Tech IIシップの設計図を"発明"できるようにし、市場への参入をはばんでいた要因のひとつを取り除いた。キャラクターが設計図を発明できるようになるまでは時間と費用がかかるため、**図4・3**に示されるように、最初は目立った効果は現れなかった。しかしこれは年を追うごとにより顕著になる。1年すると、製造された Tech IIシップの量は総トン数換算で倍増した。2年経つと4倍になった。価格は変更以前の30%前後で安定した。

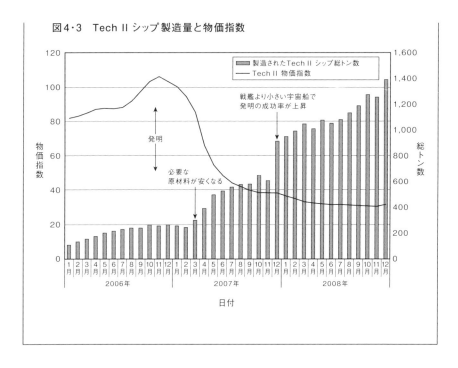

図4・3　Tech II シップ製造量と物価指数

*1
独占販売的な行動の基本モデル、それに限定的な市場力と差別化が存在する中での競争モデルについては、Mankiew（2011, chapters 15-17）や Varian（2009, chapters 24-29）などのミクロ経済学入門書に説明されている。

*2
Harold Hotelling（1929）による古典的"競争立地モデル"にもとづく。Hotellingは大きな影響力を持つ統計学者であり経済学理論家だった。またこれは東京であった実話にもとづいている。

*3
屋台はふたつしかないため、この市場は寡占とも呼べる。しかし Varian（2009）をはじめとする入門書では立地モデルは独占的競争に分類される。

*4
情報商品ビジネスにおけるスイッチングコストと肯定的ネットワーク外部性に関する理論と経営的意味合いについては、Shapiro and Varian（1999, chapters 5-8）を参照。ここではこんにちのソーシャルウェブと仮想商品プラットフォームに合わせて話を改めた。

*5
ユーザーをとどめるためにギルドなどの仮想団体が持つ役割については第7章で取りあげる。

*6
航空会社の場合、レベルは永久なものではないため、この問題はない。ルフトハンザで新たにプラチナ会員になっても、その年にそれほど飛行機に乗らなければ、自動的に会員レベルはさがる。有効期限のある仮想商品と、安定した仮想経済システムを保つ同様の戦略については第9章で見ていく。

*7
経済学の教科書では、これとは少々違うやり方でPEDを表すことが多い：価格が1%上昇したら、需要量は何%増加するか？価格があがると、需要量は通常増加はせずに減少するため、この問いから求められる数値はマイナスとなる。負数は教科書で論じるには扱いにくいので、たいていマイナスは省略される。

*8 *9
Espey（1996）.

*10
価格弾力性についての詳しい解説は Mankiw（2011, chapter 5）を参照。最近、ゲームパブリッシャーのバルブ社は自社製品のPEDを計る価格実験を行い、極めて高いことを発見した。http://www.techspot.com/news/45989-valvecofounder-explains-steams-ongoing-price-experiments.html.

*11
価格差別理論についての詳細は Varian（2009, chapter 25）を参照。

第5章 —— Chapter 5　　　　　　　　　　　　　　　　　　交換の方法

　本章では、仮想経済における内部の仕組みに立ち戻り、実用的なデザインの問題を取りあげる。ユーザーが取引を実行するのに、いかなる種類のメカニズムを提供すべきだろうか？　ウェブストアか？　オークションハウスか？　それとももっとシンプルなものか？　市場とは、買い手と売り手が取引目的で出会うあらゆる仕組みを指す。第3章では、さまざまな種類の市場における買い手と売り手について説明したが、取引が実際にどうやって行われるかは触れずにおいた。本章では、経済に見られる主な種類の交換メカニズムを**表5・1**にまとめ、仮想経済に導入する交換メカニズムの選び方について考える。三章にわたって取りあげてきた市場に関する議論は、無認可市場がマーケットデザインに与える脅威と、マーケットデザインの限界を検証して締めくくる。

■交換メカニズムの選択

　市場で取引を実行するのに使われる10種類の交換メカニズムを**表5・1**に記した。このリストですべてを網羅するのはとうてい無理だ。交換の方法は無限にあるだろう。ここにあげたのは開発者が自身のゲームデザインに取り入れられる基本のタイプだ。しかし、すぐれた交換メカニズムとはなんだろう？　ゲームデザインの際にはどういう点に気をつけるべきなのか？　このセクションでは、仮想経済に導入する交換メカニズムを選ぶ上で重要な指針を紹介する。

●交換メカニズムと市場の効率性
　高度な交換メカニズムが市場の効率性を向上させることは、すでに何度

表5·1　市場における10種の交換メカニズム

個人取引	個人で交渉・取引を行う。
第三者預託	信頼の置ける第三者を仲介して取引を行う。
定期市	決まった場所に集まって、交渉・取引を行う。
静かな定期市	決まった場所に集まって、交渉・取引を行うが、中央の取引所に買いたいモノ、売りたいモノを記入し、取引相手を見つけやすくする。
市場	決まった場所でプロの商人がモノを売る。値段は交渉可能。
小売店	決まった場所でプロの商人が定価でモノを売る。
オークション	売り手がアイテムを売りに出し、買い手が値をつける。
オークションハウス	売り手は中央の登録所に出品するモノを記入する。買い手は取引所を通して入札する。もっとも高値をつけた者が落札する。
バイアウトハウス	売り手はオークションで即決価格を設定する。
証券取引風の競争売買	売り手は売値を提示、買い手は買値を提示する。取引は取引所を通して行われる。

か言及した。市場が効率的であれば、望むものを手に入れるのがより容易になる。たとえば、小麦市場が救いがたいほど効率性に欠けている場合、小麦の入手は極めて困難になってパン屋の数は減る。このように、交換メカニズムを選ぶ上で、効率性は重要な要因となる。ゲームにとって基本的な必需品を扱う市場は、ゲームプレイを妨げないよう効率的でなければならない。また広告スペースのように性質上希少なものの市場は、最大限の効果を得られるようにできる限り効率的であるべきだ。

　とはいえ、仮想経済デザインにおいて、効率性は必ずしも目的になるとは限らない。第1章で、仮想経済デザインの目標のひとつは、コンテンツの消費スピードを制限することだと説明したのを思い出してほしい。いらいらするほど非効率的な市場は、ゲームの進行を阻害するだろう。一方で、あまり効率的すぎると、プレイヤーはアイテムを使ってさっさとレベルをあげ、あっという間にコンテンツを消費して、結果的にパブリッシャーの収益が減ることになりかねない。これはつまり、時と場合によっては、効率の

悪い交換メカニズムで意図的にユーザーをスローダウンさせたほうがいいということだ。「イブオンライン」では、ほぼすべてのモノが証券取引風の競争売買で極めて効率的に取引される。しかしながら、このゲームでは取引に地理的制約がかけられている。マーケット画面に表示されるのは、プレイヤーのアバターがいるのと同じ地域（リージョン）にあるモノのみとなる。このため、どこで何がいくらで売られているかを知るには、プレイヤーはみずから旅をして回らなければならないわけだ。

「ワールド・オブ・ウォークラフト」のオークションハウスも非効率的になるようデザインされている。まず、どこでもオークション画面を呼びだすことができるわけではない。大きな街にあるオークションハウスの建物まで、実際にアバターを移動させねばならないのだ。次に、オークションシステムのデザインにより、大量の商品を扱う場合には、オークションハウスとメールボックス、それに銀行間を何度も行き来することになる——そして、言うまでもなくこの三つは同じ場所にはない。スマートフォン向けのモバイル版では、この三つの制約を取り払ってどこからでもオークションにアクセスできるが、それには別途、月額利用料金が必要となる。この二層構造は仮想経済デザインが目指すところに完璧にマッチしている。時間当たりの料金は、コンテンツをゆっくり消費するユーザーにはより安く、さっさとゲームをやり終えるユーザーにはより高く設定されることになる。

●交換メカニズムとエンゲージメント

交換メカニズムのデザインでもうひとつ考慮すべき要因が**エンゲージメント**だ。ここではエンゲージメントとは、取引を成功させるために行われるすべてのことを指す。これには交渉、値切り、売り込み、検索、信頼構築などが含まれる。仮想経済をデザインする目的に、ユーザーへ魅力的なコンテンツを提供することがあったのを思い出してほしい。ここで取りあげるエンゲージメントとは、そのコンテンツの一部である。

従来型の経済分析では、交渉や検索などの行為は取引費用となる。高度な交換メカニズムは、まさにこのような行動を省くことで高い効率を実現す

る。能率化されたデジタル世界の競争売買では、人の手を煩わすことなく売買が処理される。総合的な検索索引により、商品の検索と取引はあっという間にできる。だがゲームデザインの観点からすると、交渉や検索という非効率さはむしろ好ましい要素でもある。それらを省けば、そもそも市場での楽しみまでがなくなってしまうだろう。つまり効率性を追求すると、エンゲージメントが損なわれる危険がある。

　要するに、エンゲージメントに富む市場はユーザーに多くのアクティビティを提供するが、一方、あらゆるエンゲージメントを取り除いた効率的な市場ではユーザーのやることはなくなる。もっとも、効率の悪さから生じるアクティビティは楽しいものとは限らない。モノを探し回って交渉するのが楽しいのは一定の範囲内までだ。そこからは次のアクティビティへ進めるよう取引が成立する必要がある。

　図5・1では基本的交換メカニズムを一覧にした。おおよそではあるが、上からエンゲージメントの量は多く、効率性は低い順になっている。

図5・1　効率性とエンゲージメントの順に並べた交換メカニズム

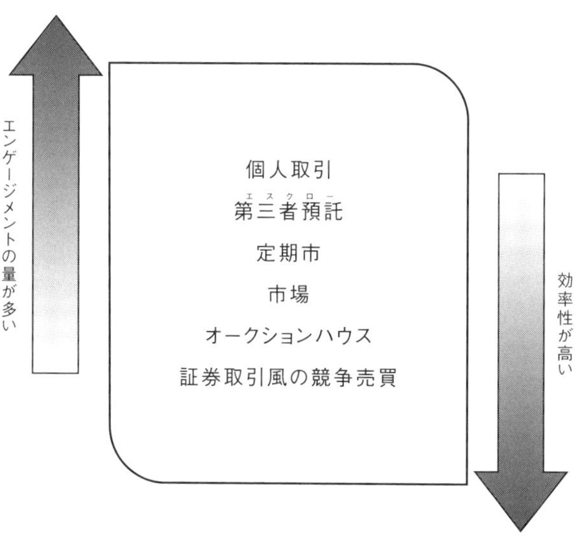

エンゲージメントの量が多い

個人取引
第三者預託（エスクロー）
定期市
市場
オークションハウス
証券取引風の競争売買

効率性が高い

●交換メカニズムと情報

　人の決定は得られる情報によって制限される。アイテムの価値を知らなければ、高く払いすぎたり、安く売りすぎたりするだろう。これは経験豊富なユーザーには利鞘を稼ぐ絶好の機会だが、新しいユーザーはいいカモにされかねない。

　いい取引をするのに必要な情報の量は取引によって異なる。オークションハウスであれば情報量が少なくても心配はない。出品するアイテムの価値がわからなくても、買い手側から価格を提示されるため、現在の市場価格に近い値段で売れるだろう。反対に、情報量が少ないと困るのが個人取引だ。売買相手からの情報しかなく、それが嘘でもわかりようはない。

　当初、Habboには個人取引と、自然発生した定期市のたぐいの"トレーディングルーム"しかなかった。ユーザーたちはすぐにマーケット情報サイトを立ちあげ、トレーディングルームで売買されているさまざまなアイテムの現行市場価格を公開し、市場に情報をもたらすようになった。だが、ユーザーが運営するサイトの情報に偏りがないわけではなかった。その後、Habboの開発者は個人取引やトレーディングルームのほかに新たな交換メカニズムを設ける形でバイアウトハウスを導入した。バイアウトハウスでは価格情報が一元管理され、取引されたアイテムの価格は履歴として残り、ほかの交換メカニズムを利用するユーザーも価格履歴を閲覧して参考にできるようになった。

　一般的に、レアアイテムやあまり流通していない商品は、価格履歴がほとんどないため、オークションで取引するのがもっとも効率的だ。オリジナルのアイテムや性能に違いのあるアイテムにも同じことが言えるだろう。頻繁に取引される商品は小売店を利用するほうが効率的だ。市場やバイアウトハウス、証券取引風の競争売買はオークションと小売店の中間あたりだろう。この三つには価格を見極める機会があり、また市場ならば店ごとの品質の違いを比べられる。言い換えれば、どの交換メカニズムを選ぶかは、取引される商品の特性と、必要となる情報によって決まる。

　情報は表示の仕方にも影響される。価格は隠すこともできるし、目立つ

ように公開することもできる。数字がびっしりと並ぶ価格推移表は、分析好きなユーザーは喜んでも、ふつうのユーザーにはなんの助けにもならないだろう。多くの場合、経済活動と選択に関するデータは、ユーザーがアクセスしやすく、理解しやすいものでなければならない[*1]。

●交換メカニズムと市場構造

ここまでで取りあげた交換メカニズムのいくつかは、ユーザー間の市場ではよく見られるが、パブリッシャーとユーザー間市場では見られない。オークションハウスはその一例だ。小売店などのほかのメカニズムは、パブリッシャーとユーザー間のほうが、ユーザー間でよりもより一般的だ。このことから、市場で誰が買い手となり誰が売り手となるか——これは市場構造として知られる——は、交換メカニズムのデザインに影響を与えることがわかる。より正確に言うと、買い手と売り手となる経済主体の数が、利用できる交換メカニズムを左右する。

たとえば、買い手独占市場でオークションを行うのは不可能だ。買い手が1人のみだからこそ買い手独占なのであり、買い手が複数いなければオークションにはならない。この理由から、ファンタジー系のマッシブ・マルチプレイヤー・オンラインゲームでは、プレイヤーは小売店のノンプレイヤーキャラクター（NPC）を通してアイテムをパブリッシャーに売り戻し、定期市やオークションは利用しない。同様に、売り手独占市場でリバースオークション［買い手が売り手を選ぶオークション］を行うのは不可能だ。市場に売り手が1人しかいなければ、定期市や市場はただの小売店となる。

すべてのNPCが同じ行動を取り、実質的にパブリッシャーというひとつの経済主体を表す場合がこれに当たる。もちろん、NPCに個々の人工知能（AI）と資金を持たせ、市場で独立した経済主体として売買させることも可能だ（コラム5·1に一例をあげる）。たとえば、これによりプレイヤーは複数のNPCに競わせて、もっとも条件のいいNPCに手持ちのアイテムを売ることができるだろう。言い換えれば、パブリッシャーとユーザー間市場でも、より魅力のある交換メカニズムを導入できるわけだ。難点は、そのような

AIをデザインし、AI同士に合理的な行動（オークションでAI同士が競り合って市場に金が溢れるようなことは避けるなど）を取らせるのはハードルが高いことだろう。

「イブオンライン」のNPC業者

「イブオンライン」の経済には、Allotek IndustriesやFurther Foodstuffsなどの名を持つ多くのNPC運営コーポレーションが登場する。これらのコーポレーションは家畜や電化製品など、プレイヤー運営のコーポレーションは必要としない物品の売買に特化している。これらコーポレーションの目的は、ゲームをはじめたばかりのプレイヤーがNPCから安く物品を買い、別の星系で売る機会を作ることだ。プレイヤーがやるのと同様に、NPCは地域にあるマーケットに売買のオーダーを出して取引をする。これにより初心者でもプレイヤー間の取引に近い体験ができるわけだ。

マーケットで取引をしていても、NPC業者のAIは極めてシンプルだ。商品の買値と売値は、中間マージンでプレイヤーに多少の利益が出るようあらかじめ規定値が設定されている。AIは買い注文が通ると、値段をさげて再度買い注文を出す。売り注文の場合は、注文が通るたびに値段をあげていき、最終的にマージンはなくなる。このように、NPCとの取引から得られる利益には事実上、上限が設けられている。NPCコーポレーションには無限の在庫と資金があるにもかかわらず。1日、2日すると、AIは売り注文や買い注文の値段を規定値に戻し、ふたたびマージンが出るように調整する。AIが扱う商品は、プレイヤー自身は生産もしなければ消費もしないもののため、プレイヤー主体の市場価格が価格設定に影響を与える心配はない。

「イブオンライン」のNPCコーポレーションは、競争相手より価格をさげるなどの戦略的行動を取ることはないため、正確には独立した経済主体ではない。このため、NPCとの取引はエンゲージメントの価値が限定される。最近の微調整では、NPCの取引はほぼなくなり、プレイヤーによる新たなタイプの生産物が経済に追加された。惑星で行われる新たな産業過程の一環として、いまでは多くの取引商品がプレイヤーキャラクターによって生産・消費される。シンプルなAIのもっともいい使い方は、プレイヤー主体の需要が拡大する手前の仮想経済で、最初のあいだだけ商人役をやることではないだろうか。

◉ひとつの市場に複数の交換メカニズム

異なる交換メカニズムはお互いを補い合う。個人取引が育む社会的つながりはのちに役立つだろうし、バイアウトハウスや競争売買所はまとまった数のモノを買うのに便利だ。任意の市場に複数の交換メカニズムが共存できない理由はない。MMOゲームのプレイヤー間の市場では、少なくとも個人取引や定期市（これは個人取引から自然発生する）に加えて、オークションハウスや競争売買などのより高度なメカニズムが用いられるのがふつうだ。

■マーケットデザインの限界：無認可の市場

本章と第3章で論じてきたことにもとづき、仮想経済において、ある商品の市場をデザインする仕事は三つの決定に要約できる。(1) そもそもその商品のために市場を設けるかどうか。(2)どのような市場構造にするか。(3)どの交換メカニズムを用いるか。どの場合にも最適の選択は、経済を運用するパブリッシャーにもっとも利益をもたらす。しかし、パブリッシャーの利益が個々のユーザーの利益と対立することもある。この対立が大きい場合、ユーザーはデザインの抜け穴を見つけ、自身の利益によりかなった無認可の市場を開くだろう。デザイナーは市場の形成に限界をもたらすこの可能性を常に念頭に置く必要がある。本章、および三章にわたった市場に関する議論は、ユーザーが市場デザインに介入した三つの事例を取りあげて終わりとする。

◉交換メカニズムの抜け穴：Habboのトレーディングフォーラム

最近まで、仮想世界でのアバターチャットサービス、Habboはごく基本的な交換メカニズムしか持っていなかった。1対1の取引となるトレード画面とユーザーが集まるトレーディングルームだ（本書の分類では"定期市"に当たる）。市場の取引における高度なサポートシステムとユーザーインターフェースの欠如は、Habboのオープンエンド型［内容に終わりが設けられていない形］のデザイン向きで、誰でもはじめられるようハードルをさげ、ユーザー同士の交流を

促進するという目的にもかなっていた。しかし大規模な建築物を作るビルダー、それにアイテムを集めるコレクターにとっては、取引は時間のかかる面倒なアクティビティとなった。そこで一部のユーザーは新たな交換メカニズムを追加しようと、外部サイトにトレーディングフォーラムを開設した。フォーラムにログインすればユーザーはHabboの混み合った部屋や廊下を移動することなしに、売り注文や買い注文の掲示、それらの閲覧、取引交渉、さらにはオークションの開催まですることができた。Habbo内で行うのは実際の配達と支払いだけだ。ユーザーが立ちあげたこのようなフォーラムは、こんにちでは多くのオンラインゲームやアバターチャットサービスで一般的になった。これによりユーザーは手間暇のかかる交換メカニズムを省略できる。もっとも、もともとデザイナーは理由があってそのような方法を導入したのだが。

◉市場構造の抜け穴：Qコイン取引

　第1章でQコインの話を紹介した。この仮想通貨は中国経済で事実上のオンライン通貨になりかけたが、パブリッシャーのテンセントにはそのような意図はまずなかっただろう。Qコインはテンセントの仮想商品やサービスへの支払いに使われる通貨として作られた。言い換えれば、パブリッシャーはQコイン市場を独占するつもりだったのだ。だが彼らのデザインには小さな欠点が存在した。Qコインを友だちに送ることができるギフト機能だ。ネット業者がこの欠点を利用してQコインを商品やサービスへの支払いに受けつけ、ネットオークションでコインをユーザーへ売り戻すようになったため、ここに大きな市場ができあがった。テンセント以外にもユーザーへQコインを売るようになったことで、市場は独占構造から上限価格構造へと変化した。テンセントの売値は価格の上限となり、ユーザーはそれより下で売りに出されていないときだけテンセントから買うようになった。もっとも、これはパブリッシャーにとって必ずしも悪い話ではない。市場の規模は巨大なものへと成長し、通貨の一部は絶えず流通から消えていくため、それを埋め合わせる分は常にテンセントから購入する必要があるからだ。

　続いてQコインの規模に中国人民銀行が懸念を抱き、テンセントがユー

ザーアカウント間の通貨のやりとりを大きく制限すると、ユーザーは別の抜け穴を見つけだした。アカウント間で通貨を移すのではなく、通貨の入っているアカウントそのものをやりとりするようになったのだ。何しろ、アカウントのやりとりは相手にパスワードを教えるだけですむ。これにより、アカウントは高額紙幣のように一定の額のQコインと同じになった。デザイナーの意図はまたも損なわれたのである。

● 存在しない市場の抜け穴：ドラゴン・キル・ポイント

　移動も取引もギフト機能もないときは、どうなるのか？　市場そのものが存在しない場合に、プレイヤーは抜け穴を見つけられるのか？　前述のように、「ワールド・オブ・ウォークラフト」では高いレベルのアイテムの多くはプレイヤー間で取引できないようになっている。アイテムを拾いあげると、それは永遠に自分の所有物となる。そのため、高いレベルのアイテムを購入する方法はない。ほしいアイテムが手に入るまで、プレイし続けるしかないのだ。ところがギルドのプレイヤーたちはこの制限を部分的に回避する方法を発見した。いわゆるDKPシステム（"ドラゴン・キル・ポイント"から）は、プレイヤーギルドによって作られた会計システムで、複数のプレイヤーが協力して敵を倒すミッション、"レイド"の報酬はこれを使ってギルドのメンバー間で公正に分配される。メンバーはレイドに参加することでポイントをもらう。レイド中に敵がドロップするアイテムは実質的には誰が拾ってもいいわけだが、DKPシステムでは、アイテムを拾いあげる権利をこのポイントを使って購入する。これにより、努力には報酬が払われ、アイテムはもっとも高い価値をつけるプレイヤーのものとなる。だがギルドによっては、たまったDKPのプレイヤー間でのやりとりまで認めている。これではDKPを現実のお金で購入する者も出てくるだろう。そのポイントをアイテムに使うのなら、お金で買うのと同じだ。この方法なら、初心者でも短期間にレベルの高い装備品を手に入れられる。「ワールド・オブ・ウォークラフト」はそれができないデザインだったのだが。もっとも、実際にはこのような市場は限られており、ゲーム内で大きな問題となったことはない[*2]。

*1
インターフェースは常にぎゅうぎゅう詰めのため、ユーザーインターフェースをデザインする者にしてみれば、いま以上に情報を詰め込めと言われてはかなわないだろう。これは単に仮想世界だけの問題ではない。市場の商人が始終声をからし、ウェブブラウザは広告だらけなのにはわけがある。人の関心は希少な資源だ。

*2
DKPシステムに関する詳しい研究は Castronova and Fairfield（2007）を参照。

第6章 —— *Chapter 6* 　　　　　　　外部性と二次市場取引

　この章では、市場から外部性へと理論の焦点を移動する。外部性とは、サードパーティー（第三者）へ及ぶ費用と利益のことだ。もっとも、この章では外部性理論を用いて、仮想商品の無認可の二次市場取引を分析するため、引き続き市場の話をすることになる。

　二次市場取引とは、ユーザー同士がリアルマネーで仮想商品を取引することを指す。初期の仮想商品の二次市場は、イーベイのようなネットオークションサイトでのマッシブ・マルチプレイヤー・オンラインゲームのプレイヤーによるゲームアイテムやキャラクターの取引から成り立っていた。それ以後、仮想ポーカーチップからフェイスブックの"いいね!"やツイッターのフォロワーまで、さまざまな種類の仮想商品を扱う同じようなリアルマネー市場がいくつも現れた。

　二次市場取引には問題がつきものだ。多くのゲーマーは二次市場取引をいかさまと見なし、ほとんどのパブリッシャーは利用許諾契約で禁じている。しかし一部のプレイヤーは、獲得したゲーム資産を好きなように処分するのは当然の権利だと主張する。正しいのはどちらだろう？　この手の倫理的議論に決着をつけるのは難しい。法律経済学として知られる学派は、このような問題は経済分析を通して取り組まれるべきだと考える。この学派によれば、倫理的議論はさておき、より大きな社会的利益をもたらすほうが善とされる。

　本書では、二次市場取引における社会的影響の分析に、外部性という概念を導入する。これは取引によりサードパーティーに生じる費用もしくは利益だ。二次市場取引とその副作用に対抗するツールをデザイナーに提供することを目指し、本章では経済学者が考える外部性への対処法をいくつか取りあげて、それらが仮想商品取引に適応できるかを検証する。

■二次市場取引とは

◉ゲームプレイから得た仮想商品

　通常のオンラインゲームでは、プレイヤーはゲームプレイを通して、キャラクターの特性、アイテム、コインなど、なんらかの仮想資産を稼ぐ。資産がゲームセッションごとにリセットされた初期のオンラインゲームの時代から、それらのアイテムを現実のお金で取引するプレイヤーはたまにいた。より最近のゲームではこれはかなり当たり前のことになってきた。2005年から2009年のあいだに行われた三つの調査では、MMOゲームのプレイヤーのおよそ4人に1人か5人に1人は、ゲームのアイテムをリアルマネーで取引していた*1。通常、仮想商品を売りたいプレイヤーは、仮想商品の取引を専門とするサードパーティーのオークションサイトに出品し、その後買い手が入札する。支払いはPayPalなどのインターネットを利用した決済システムで行われる。次に、買い手と売り手はゲームにログインし、売り手がアイテムを渡す。アカウントそのものを取引する場合には、売り手はEメールかメッセージ機能を使って、アカウントの詳細を買い手に教えるだけだ。

　当初、これは単にリアルマネートレード（RMT）と呼ばれた。だがいまや仮想商品はゲームパブリッシャーからもリアルマネーで販売されているため、特にプレイヤー間のリアルマネートレードを指す正確な言葉が必要だ。RMTと並んで長らく使われてきた言葉が二次市場取引で、これは金融学から借用された。金融学では、一次市場とは発行者が株式や債券を投資家に売るマーケットのことだ。その後、投資家が株式や債券などの証券を別の投資家に売ったとき、この取引が二次市場取引と呼ばれる。仮想商品の場合、一次市場とは、パブリッシャーが仮想商品をプレイヤーに売ったり、プレイヤーがゲームプレイを通して仮想商品を獲得するマーケットのことである。その後、プレイヤー同士がそれらの仮想商品をリアルマネーで取引するのが二次市場となる。

　いまやオンラインゲームの仮想商品を扱う二次市場は巨大化した（**表6・1**）。仮想商品取引でリアルマネーが稼げるため、さまざまな種類のプロが

表6・1　オンラインゲームにおける仮想商品の二次市場の推定規模(2009年)

北アメリカ、ヨーロッパ、日本 24億ドル	韓国 6億2000万ドル	中国 15億1000万ドル	その他 3億2000万ドル	世界総計 49億ドル

注記：Lehdonvirta and Ernkvist(2011)より。もとの資料は計算に誤りがあり、北アメリカ、ヨーロッパ、日本(p.15、table7)の
数字が実際より低くなっている。ここには誤りを正した数字を記載した。

市場に参入してきた。ジュリアン・ディベルはプロの仮想商品ディーラー
としての体験を本に記している[*2]。彼と仲間のディーラーは、オークショ
ンで値段のつかないアカウントを買い取り、魅力的なアカウントに変身させ
て転売し、そこから利益を得た。IGEという会社は仮想通貨をドルやユーロ
で売買し、仮想通貨交換所と呼ばれた。コンピュータでいっぱいの作業場
でプロプレイヤーたちが仕事として仮想商品を収穫する、いわゆるゴールド
ファーミングにより、IGEや同様の転売業者への仮想通貨の供給がはじま
った。われわれのうち1人が共同執筆し、世界銀行から出されたレポートに
よると、2009年にフルタイムでゴールドファームに雇われていたゲーマー
はおよそ10万人にのぼる[*3]。しかも、ゴールドファーミングはサードパー
ティーによるゲームサービス産業全体のごく一部でしかない（**コラム6・1**）。
　多くのMMOゲームのプレイヤーとパブリッシャーは、二次市場取引とサ
ードパーティーによるゲームサービスの利用を不正行為と見なし、それら
はゲーム体験を損ない、サイバー犯罪のきっかけとなると主張した。次の
節では彼らの主張を分析する。まずは、ほかにどのような種類の仮想商品
が二次市場で一般的に取引されるのかを見てみよう。

◉プレミアムがついた仮想商品

　二次市場取引はゲームプレイを通して稼いだ商品に限定されない。多く
のゲームやアバターチャットサービスで、仮想商品はパブリッシャーから購
入することで主に手に入るが、二次市場でも活発に取引されている。マジ
ック：ザ・ギャザリングのようなトレーディングカードゲームで使用される
カードはその典型だ。プレイヤーはパブリッシャーから定価でパックを買う

が、中になんのカードが入っているかはわからない。プレイヤーはほかのプレイヤーやプロの仲介者とカードを交換・取引して、独自のデッキを構築する。デジタルオンライン版のマジック：ザ・ギャザリングが登場して10年以上になるが、仮想カードの中古市場はいまなお活況を呈し、カード1枚につき数セントから数百ドルで取引されている。MMOゲームとは対照的に、トレーディングカードゲームにおいて、二次市場は切っても切り離せない社会的側面だ。ゲームプレイを通して手に入れるのではなく、どのカードも最初は購入して手に入れるため、カードの取引は不正行為と見なされない。これはすべてのプレミアム付き仮想商品に対して一般的に言えることだ。プレミアム付き仮想商品を中古で買うのは、新品を買うのと同様に不正行為ではない。

だがプレミアム付き仮想商品を扱う二次市場はパブリッシャーにとって別の頭痛のタネとなる。Zynga Pokerは "テキサスホールデム" という種類のオンラインポーカーで、ユーザーはポーカーチップを買うことはできるが、これは本当のギャンブルではないためチップをリアルマネーに戻すことはできない *4。だが勝ったプレイヤーがたまったチップをほかのプレイヤーへ売ることのできる二次市場が登場した。多くのプレイヤーは中古のチップのほうが安いため、Zyngaのチップよりそちらを好んだ。これはパブリッシャーにとって深刻な問題となった。収益が打撃を受けるだけではなく、常連に自社のゲームを本物のギャンブルと同一視されては、いずれギャンブル規制法に引っかかる恐れがあるからだ。多くの国々でオンラインギャンブルははっきりと禁じられている。Zyngaは二次市場の仲介者を相手取って訴訟を起こしたが、目に見える効果はなかった。

高い人気を誇る日本の仮想カード対戦ゲームのパブリッシャーは同様の問題を経験した。レアカードがヤフオク！に出され、1枚が数千円（数百ドル）もの値段で取引されていたのだ。それ自体は必ずしも問題ではなかったが、カードゲームの加熱ぶりが話題になり、コンプガチャと呼ばれる仕組み（ランダムにカードを購入し、特定の絵柄や数字がそろうと商品がもらえる）を多用するパブリッシャーの収益モデルにメディアの注目が集まる結果とな

オンラインゲームを開発・運営する会社はオンラインゲーム産業に分類される。彼らのゲームコンテンツを悪用して利益を得るビジネスエコシステムは、オンラインゲーム産業そのものに影を落とす。ゴールドファーミングという言葉はこのエコシステムの一部を表すものの、そのサービスと機能の全容をとらえていない。Lehdonvirtaが共同で作成した世界銀行のレポートでは、このシステムは"サードパーティーによるゲームサービス産業"として言及されている[a]。このレポートによると、このうさんくさい産業は以下の種類の専門化したグループや会社から成り立っている。

ゲーミングスタジオ

ゲームスタジオがゲームを開発する会社なら、ゲーミングスタジオはゲームをプレイする会社だ。"ゴールドファーム"や"仮想搾取工場（スウェットショップ）"としても知られ、中国やベトナムなどの、オンラインゲームの普及率は高いが賃金は安い国で、若者たちが狭い事務所や作業場に詰め込まれ、仕事としてゲームをプレイする。主な仕事は仮想通貨とゲームキャラクターの獲得、そしてパワーレベリングと呼ばれるゲームの助っ人的役割だ。ゲーミングスタジオでは労働力が運用コストの最大の割合を占めるが、ゲームアカウントのサブスクリプションやゲーム購入費用もばかにはならない。

ボットファーム

ボットファームはゲーミングスタジオと同じ成果をそのおよそ十分の一の労力で産出する。ソフトウェアを使ってゲームプレイのタスクを大幅に自動化し、プレイヤーのキャラクターをロボット化することでこれが可能になるのだ。だがほとんどのゲームパブリッシャーはボットソフトウェアの使用を厳しく禁じている。その結果、ボットファームの運営者たちは多額の研究・開発費を投資し、パブリッシャーの対抗措置に打ち勝つボットを制作していると思われる。

ハッカー集団

サードパーティーによる仮想商品の販売でもっともたちの悪いやり方は、ほかのプレイヤーから盗むというものだ。ハッカー集団は、なりすましメールでユーザーの個人情報を盗むフィッシングと同じ手口を使い、ゲームアカウントを奪う。ハッカー集団はボットファームやゲーミングスタジオに"ブラックアカウント"の供給もやっている。盗んだゲームアカウントからアイテムなどを剥ぎ取ったあとでも、アカウントが閉鎖されるまでは、ゴールドファーミングに利用

できる。その経済価値のおかげで、仮想商品はこんにち世界のハッカー界でもっとも需要の高い資源となり、それらを盗む目的に特化したマルウェア［コンピュータウイルスなど悪意のあるソフトウェア］が多数存在する[b]。

卸売販売業者
ホールセラーは規模の小さなゲーミングスタジオ、ボットファーム、それにハッカー集団から仮想通貨を買い取り、小売店に売る。

小売店
リテイラーとは、サードパーティー産業の製品を市場に出してエンドカスタマー、つまりゲーマーに売ることを専門とする会社だ。リテイラーはウェブサイトの管理、サーチエンジンの広告スペース購入、顧客データベースの開発、顧客の言語を理解するスタッフ付きのコールセンターの運営、および請求業務を行う。欧米のゲーマーをターゲットとする仮想商品リテイラーは、当初は欧米のセールスマネージャーがいる欧米の会社だった。扱う商品の生産のみが、低賃金の国に外注されていた。しかし2000年代のなかばになると、仮想商品を扱う中国の事業者たちのマーケティングスキルと言語スキルが発達し、生産からマーケティングまでいっさいを請け負えるようになった。それ以後、この産業は中国の事業者に牛耳られている。

　サードパーティーによるゲームサービス産業はすでに全盛期を過ぎた感もある。「ワールド・オブ・ウォークラフト」などのヒットに牽引されてMMOゲームの人気が高まった2000年代なかばに急成長したが、こんにちでは事情が違う。MMOゲーム市場は飽和した。パブリッシャーは自社の収益モデルをより賢く運用するようになり、仮想商品をプレイヤーに直接販売して、プレイヤー間の取引の機会を制限した。ゲーム産業の成長の場は、スマートフォンやタブレットなど新たなプラットフォームに移行したが、サードパーティーのサービスプロバイダーはそれらのメディアへの参入に失敗した。多くのジャーナリストと研究者の興味を引きつけ、多くのプレイヤーの怒りを買ったゴールドファーミングは、下火になったようだ。内部の情報提供者によると、中国ではゲーミングスタジオが次々と閉鎖し、さらに労働賃金の低い国へ移ったケースもあるらしい。

　世界の仮想経済は奇妙な新産業を生みだし続け、ゲームの構造が変わるたびに栄枯盛衰を繰り返すのだろう。昨日のゴールドファーマー［リアルマネートレードを利用してゲームで収入を得るプレイヤー］が、明日は金をもらってツイッターフォロワーになるご時世だ。遅かれ早かれ、モバイルコンピューティングエコシステムからも、同じぐらい常軌を逸した産業が誕生するのは必至だ。

[a] Lehdonvirta and Ernkvist (2011).　[b] Krebs (2009).

128

った。2012年5月、日本の消費者庁はそのような収益モデルは法律違反だと結論し、これによりパブリッシャーはコストのかかる修正を余儀なくされた*5。

● フェイスブックとその他のソーシャルメディアの"いいね!"

リアルマネーで取引される仮想商品はゲーム資産だけではない。フェイスブックの"いいね!"、ツイッターのフォロワー、YouTubeのチャンネル登録者数、Reddit[アメリカのニュース・掲示板サイト]の賛成票、ほかにもソーシャルメディアプラットフォームの人気度を数値化する"いいね!数"のような多くの指標が、米ドルで売買されている。ゲームアイテムと同様に、ソーシャルメディアの"いいね!"は人為的に希少な市場であり、たくさんの"いいね!数"はステータスとメリットをもたらす。"いいね!数"が多ければ、リストや検索結果のトップに表示され、発信する内容は大きな注目と信頼を集める。その結果、ソーシャルメディアの"いいね!"は、広告主や政治家、そして誰であれ影響力を持とうとする者には極めて価値がある。それだけの需要と限られた供給を考慮すれば、"いいね!"の市場が現れたのは驚くに値しない。

ソーシャルメディアプラットフォームのデザイナーの意図としては、"いいね!"は興味深いコンテンツの投稿や、なんらかの理由から人気を集めることによって"獲得される"ものだった。一方で、広告スペースを買うことで、間接的に"いいね!"やフォロワーを買えるようにもなっていた。この数年で、サードパーティーの売り手がこの市場に参入し、"いいね!"やフォロワーを直接売るようになった。何十ものオンラインストアで、フェイスブックの"いいね!"や、ツイッターのフォロワー、そしてその他の"高評価"が公然と売りに出されている。値段は"高評価"ひとつにつき2セントから1ドル以上と幅がある。売り手はこれらの"高評価"を、お金をもらって特定のブランドの"いいね!"ボタンをクリックしてフォローする現実のユーザーからか、多数の偽アカウントと自動投稿プログラムを駆使する事業者から手に入れる——サードパーティーによるゲームサービス産業での、ゴールドファーマー対ボットファームのように。いずれはサイバー攻撃でソーシャルメディアの

高評価も"盗まれる"ようになるかもしれない——たとえば、バグやトロイの木馬がユーザーのアカウントに侵入し、指定されたフェイスブックの"いいね!"ボタンを勝手にクリックするのだ。注文に応じてソーシャルメディアの高評価を"生産"する現実のユーザーは、いわゆる Paid-To-Click［リンクをクリックしてサイトを閲覧すると報酬がもらえるシステム］サイトや有給のクラウドソーシングプラットフォーム［インターネットを介して直接仕事の受発注を行うサービス］でリクルートされる。たいていはワンクリックにつき数セント程度にしかならない。われわれが調べたところ、彼らはネットには明るく、所得が低い国の人たちであることが多く、この程度の稼ぎでも大事な副収入となる。仮想仕事に関する研究プロジェクトの一環として、われわれがインタビューした数名のフィリピン人は、クラウドソーシングと Paid-To-Click サイトからすべての稼ぎを得ていると語った。幸い、彼らの稼ぎの大部分はソーシャルメディアの偽の高評価ではなく、有益なマイクロタスク［細分化された短時間の仕事］によるものだった。

■外部性理論

ここまでは、さまざまな種類の仮想商品を取引する二次市場について学んだ。次はそれが仮想経済とパブリッシャーに与える影響を理解したい。そのために、ミクロ経済理論に立ち戻り、あるアクションが社会に与える影響を分析するのに有用な概念を見ていこう。

理論的には、自由取引は、もっとも生産的な使用法へ資源を配分するため、社会に貢献する。しかし外部性を示す市場は例外だ。外部性とは、外部波及効果としても知られるが、取引によりサードパーティー（第三者）にもたらされる費用もしくは利益を指す。影響を及ぼす対象が、取引の当事者ではなく、サードパーティーであるため、外部性は取引価格には反映されていない。しかし、これは資源の配分に狂いを生じさせる。外部性は、生産、消費、そして取引活動そのものから生じうる。

負の外部性の古典的な例は、工場によって引き起こされる公害だ。工場の所有者は、土地や労働力、商品生産に使われる原材料の費用は支払わね

図6・1　負の外部性により私的費用と社会的費用が分かれる

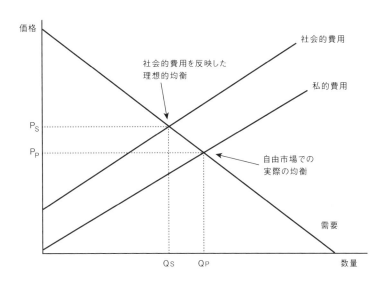

価格

社会的費用

社会的費用を反映した
理想的均衡

私的費用

P_S

P_P

自由市場での
実際の均衡

需要

Q_S　Q_P　　　　数量

ばならないが、副産物である大気汚染に対して何か費用を払うことはしない。しかし、公害は病気や農作物の収穫量の減少などの形で、主に社会全体がつけを払わされる。工場の製品を購入する人は、製品のいいところだけは享受する一方で、社会的な損失という真の費用はいっさい払わないことになる。その結果、製品は社会的に最適な水準を超える量が生産され、低価格で販売される（**図6・1**）。

　正の外部性は、たとえば家の外壁にペンキを塗ったときに起こりうる。美観の向上は近隣の人たちの目を楽しませ、地域がより魅力的になることで不動産価値があがる可能性さえある。とはいえ、そのような利益はペンキ代には反映されておらず、ペンキ代を支払うのは家の所有者だけだ。そのため、家の所有者は地域全体の価値をあげ続けるほど頻繁にペンキを塗り直すことはない。

　外部性が存在する場合、自由市場における取引価格は社会に対する費用や利益を完全には反映していない。そのため、公益と企業などの私益が異なることになる。市場参加者にとって最適な生産レベルは、社会にとって

は多すぎるか、少なすぎるかだ。負の外部性がある場合には、市場は商品の生産過多となり、正の外部性がある場合には、生産過小となる。これはどちらも経済学者が**市場の失敗**と呼ぶもの、つまり、個人が利益を追求した結果、社会的観点からは非効率的となる状況だ。

　言い換えれば、負の外部性が問題となるのは、それが費用を意味するからではなく——すべての経済活動はなんらかの費用を含む——自由市場の活動費に含まれない費用を意味するからだ[6]。

◉犯罪学における負の外部性

　多くの犯罪は、完全に合法の取引から生じた負の外部性として見ることができると説く犯罪学者がいる[7]。たとえば暴行は、歴史的分析、比較分析、個別分析では、アルコールの消費と密接に関連がある。アルコールの消費は暴行の言い訳にはならないものの、経済学的には、暴行はアルコール消費の負の外部性として見ることができる。飲み屋や酒屋はアルコール消費から利益を得るが、自由経済において彼らは真の社会的費用のごく一部しか払っていない。この意味では、彼らは公害を生みだす工場と同じであり、違いは彼らのビジネスの副産物が公害ではなく犯罪というだけだ。実際、アルコールの提供者は販売禁止や課税の対象となってきた。このふたつは負の外部性への主要な対抗策だ。これらの対抗策はあとで取りあげる。その前に、外部性の観点から見た二次市場を分析する。

■二次市場における負の外部性

　経済学者は一般的に、取引は社会的利益だと考える——つまり、取引をする人が増えるほど、社会は裕福になるというわけだ。これはゲームにも当てはまる。二次市場取引は参加するプレイヤーに多くの利益をもたらすかに見える。二次市場を使えば、自分のプレイスタイルやファッションセンスにマッチした中古アイテムや、ゲームが上手な友だちに遅れないよう、つまらない部分を飛ばして先へ行けるアイテムを購入することができる。熱心

なプレイヤーたちは、ゲームプレイで稼ぐことが可能だ。そしてほかのゲームに乗り換えるとか、ゲームそのものをやめるときは、それまでの投資を清算して、その資金を次の何かの元手にすることができるだろう。同様に、ソーシャルメディアのプラットフォームでは、"いいね！"やフォロワーをリアルマネーで取引すれば、ユーザーはお金を稼ぎ、広告主は信頼性を高めることができる。

　一般的には、自由市場での仮想商品取引は、参加する買い手と売り手、両方の利益になると言える。そうでなければ買い手も売り手も取引はしない。中には安いモノを高値でつかまされたり、詐欺に遭ったりする利用者もいるだろうが、たいていの利用者は満足して取引を終える。このように買い手と売り手だけを取りあげると、二次市場取引の社会的影響は明らかに肯定的に見える。しかし、その他の人々にはどのような影響を与えるだろう？　別の言葉で言えば、いかなる外部性が含まれるだろうか？

● 所有物の情報価値の減少

　第2章で論じたように、仮想商品は単なる目的のための手段ではない。所有者について何かを表すマーカーでもある。オンラインゲームなら、高レベルのキャラクターは、プレイヤーがゲームに相当な時間を費やしていること、そしてお決まりの戦術やゲーム内の会話の決まりごとに通じていると考えられることを示す。手に入れるのが極めて困難なオブジェクトは、より深くゲームに熱中していることと、おそらく並より上のスキルであることを示す。所有アイテムは、ゲームのどのワールドをプレイヤーが冒険してきたかや、プレイスタイルも如実に物語るだろう。それらの情報はどれも、グループやギルドのメンバーを選ぶような場面で実用的な価値を持つ。さらには仲間内で尊敬されて、ステータスを獲得できる。口にこそ出さないが、多くのMMOゲームプレイヤーはそもそもそれこそがゲームに参加する動機なのだ。

　二次市場取引は、努力をせずとも高レベルのキャラクターやアイテムを獲得することを可能にする。そのため、それらのアイテムが持つ情報内容は損なわれる。多くのプレイヤーが二次市場からアイテムを買えば買うだけ、

本来アイテムが持っていた情報、つまりそのアイテムを獲得するために必要なゲームプレイをプレイヤーが本当に行ったかは、信憑性がなくなる。これでは一緒にグループを組むのに適した相手を見つけるのにも、より多くの時間と努力が必要になるだろう。また、アイテムが持つ社会的ステータスとしての価値もさがる。熱心なプレイヤーは、自分たちが苦労して手にした品々の価値がいかさまによって奪われたと感じるはずだ。このように、あらゆる二次市場取引はほかのプレイヤーに、貴重なゲーム内アイテムを所持しているプレイヤーにはとりわけ、なんらかの負の外部性を及ぼす。これはゲームプレイを通してアイテムを獲得するゲームにのみ言えるのは明らかだ。パブリッシャーから購入するアイテムの場合には、はじめから情報価値はほとんどない（**コラム 6・2**を参照）。

　これは現実のお金を扱う二次市場取引に限られた問題ではない点に注目してほしい。いかなる市場においても、仮想通貨を使うゲーム内で認可されたプレイヤー同士の市場も含め、商品のでどころをあいまいにすることでその情報価値は減少する。この問題は第3章で論じた。しかしリアルマネー市場とは違い、ゲーム内市場ではまったくの新参者がいきなり仮想財産を獲得することはないため、影響はより限定的だ。この意味ではリアルマネー市場は仮想通貨市場よりもシグナルバリューに対して大きな危険を抱えている。

　ソーシャルメディアの "いいね！" などの取引でも、同じように情報価値が失われる。フェイスブックの "いいね！" やツイッターのフォロワーを大量に獲得するのは簡単ではない。大勢の人に多少なりとも関心を持ってもらわねばならないからだ。その結果、ブランドやアーティストにたくさんの "いいね！" がついているのは、情報や商品が高品質であるシグナルだと受け取られるようになる。もちろん、完璧なシグナルではないが、なんらかの指標にはなるだろう。"いいね！" をされる側にとっても、それを見る者にとっても、ソーシャルメディアの "いいね！" などが持つ価値は実際にはこの情報価値のみだ。"いいね！" やフォロワーがリアルマネーで購入できるのなら、このようなシグナルの信憑性は疑問視される。"いいね！" の取引が広まれば広まるほど、"いいね！" そのものの意味は失われるわけだ。極端な場合には、ソー

　歴史を通じて、衣服や個人の持ち物は社会的ステータスと密接な関係を持ってきた。多くの文化で、着ているものからその人に地位を識別することが可能だった。シルクや剣からは貴族と見分けがつくし、貴重な染料、紫色もやはり高貴のあかしとなる。この関係性の基盤にあるのは、物品の希少性と、身分に従って富を分配する経済システムだ。しかし社会が豊かさを増し、通商が発達すると、より幅広い階級の人たちが、かつては特権階級にのみ限られていた品々を手に入れられるようになった。ここで身分制秩序が崩壊の危機にさらされる。使用人と主の区別がつかなくなれば、社会が機能しなくなるのではないか？外見による階級の区別がなくなったら、上流階級の立場は危うくなる。

　多くの文化で、上流階級の者たちは奢侈禁止法を出してこれに対処した。社会階級ごとに服装を規定し、分を超えた服装はぜいたくであるとしたのだ。たとえばどんどん豊かさを増していたルネサンス期のイギリスでは、チューダー朝の君主たちは、着用可能な色、仕立て、生地から、剣や短剣の長さまで、貴族や中産階級の地位ごとに法によって明文化した。この法規制の目的は、外見に社会的地位を明確に反映させることだ。

　オンラインゲームにおけるリアルマネートレードの問題は、タイム特権社会とマネー・アリストクラシー間の問題として見ることができるだろう。前者は学生や退職者などの時間がふんだんにある者たちを指し、後者は仕事をしていて金銭的にゆとりのある者たちを指す。オンラインゲームで貴重なアイテムを手に入れられるのは、自由にできる時間が豊富なプレイヤーであり、ゲーム内での彼らの社会的地位は必然的に高くなる。これが Joshua Fairfield が作った言葉、タイム・アリストクラシーだ。リアルマネートレードはこの枠組みを揺るがす。時間はないがお金はある者たち、マネー・アリストクラシーが同じランクに到達できるようになるからだ。このため、タイム・アリストクラシーは"奢侈禁止法"、つまり全種類のリアルマネートレード禁止を声高に訴える。彼らの訴えは必ずしもうまくいかない。多くのゲームはいまだタイム・アリストクラシーの手中にあるが、新しいゲームではマネー・アリストクラシーに支配されているものが増えている。

　将来的には、両者のあいだの溝はマイクロワーク［インターネットを通して大きなプロジェクトを大勢が少しずつ分担するやり方］や、オンラインでの時間をフレキシブルにお金に換えられる、アマゾンメカニカルターク［アマゾンが提供しているウェブサービス］などの有料クラウドソーシングプラットフォームによって埋められるかもしれない。

シャルメディアは便利なソーシャルフィルター [多種多様な情報から自分に合ったものが選ばれるようにする手段] としての役割がなくなって、広告スペースに金を払う単なる別の媒介になりさがるだろう。リアルマネーで売買される"いいね!"は、真のユーザー反応を不明瞭にすることで、システムを利用する全員に多少の負の外部性を及ぼす。

◉犯罪公害

　二次市場はさまざまな反社会的行為、中でも詐欺とユーザーから仮想商品を盗む目的でのアカウントへの侵入、への経済的インセンティブを提供する。二次市場があるために、サイバー犯罪の中でも仮想商品は極めて人気の高い商品となった。仮想商品がからんだ詐欺もかなり多い。アイテムを売りに出して支払いを受け取っておきながら、アイテムを送らない、または価値の低いアイテムを送るというのが典型的な手口だ。買い取りの申し出をしてアイテムを受け取っておきながら、支払いをしない場合もある。言うまでもなく、これらの行動はユーザーのゲーム体験に大きなマイナスの影響を与えるだろう。また、パブリッシャーにも直接の被害が及ぶ。「エバークエスト 2」では一時期、仮想アイテム売買に関する苦情の応対がカスタマーサービスにかかる時間の40%を占めた [*8]。

　先に紹介した犯罪公害 [犯罪は危険なビジネスプロセスの副産物で、被害に遭いやすい商品の産物であるという考え] 分析では、これら反社会的行為は二次市場取引の負の外部性として見なされる。これは、すべての市場はその存在自体が盗みのインセンティブとなるため、公平さを欠くと反論する者もいるだろう。中古車買い取りの需要があるからプロの自動車泥棒がいるわけだが、だからといって車の買い取り業者に自動車泥棒の非があるわけではない。しかし二次市場取引はその他多くの反社会的行為の動機となる。ゲーム内チャットチャンネルでのスパム広告、ゲーム経済内でのゴールドファーミング活動、さらにはレアアイテムを吐き出させる目的でのゲームサーバーへのサイバー攻撃まである。二次市場取引の社会的影響の検証に、これらを考慮に入れるのは妥当であろう。

二次市場取引はゲーム経済の"均衡を崩す"という考えは、MMOゲームプレイヤー内の議論にしばしば登場する。理論的には、自分でゲームをプレイしようと、お金を払って誰かにプレイさせようと、ゲームの仮想経済にはなんの影響もないはずである。ところが実際には問題が生じうる。プロのゴールドファーマーのプレイスタイルは、一般のプレイヤーのふるまいとは違うのだ。プロによって動かされるキャラクターはひとつの場所に何日も何週間も居座って、そこで得られる資源を独占する。また、プロたちは一般のプレイヤーとのコミュニケーションが少なく、ゲームの社会的側面が損なわれる。ただ、この点においては、単独で作業をしている社交的なプロであれば一般のプレイヤーと見分けがつかないのかもしれず、ほかのプレイヤーのゲーム体験にもっとも害を与えるのは自動化されたボットとなるだろう。「イブオンライン」など、プレイヤー主体の経済を持つゲームはゴールドファーミングによる負の影響を受けやすく、「ワールド・オブ・ウォークラフト」のように、プレイヤーの経済行為が他のプレイヤーに干渉しないゲームではより影響が少ない。

● パブリッシャーが持つコンテンツの収益化能力の減少

　仮想経済の最も大事な目的のひとつはコンテンツの収益化であろう。ガチャなどの課金システムでいちばんいい仮想アイテムがなかなか出ないようにし、サブスクリプションや広告料がずっと流れ込むようにするため、コンテンツをほどよい分量だけ与え続けたりするのだ。これらの行為は二次市場取引によって損なわれる。二次市場で購入したアイテムを使ってキャラクターのレベルをあげれば、オンラインゲームのコンテンツを速いスピードで消費できる。速いゲーム展開を好む利用者がそのままゲームをやり続けてくれれば、これはパブリッシャーの利益にもなるが、ユーザーがまたたく間にコンテンツを消費し尽くしてゲームをやめる恐れもある。ある分析によると、二次市場取引を通したこの手の"早期老化"は韓国で大いに期待されていたMMOゲーム、「リネージュ II」を急速に衰退させた[*9]。しかも多くのプレイヤーは、パブリッシャーのサーバーからソフトを盗んで開設された

海賊版のサービスを利用しており、コンテンツの消費が速かろうと、そもそも彼らの分の利益は最初からパブリッシャーに入ってきていないのだ。

こんにち、コンテンツパブリッシャーは自社の収益モデルにより慎重になり、定額課金制よりも、コンテンツを無料でダウンロードさせて仮想商品の売上げで収益をあげるモデルにシフトしている。このモデルであれば、コンテンツを速く消費したいプレイヤーは、サードパーティーではなく、パブリッシャーに課金することでそれが可能になる。しかしここでも、二次市場は一次市場と競り合うことでパブリッシャーの収益をむしばみうる。オンラインストアに行けば、Zynga Pokerのチップから、数十ものパソコンゲームがダウンロードされている Steam ［ゲーム配信に特化したプラットフォーム］のゲームアカウントまで、あらゆる種類の仮想商品の "中古" が一次市場の "新品" よりも安い値段で取引されている。もっとも、一次市場と二次市場間の相互作用は複雑だ。二次市場があることで一次市場の売上げが伸びる場合もあるのだ。マジック：ザ・ギャザリングが、ただカードを集めるのではなく、交換するゲームであるゆえんはここにある *10。

■負の外部性への対処

ここまでは二次市場取引がさまざまな負の外部性をほかの人々に及ぼすことを見てきた。経済学者と政策立案者（ポリシーメーカー）はいくつかの対処法を打ち出している。もっともシンプルな対策は外部性を生みだす行動を禁じることだ。より高度な対策は、行動に負の外部性と同等価値の税を課し、影響を減らさせることだ。経済学者が打ち出したもっとも高度な対策は、ゆくゆくは外部性を取引する市場が誕生する形で所有権を定め、実質的に外部性を内部化することだ。さらに仮想経済では、負の外部性を排除もしくは最小化する選択肢がある。これらの対処法を**表6・2**にまとめた。ここからはそれぞれの対処法を詳しく見て、実行可能か検証する。

表6・2　個々の行為が持つ負の外部性に対して起こりうる反応

反応	利益	懸念点
規制：ルールを制定し、これを破った者は追放する	違反者を完全に排除できる	ミスにより正規のユーザーが処罰され、ゲームのイメージが悪くなる。違反者をゼロにするのは最適ではない可能性がある
好ましくない行為に税（ピグー税）を課す	ソフトな強制、社会的最適の達成	適切な税率がわかりづらい。適切な課税対象者がわかりづらい
コースの取引：外部性に所有権を設け、当事者に取引させる	負の結果に市場で値がつく	当事者全員を集めて効率的に交渉させるのは困難
レジリエントデザイン：問題を予期し、それを回避してデザインする	事態発生前に結果を最小化する	システム開始後に起こりうる行為の正しい予測が必要

⦿ 規制

　負の外部性に対処するもっとも単純な方法は、負の外部性を生みだす行動を取り締まることだ。その行動が社会に悪影響を及ぼす場合、行動を排除することで状況は改善される。ゲームパブリッシャーの多くはこの手段を取る。利用規約で二次市場取引を禁じ、違反した場合にはアカウントを凍結すると警告する。

　規制は理解しやすい政策だが、三つの問題がある。ひとつ目は、行動を規制することで、プラスとマイナス、両方の効果を排除してしまうことだ。たとえば、詐欺を排除した結果、ユーザーは好きなアイテムを買えなくなるかもしれない。二番目の問題は、実際に行動を規制するのは極めて困難なことだ。法令によって厳しく禁じ、何万ものアカウントを凍結したにもかかわらず、ブリザード社は「ワールド・オブ・ウォークラフト」関連の二次市場取引をやめさせることができなかった。仮想ゴールドや助っ人のプレイヤーを取り扱う無認可の市場はウェブで検索すればすぐに見つかる。また、正規のユーザーが誤ってアカウントを停止されるおそれもある。

　三番目の、そしておそらくもっとも深刻な問題は、規制より、取引を闇市場に追いやり、逆に事態が悪化する可能性があることだ。MMOゲーム

関連の二次市場取引に詐欺が多いのは、パブリッシャーの規制により、二次市場での取引にイーベイや PayPal のように安全な電子商取引ツールの利用が極めて困難なことも一因であると思われる。結果的に、取引の多くは詐欺が横行するウェブ上の闇市場で行われるのだ。

　要約すると、規制は簡単かつ明快な対策ながら、社会的影響の改善に必ずしももっとも効果的というわけではない。

◉ ピグー税

　負の外部性へのより進歩的な対策は、原因となる行動を取り締まるのではなく、それに課税することだ。負の外部性のいちばんの問題は、それが費用を表すのではなく、商品の自由市場価格に含まれていない費用を表し、それにより生産・消費活動が社会的最適を上回ることであるのを思い出していただこう。ピグー税［イギリスの経済学者、ピグーが提唱した税。負の外部性の影響を矯正する矯正税］とは、課税を通して生産・消費活動の価格を社会的最適レベルまであげるという考え方だ。たとえば、害のないレベルに消費を抑制する目的で、アルコールには多くの地域で税が課される。また、徴収された税金は、アルコールが原因となる害や病気の対策に割り振ることができる。さらには真っ向から禁止しないことで、闇市場に追いやられて犯罪につながるのを未然に防げる。

　長年にわたり、ゲームパブリッシャーは二次市場取引の対策に、規制の代替手段として課税を取り入れてきた。それはどのような仕組みだろうか？　ここでふたつの例、「エバークエスト 2」と「ディアブロ III」を見てみよう。2005年、ソニーオンラインエンタテインメント社は Station Exchange を開設した。これはソニーの主力 MMO、「エバークエスト 2」のアイテムやコイン、キャラクターを取引できる正規のリアルマネー市場だ。プレイヤーはウェブサイトから Station Exchange にアクセスする。形式と機能は、イーベイや無認可の仮想商品オークションサイトの多くと大きな違いはなかった。売り手は仮想商品や通貨、キャラクターを出品し、買い手は入札する。取引が成立すると、落札価格の10％が税としてソニーに徴収

される。ほかにも売り手はアイテムとコインには1ドルの、キャラクターには10ドルの出品料を支払う。これは主にふざけた出品を防止する目的だ[11]。

　1年で、Station Exchangeは4万件近くの取引を成立させ、取引総額は187万ドルにのぼった。ソニーがこのシステムから得た収益は27万4083ドルで、これは主に取引税からのものだ。ゲーム全体の収益と比べるとこれは大きくはなく、おそらくサブスクリプションからの収益の10%に満たないだろう。この収益が二次市場取引による早期老化の可能性や損失を埋め合わせるのにじゅうぶんだったと断言はできないが、それ以前の効果のなかった規制政策下での収益を上回っていたのは明らかだ。

　Station Exchangeと無認可の取引サイトの大きな違いは、前者はソニーのゲームサーバーと決済システムにダイレクトにつながっている点だろう。これにより、代金と商品は瞬時に新たなオーナーのもとへ自動的に送られ、詐欺はほぼ不可能になった。実際、ソニーの発表ではサービス開始から1年後、カスタマーサービスの対応時間は30%減少している。少なくともその一部は仮想商品取引に対する苦情が減った結果だろう。このように、Station Exchangeは犯罪公害の外部性を極めて効果的に緩和した。Station Exchangeは「エバークエスト2」のサーバーすべてが利用可能となることはなかったが、ソニーのほかのオンラインゲームにも採用された。Station Exchangeは2011年まで運用され、その後「エバークエスト2」はサブスクリプションモデルからフリートゥプレイへ移行した[12]。

　2012年、ブリザード社は待望されていたハック&スラッシュゲーム、「ディアブロIII」に同様のリアルマネーオークションハウスを取り入れた。課税システムは若干複雑だ。ブリザード社はアイテムを取引する者全員から取引料として1ドルを徴収する。売り手が売上げを換金する際には、さらにそこから15%が徴収されるが、そのままゲームアカウントに残して、「ディアブロIII」やブリザード社のほかのゲームタイトルで支払いに充てることもできる。売買には軽く、現金化には重く課税することで、ブリザード社はプレイヤーが自分のゲームアカウントにお金をためて、ブリザード社のほかの製品に使用することを期待したのだろう。このオークションハウスの

もうひとつの特徴は、入札価格の上限が250ドルに設定されていることだ。察するに、これは消費者保護と経済的規制への懸念から来ているのだろう。しかし第3章で論じたように、均衡価格を下回る取引を押しつければ、市場は魅力を失う。

　果たして多くのプレイヤーはこれらの条件に不満を抱いた。「ディアブロIII」では多くのアイテムが250ドルをはるかに上回る市場価値を持っており、ユーザーはブリザード社が運営するオークションハウスへの出品を渋るようになった。加えて、換金時の15%の課税は高すぎた。当然のことながら、多くのプレイヤーは無認可のサードパーティーの市場を利用することを選んだ。リスクがあるにもかかわらず、頻繁に取引をするユーザーはこの仮想"租税回避地"に公式のオークションハウスよりも魅力を見いだした。ソニーのStation Exchangeは無認可の市場に完全に取って代わることはできなかった。現在の状況では、ブリザード社のオークションハウスもそうなることはないだろう。

　このことから、市場にピグー税を課すのはとても簡単とはいえないことがわかる。税金はみんなで払うのが全体のためだと、満場一致で同意したとしても、個々人はなんとか税の支払いを逃れたがるものだ。だからこそ、徴税は自主的なシステムではなく、強制的であるべきなのだ。しかしパブリッシャーは、政府と同じく、自身の領地内でしか税法を執行することはできない。無認可市場と争うには、パブリッシャーが自身のテリトリー内に市場を設けなければならない理由はそこにあり、ユーザーに非公式のタックスヘイブンではなく、公式の市場を利用させることが課題となる。パブリッシャーは、政府と同様に、税率を緩和することで自身の市場をタックスヘイブンよりも魅力的にできるだろう。しかしこれは、負の外部性による影響を削減するという、税のそもそもの目的を損なわない範囲でなければ意味がない。このためパブリッシャーは、政府と同様に、法的規制も行使して、無認可市場での取引にはアカウント差し押さえの措置を取る必要がある。しかし規制に関する先の議論からも、これらの方法の効果に限界があるのはわかっている *13。

● コースの取引

　強制せざるをえないこととは別に、ピグー税のもうひとつの問題は、負の外部性の経済的価値を正確に算出するのは極めて難しいことだ。これがわからなければ、税率を社会的最適レベルに設定するのは不可能となる。一般的に、市場では物品の経済的価値は容易に判断できる。外部性の価値の判断に市場を利用できないだろうか？　所有権を定義できるならば、可能だ。これはいわゆるコースの取引［経済学者コースが唱えた、交渉によって外部性の問題を解決する定理］の裏にある概念だ。

　次の例を考えてみよう。ふたりの大学生が寮の1室を共有している。学生Aはアイルランド民謡を大音量で聴くのが好きだ。学生Bはその音楽が大嫌いだが、Aのせいで我慢を強いられている。言い換えれば、Aの音楽鑑賞はBに対して負の外部性を生みだしているわけだ。この状況に折り合いをつけるにはどうすればいいだろう？　この部屋の"音の環境"に所有権を設け、それをAに与えるとしよう。権利の所有者は音楽をかけるかどうか、何をかけるかの選択権を持つ。Aが民謡から得る便益よりも、Bがこうむる被害のほうが大きければ、BはAから所有権を買い取ればいい。Aが得る便益のほうが、Bがこうむる被害よりも大きいならば、Aはそのまま音楽をかけ続ければいいだろう。この命題のすぐれたところは、所有権を最初に持つのがどちらでもかまわない点だ。取引の結果は常に、同じ社会的に最適な取り決めとなる。最初に音の所有権をBに与えても、Aの便益が大きい場合には、AはBから権利を買えばいいのだ。

　一般的にこの例とコースの取引は、取引費用を心配することなしに当事者たちが取引できるという前提の上に成り立っている。ふたりの寮生の場合なら、これはそれほど非現実的でもないだろう。だが二次市場取引によって引き起こされた負の外部性をめぐる交渉であればどうだろう？　かたやサードパーティーの業者、かたやパブリッシャーと残りすべてのプレイヤーだ――この場合には現実的な解決策ではなく、取引費用がゼロというわけにいかない。コースの取引は、大規模な二次市場取引に対しては実行可能な解決策ではない。しかし少人数の利害が衝突する状況においては、

適用可能であることを覚えておくべき有益なモデルだ*14。

◉ レジリエントデザイン

　教科書的な経済学者やポリシーメーカーが持っている主要なツールは出尽くしたが、仮想経済学者にはとっておきの切り札がまだ残っている。われわれはこれを弾力的なデザイン（resilient design）と呼ぶ。これは、二次市場の出現やその他ユーザーの異例な行動にさらされた場合にも、崩壊しないよう基盤から計画された経済デザインである。次の例を考えてみよう。「エバークエスト」のデザイナーたちは二次市場を想定していなかったため、レジリエントデザインの用意がなかった。彼らは倒すと特別な報酬がもらえる特殊なモンスター少数をゲームの世界に投入した。プロのゴールドファーマーはすぐさまこれらのモンスターのまわりに陣取り、昼夜リワードを独占した。その結果、一般のプレイヤーはゲームの重要な部分を楽しむことができず、彼らのゲーム体験は損なわれた。これを「ワールド・オブ・ウォークラフト」と比較してみよう。後者は何年もあと、二次市場の登場後にデザインされた。「ワールド・オブ・ウォークラフト」では、特殊なモンスターと戦うのにほかのプレイヤーと争う必要はない。各プレイヤーやグループにはそれぞれ独自のパラレルリアリティが割り振られ、ほかのプレイヤーの邪魔することなしに、誰もが同じコンテンツを体験できる。

　極端に言ってしまえば、「ワールド・オブ・ウォークラフト」が取った対策はソロプレイのゲームを作ることにほかならない。いわゆるソーシャルゲームは極めて弾力的で予測可能な経済を持つ傾向にあるが、その半面、プレイヤー同士の経済的インタラクションに欠けている。負の外部性とともに、複数同時参加経済が持つ正の外部性、新規性と革新までが失われる。新たなコンテンツの源泉として仮想経済の利用を志すデザイナーは、もっと大胆であらねばならないだろう。ゲーム開発会社CCP Games社は、Dust 514ではコンソール版のFPS［ファーストパーソンシューター。シューティングゲームの一種］ゲーマーに、「イブオンライン」ではパソコン版のMMOゲーマーに、厳格に定義されたプロトコル［通信上の規約、手順］を通して、同じ仮想経済内

でのインタラクションを認めている。よいレジリエントデザインとは、ユーザーが何をしようと、経済がきちんと機能するよう必要な譲歩のみをする技術と言える。

第6章 ——— Chapter 6　外部性と二次市場取引

*1
Yee（2005）は22%、CNNIC（2009）は24・9%、そしてKOCCA（2010）は24・2%と報告している。われわれが話をした開発者たちはこれらの割合は高すぎると述べているが、実情を調べるすべはないことも認めている。いずれにせよ、二次市場取引の現状はゲームタイトルやカテゴリーによって大きく異なるため、このように全部を合わせた数字は参考にとどめるべきだろう。

*2
Dibbell（2006）. Julian Dibbellはアメリカのテクノロジージャーナリスト。オンラインゲームとコミュニティの生活に関する彼の記事は話題となった。

*3
Lehdonvirta and Ernkvist（2011）.

*4
米国の法規制がゆるやかになったことで、2012年1月時点で、Zyngaは本物のお金を取り扱うギャンブルへの参入に関心を持っていると報道されている。

*5
Yomiuri Shimbun（2012）.

*6
外部性理論についての詳細はミクロ経済学参考書を読んでいただきたい。入門編にはMankiw (2011, chapter 10)、さらに深い考察にはVarian（2009, chapter 34）を薦める。

*7
Farrell and Roman（2006）.

*8
Robischon（2006）.

*9
Huhh（2005）.

*10
二次市場が一次市場の売上げに及ぼす影響については、第3章"収益化のための市場構造"を参照。

*11
Station Exchangeに関するこれらの数字の出典はRobischon（2006）である。

*12
言い換えれば、ソニーは仮想商品をプレイヤーに直接売りはじめた。おそらく二次市場と競い合うのをやめて、独占モデルを選んだのだろう。二次市場取引が一次市場売買に与える影響については、第3章"収益化のための市場構造"を参照。

*13
ピグー税の理論に関しては Mankiw (2011, chapter 10) か Varian (2009, chapter 34) を参照。

*14
コースの取引の理論については Mankiw (2011, chapter 10) か Varian (2009, chapter 34) を参照。

第6章 —— *Chapter 6* 外部性と二次市場取引

第7章 —Chapter 7 インスティテューションと非市場分配

　経済学は多くが市場の機能に関わることがらを扱うが、資源が分配されるのは市場を通してばかりではない。企業や組織はその階層組織（ヒエラルキー）にもとづいて、財とサービスを内部に分配する。親はなんらかの見返りを求めることなしに、子どもに食事を与える。政府は課税により、公共財と社会福祉を提供する。犯罪者は人から富を奪い、自分たちで消費する。これらは非市場のインスティテューションと分配メカニズムであり、本章で取りあげるテーマだ。太古の経済では、非市場分配が常態で、市場のほうが例外だった。こんにちの国家経済においては、市場が重視されるものの、非市場分配メカニズムはいまもって重要である。仮想経済デザイナーにとって、この章で紹介されるインスティテューションとメカニズムは、経済デザインの構成要素となり、起こりうるユーザーの行為を理解し、予測するための分析ツールとしても利用できるだろう。

■インスティテューションとは何か

　第2章で均衡という概念を紹介した。均衡とは社会システムが向かう傾向にある結果目標だ。経済理論でもっとも有名な均衡は、競争市場における均衡価格だろう。これは誰の予測も指図もなしに、数百万の人々のインタラクションを通してみずから現れる。誰が作ったものでもないのに、均衡価格には強制力がある。均衡価格以下で物品を買うことはできないし、均衡価格以上で売ることもできない。政府が持てる法と権力のすべてをもってしても、均衡価格を変えることはできない。

　本章では均衡という概念をより広く適用する。均衡価格と同じように、結果目標が出現・持続する社会的状況は数々ある。たとえば自動車の運転

を見てみよう。アメリカとフィンランドでは道路は右側通行だ。イギリスと日本ではそれが左側通行になる。全員が同じ側を走る限り、どちらを走ってもいいわけだが、これはもともと誰かの指示で決まったわけではない。こんにちの右側・左側走行の規則は、馬や荷馬車に乗っていた頃の慣習を法律として成文化したにすぎない。これらのパターンは数百万の人々のインタラクションから出現し、こんにちになっても強制力を持っている（同意できないなら、反対車線を車で走ってみることだ）。

社会科学者はあらゆる種類の社会的均衡を総称する言葉を持っている。**インスティテューション**だ。本書における専門的意味では、出現し、自己実施する、持続的な社会パターンである。価格と右側通行は慣　習だ。ほかの人のためにドアを押さえる習慣もそうである。ファッションはしきたりだ。高次のレベルでは、数百万人の社会的インタラクションを支えるために持続する欧州連合とアメリカ合衆国憲法は、どちらも制　度である。

この章では、インスティテューションという概念を社会的均衡として用い、国家経済および仮想経済において、経済価値を有する財とサービスが生産・移動される、市場以外のさまざまな方法について説明する。たとえば家庭では、稼ぎ手が自身の労働の成果をほかの家族に分配する。現代の企業内では、財や資源は事前に規定されたヒエラルキーと計画に従って、ある人、ある部署から別の人、部署へと流れていく。マッシブ・マルチプレイヤー・オンラインゲームのギルドでは、メンバーは戦利品を仲間で分かち合い、新しいプレイヤーに装備を提供する。

● インスティテューション対市場

多くのインスティテューションは、長期にわたって持続する、比較的安定した資源分配構造を形成する。この構造は、競争市場を基盤とする分配とは対照的だ。後者の理想的形態はロイヤルティ（忠誠心）を与え合うことも期待し合うこともない、絶え間なく入れ替わる匿名の市場参加者間で行われる。市場とインスティテューションを通して同じ財が分配される例を**表7・**

表7・1　市場を通した分配対インスティテューションを通した分配の例

財	市場分配	インスティテューション分配
食料	食料品店、ファーマーズマーケット	食事の時間の家族による配給、学食
育児	保育園、ベビーシッター	親による子育て
娯楽	入場券制のコンサートやスポーツイベント	自由な遊び
駐車	賃貸駐車場	大学の無料駐車許可証
医療	店頭販売の風邪薬	臓器移植リスト
美しい景色	民営の観光施設	自然保護区

1にまとめた。資源を分配するのに、競争市場がもっとも効率的なのであれ
ば、なぜほかのインスティテューションが存在するのだろうか？　インスティ
テューションは不合理な歴史的遺物で、じきに消滅するのだろうか？

　家族内での資源の共有は、生物学的事実を分析に含めれば、合理的と言
えるだろう。進化論的観点から言えば、個人にとってもっとも大事なのは、
自身の欲求の達成ではなく、遺伝子の拡散だ。経済学者をさらに悩ませて
きた問題は、会社として知られるインスティテューションの存在だ。たとえ
ば、CCP Games社の最高経営責任者は「イブオンライン」のバグを修正す
るのに、市場で競争入札を行わずに、なぜ自社の主任メンテナンスプログラ
マーばかり使うのだろうか？　かつては会社の重要な職務だったものの多く
が、こんにちでは市場に外注されている。会計処理、警備、ファシリティ
マネジメント［施設や組織などの総合的な管理］、カスタマーサポート、秘書業務など
など。ありとあらゆることが外注されるようになるのは時間の問題で、全
業務はその都度構成される1人会社［one-person company、OPC。株主が1名の会社］
のネットワークによって処理されるようになるのだろうか？　会社として知
られる柔軟性に欠けるヒエラルキーは、いずれは消滅するのか？

　実際には多くの場合、市場からサービスを購入するより、同じ人を使う
ほうが効率がいい。市場にはより安く、より質の高いサービスがあるとして
も、市場の利用には**取引費用**が発生する。サービスの募集、雇用、訓練、

監視、信頼、適切な業者への支払いなどの費用だ。従業員食堂の運営やビルの警備など、一般的で内容が明確に定められた業務であれば、市場から適切な業者を見つけるのは比較的簡単で安いため、これらの業務は外注に出しやすいだろう。しかし、特定のMMOゲームでのバグ修正など、極めて専門的な業務では、適切な人材を見つけて訓練するのはかなり費用がかかる。適切な人材を見つけて訓練したあとは、同じ人材を繰り返し利用するのがもっとも効率的だ。会社という雇用形態はそのためにあるのだ。一般的に、インスティテューションとは、異なる経済的・社会的勢力が互いを補い合って安定した解決策を生みだす、社会的均衡もしくは、結果を表すと経済学者は考える。

　しかし、インスティテューションが社会的均衡を表すからといって、常に公正であるとも望ましいとも限らない。マフィアによる恐喝は、被害者が報復を恐れるからこそ、極めて安定した取り決めだ。インスティテューションは、一連の結果のあいだを途切れることなく循環して、ダイナミックな均衡にもなりうる。例としては二大政党制がある。ふたつの似通った政治体制間で政権交代が繰り返される一方で、このシステムには三つ目の政党の出現を阻む力がある。

■ グループとコーポレーション

　当然ながら、インスティテューションは仮想経済にも存在する。おそらくもっとも典型的な仮想インスティテューションはさまざまな種類のグループと自治団体（コーポレーション）だろう。多くのMMOゲームにはギルドやクランがあり、これらは団体で活動し、戦利品をレイドの参加者に分配し、新規のメンバーには物質的サポートを与え、熱心なプレイヤーには"キャリアパス"を提供する。「セカンドライフ」、Habbo、それに「イブオンライン」のようによりオープンエンド型のプラットフォームでは、銀行や証券取引所から、慈善団体や観光案内所までさまざまな幅広いインスティテューションが誕生した。

　経済学者はグループの形成を均衡行動の一形態と見る。ひとつのモデル

は、「背中を掻いてくれたら、そっちの背中を掻いてやる」という単純な相互依存で、経済分析では均衡行動であることが知られている。グループ内での助け合いは、しばしば自分を助けることとなる。罰則を設けてノルマを強いるメンバーは、グループの結束を強め、メンバー全員をさらに成功させる。このような取り決めが実際にうまくいく場合と、利己的なメンバーによって損なわれる場合とを多くの経済学者が調査している。彼らの基本的な結論は、チームプレイには経済的理由づけがあるというものだ。

　チームとグループは、言うまでもなくほぼすべてのマルチユーザーデジタル体験の中核をなす。自然発生的に生まれる均衡行動としてのグループには三つのサイズがある。小さなチーム、クラブ、そしてネットワークだ。5人から8人の小さなチームは数時間のうちに形成されては解散する。クラブはそれより長く持続するインスティテューションで、人数は50人から150人だろう。ネットワークはさらに大規模で、ほぼ永続的なつながりであり、数千人にまで及ぶ。これらのサイズが存在するのは、競合する力を相殺するからであろう。どのグループにも解散へと働く力は存在する——メンバーにはいつでも一人でプレイする選択肢があるのだ。その一方で、グループで得られる報酬は魅力的だ。これらグループサイズの均衡は、グループ報酬の魅力が、ソロプレイでやるインセンティブとちょうど等しくなるところだ。

　また、グループ均衡は、内在する 評 判 経済 ［人やビジネスの評判が成功に大きな役割を果たす環境］の隆盛をもたらした。過去の行動にもとづいて財や関心を得る能力を持つ人がいるが、社会科学者はこれをソーシャルキャピタル［社会における信頼関係や結びつきなどのこと］やポリティカルキャピタル［政治的影響力などのこと］という概念を用いて説明する。グループ内で地位を高める行動は、グループの集合意識の内に一種の仮想通貨を生みだし、その通貨は必要なときに支払われる。そのような資本を使い果たした者はグループから追いだされ、キャピタルをもっとも多く持っている者はリーダーになる[1]。

◉ なぜグループとコーポレーションか？

　パブリッシャーの観点からは、グループやコーポレーションなどの 団 体 は

仮想経済において多くの利点を持つ。これらは仲間内の行動規範を教えることで、新規ユーザーがコミュニティになじむのを助ける。メンバーは仲間の期待に応えて責任を果たそうとするため、ユーザーエンゲージメントとリテンション［既存の顧客を維持すること］が増加する。参加者には、グループに参加することであれ、対抗することであれ、やるべきことが与えられる（**コラム7・1**参照）。そして多くの場合、グループやコーポレーションは、システムのオリジナルデザインや 実 装 [インプリメンテーション] の欠点を補ってくれる。たとえばHabboと「セカンドライフ」では、はじめたばかりのユーザーが戸惑わないよう、ユーザーたちの手で観光案内所やガイド付きツアーが作られた。Asheron's Callや「ウルティマ・オンライン」、「リネージュ II」など初期のMMOゲームでは、バグにより公式通貨が超インフレに陥ると、取引を続けるためにユーザーが商品通貨 [コモディティ] を作りだした *2。

コラム 7・1

プレイヤー連合 [アライアンス] における集権的経済協調

　Ascendant Frontier Allianceは「イブオンライン」の仮想組織であり、全盛期には1000人を超えるメンバーを擁していた。Cyvokという先見の明のある連合トップのもとで、リーダーたちは「イブオンライン」の宇宙ではじめてとなるタイタン級戦艦の建造に乗りだした。タイタン級戦艦とは、いかなる武器よりも強力な最終兵器を搭載した巨大母艦だ。このプロジェクトは極秘のうちに進めねばならなかった。敵対するアライアンスに知られれば、妨害工作を仕掛けられるからだ。

　8カ月間にわたり、アライアンスの鉱山労働者は鉱物を採掘し、工場は資材を生産し、輸送艦は秘密の建造基地へと部品を運んだ。より規模の小さな主力艦の建設をはじめとする、さまざまな偽装プロジェクトが開始された。タイタンが運用可能になるほんの2週間前には、建造基地の位置が敵に見つかりかけた。巨大戦艦の完成は、「イブオンライン」の全コミュニティを驚かせた。Ascendant Frontier Allianceは、インスティテューションとしての団結力を用いて、ゲーム内市場の枠組みの外で大規模な経済活動をとりまとめたのだ。

◉ グループとコーポレーションのデザイン

　インスティテューションが経済主体間で生じる行動に関する均衡だとすると、デザイナーの手で直接作りだすことはできないわけだ。しかし、デザイナーはいくつかの方法により、インスティテューションの出現をうながすことができる。もっとも単純な方法は、特定の種類の団体に必要だと思われるツールやアイテムをプレイヤーに提供することだ。たとえば、「イブオンライン」のデザイナーはゲーム内にコーポレーションの必要性を感じたため、コーポレーション用のユーザーインターフェースを提供した。これによりプレイヤーはコーポレーションを立ちあげ、メンバーをつのり、資格を与えられた者だけがアクセスできる専用の通貨口座を持てるようになった。このような新機能はデザイナーが想定した型にはまる団体には大いに役立つだろう。しかし、それとは違う方向へ進んだ団体にとっては無用の長物にさえなる。当初、「イブオンライン」のコーポレーション管理用ユーザーインターフェースには、メンバーに財を分配する機能がついていたが、「イブオンライン」のプレイヤーが実際に作っていたたぐいの組織には使い道がなかったため、使用されることはほぼなかった。その後のアップデートでは、プレイヤー運営の組織で実際に必要とされる機能が取り入れられた。その一方で、「イブオンライン」のプレイヤーコミュニティも、ゲーム内ブラウザやデータAPI〔Application Programming Interface。ソフトウェアからOSの機能を利用するための仕様、手順〕を使って、彼らのインスティテューションにとって役に立つさまざまなサードパーティーツールを生みだした。

　ツールやアイテムを提供するほかに、望ましい社会的均衡へ向かわせるにはどのようなインセンティブが適切かを慎重に考えることが、もう一つのアプローチだ。たとえば、プレイヤーにコーポレーションやグループを結成させたいのなら、スキルの特化を奨励する一方で、複数のスキルが必要となるチャレンジをプレイヤーに与えるのは、効果的なインセンティブとなる。ファンタジー系のMMOゲームでは、ひとつのグループに攻撃専門のプレイヤー、防御専門のプレイヤー、治癒専門のプレイヤーをそろえるのがお決まりになっている。「イブオンライン」では、プレイヤーたちは炭鉱、生産、

防衛など専門のアクティビティを持つ。グループが成功するには、さまざまなスキルと団結力が必要になる。複雑な団体(インスティテューション)になればなるほど、上記の方法で設立するのは難しくなる。

　最後に、インスティテューションデザインに対してもっともオープンエンドなアプローチは、どのようなインスティテューションになるかはあまり考えずに、単純にインスティテューションが出現しやすくなる状況を作ることだ。アクティブユーザー数の多いサービスであれば、ほうっておいてもインスティテューションは誕生する。インスティテューションが生まれる条件はいたってシンプルだ。まず、ユーザーにはある程度の行動の自由が不可欠だ。利用法が固定されていたら、新たなインスティテューションを生みだすのは当然難しい。次に、ほかのプレイヤーとの協力が必須となる、なんらかの利害があることだ。往々にして、その手の利害はサービスのコンテンツやユーザーの好みから自然に発生する。三つ目に、インスティテューションをまとめるには、ユーザー間で信頼を構築するメカニズムが必要だ。それが無理な場合には、違反者を罰するシステムだろう。

■信頼と正義(ジャスティス)

　インスティテューションはしばしば**信頼**の醸成を必要とする。信頼とは、約束は満たされるものとメンバーが信じることだ。右側通行や毎月第一日曜日に市を開催するなどという、取り決めとしてのインスティテューションがあれば、特に信頼は必要ない。それに従わない場合はなんの得にもならないし、そこまでの損害もないからだ。しかしその他のインスティテューションでは、約束事を守らない者の利益はほかのメンバーの損失に直結する。これは特に時間をかけて発展するインスティテューションに当てはまる。たとえば、会社に雇われたばかりのメンテナンスプログラマーが、仕事をサボって釣りに行ったらどうなるだろう。起業家が、集めた投資資金をビジネスに充てずに持ち逃げしたらどうなる。ほかにも例を**表7・2**にまとめた。それらの可能性があるだけで、有益なインスティテューションの誕生そのも

表7・2　経済的ことがらにおける信頼の例

状況	信頼するべき経済主体^{エージェント}	信頼されるべき経済主体^{エージェント}
車の修理	車の所有者	修理工
新たなビジネスへの融資	銀行	起業家
開業会計士	全員	全員
在宅勤務	上司	雇用者
インターネットアクセス契約	ユーザー	サービスプロバイダー
教育	生徒	教員
医療	患者	医師

のが妨げられる。そのため、信頼はほぼあらゆる種類の経済の基盤になると考えられる。信頼なしでは、市場の発展は見込めない。

　信頼は道徳や評判などのメタ・インスティテューションによって作られる。モラルとは、文化に許容される行為の基準であり、"約束は守らなければならない"などの原則から成る。モラルは自明のことがらであると考えられているが、しばしば経済的にも大きな意味を持つ。モラルに反する行為は白眼視やコミュニティからの締めだしに遭う。もうひとつ、メタ・インスティテューションに関連するのがレピュテーションだ。これは過去の行動の実績のようなもので、今後の行動の予想に利用できる。優秀な実績を持っていれば今後も約束を守ると信頼できるが、悪い評判の持ち主は相手にしないのが賢明だろう。これらのメタ・インスティテューションは、雇用や取引などより複雑な制度の発達を助け、ゆすりや詐欺など反社会的慣習を減らす。

　社会は非正規のメタ・インスティテューションに加えて、モラルにかなった行動を推し進め、約束を守らせる正規の制度を発達させた。それらは**法制度**として知られる。刑事司法は殺人の禁止など特定の道徳的慣習や私有財産制度を擁護する。民事司法は私人同士の争いを

解決し、約束が守られるようにする。どちらのタイプの正義も最終的には国により強制され、必要ならば実力行使が用いられる。このように、法制度によって支えられた約束は、評判（レピュテーション）のみに支えられたものよりも強力だ。投資資金を持ち逃げした起業家は追跡・逮捕されて、資産を差し押さえられる。しかし、正規の正義がなされるには、時間と努力と費用がかかりがちだ。そのため正義は非正規の信頼の代わりとなるものではなく、補完するものであり、より大規模な商取引を可能にするが、日常生活ではほぼ必要ない。法の執行のみにより、いかさまや盗み、殺人が防がれている社会には誰も住みたくはない *3。

◉ 仮想経済における信頼と正義（ジャスティス）

　多くの仮想経済において、信頼は希少な資源だ *4。友人間やチームメート間には存在するが、見知らぬ者同士のあいだにはなかなか見つからない。ほとんどの仮想経済において、評判（レピュテーション）の消失は深刻な処罰ではない。アカウントを変えれば、簡単に別の人間になれるからだ。詐欺を働いても新たなアカウントを得てそこへ資産を移せば、何食わぬ顔で仮想生活を満喫できる。このように非正規の信頼メカニズムは有効性に欠けているが、これは開発会社（ディベロッパー）が設ける正規の法制度によりある程度は相殺される。通常、この法制度はふたつの部分から成る。ひとつ目は、利用規約と行動規範で、これらは高度な刑法の役割を果たし、いやがらせなどの行為を禁じる（ゲームではいやがらせ行為は "グリーフィング" と呼ばれる）。取り締まりをするのは主にパブリッシャーのサポートスタッフだが、人による監視は高くつくため、この種類の規則は最小限に抑えられる。

　ふたつ目の、そして仮想法制度（ジャスティスシステム）のより大きな部分は、プラットフォームの行動規範によって執行される一連の規則だ。たとえば通常ゲーム内では、別のキャラクターから仮想アイテムを盗む行為や、オークションで落札したアイテムへの支払い不履行は物理的に不可能だ。これらの規則はプログラミングによって自動的に執行される。しかし、自動化された法制度の大きな欠点は、デザイナーによってプログラムされた契約と規則（インスティテューション）しか執

行できないことだ。人間の裁判官がするように、難しい論争を解決することや、新しいこれまでなかった取り決めを実行させることはできない。これにより、仮想会社や警備、協同組合、慈善団体、そしてその他の不正流用が可能な取り決めなど、新たにユーザーが創設する 団 体 の出現と寿命は限定される（**コラム7・2**参照）。

　例外はある。「セカンドライフ」では、参加者は監督管理委員会と自己認定の株式仲買人付きの、SLCapexと呼ばれる仮想証券取引所を丸ごと設立することができた[*5]。詐欺やインサイダー取引に対抗する法的手段はまったくなかったにもかかわらず、起業家たちはSLCapexを利用して投資家たちからおよそ14万5000ドル相当を調達するのに成功した。これはセカンドライフの比較的成熟したコミュニティ内に、並はずれて強い信頼関係が築かれたため可能となった。しかし、少なくともこの信頼の一部は誤りだったようだ。投資の市場価値は90万ドルまで上昇したあと結局は急落し、少なくとも起業家の一部は責任を逃れた。だがSLCapexはこんにちも存在し、営業を続けている。

●仮想経済に現実の法律はどう適用されるか

　「セカンドライフ」で活動する一部の起業家は、仮想経済において契約が信頼と強制力を持つことが難しいという問題を、国内法を発動させることによって解決した。つまり、国家が発行するドルではなく、仮想ドルに関連する、実際に拘束力のある契約に署名したのだ。不正手段による仮想商品の盗難の対処にも、国の刑事司法制度が行使されることが何度かあった。これらの対策が功を奏し、裁判で仮想資産の利益が守られる判決が出ることもあるが、仮想経済に国内法を持ち込むことにで多くの難問が生じる。どのような種類の仮想資産にまつわる利益が守られるべきか？　ユーザーの所有権が仮想経済を運用するパブリッシャーの権利に干渉することは可能か？　盗難や詐欺がゲームの一部の場合は？

　これらやその他の疑問は長年にわたり学者のあいだで議論され、法廷でも争われることが増えている。Greg Lastowkaは事例と論争を調査し、実態

プレスリリース　2006年3月30日

　数カ月の開発を経て、EIBは正式に営業を開始します。

　EIBとはなんでしょうか？　EIB（EVE InterGalactic銀行^{バンク}）は「イブオンライン」の銀河系初となる本物の銀行サービスです。みなさまにとってベストな金融サービスを提供し、銀河一の金融機関となるべく努力していく所存です。

　銀行口座、保険、融資をお客様にご提供することで、当行は「イブオンライン」で暮らす多くの皆様が日常的に直面する金融不安を解消していきます。

　当行は以下のようなサービスをご提供します：

　　銀行口座。最低月利3.5%
　　さまざまなお客様の必要に即した保険
　　融資
　　第三者預託サービス^{エスクロー}
　　ファイナンシャルプランニング
　　株の購入、その他の投資へのアドバイス

　詳細につきましては、当行のウェブサイト、www.theeib.comをご覧になるか、お客様係まで電子メールでお問い合わせください。ゲーム内でCallyにお声をおかけいただいてもかまいません。

　Cally
　最高経営責任者
　EVE InterGalactic銀行

　「イブオンライン」の仮想経済は、会社や証券取引所からカジノに銀行まで、プレイヤーによって作られたさまざまな 団 体^{インスティテューション} を目玉とする。中でも早くに誕生した最大級のものが EVE InterGalactic銀行だった。ゲームにもとからある無利子の口座と比べて、EIBが提供する有利子の預金口座は実に魅力的だ。預金契約が殺到し、EIBはまたたく間に巨大金融機関となった。
　創業から6カ月後、大惨事が起こる。銀行の最高経営責任者、Callyは業務

にも飽きたことだし、銀行の資産はすべて自分のものにすると発表した。彼の話によればせしめた資産はおよそ7900億ISKにのぼり、これはゲームの経済の中では膨大な金額だった。当時はまだ存在しなかったタイタン級宇宙船を三つ建造できる額、リアルマネーに換算すれば10万ドルから17万ドルのあいだであろうと言われている。EIBを信頼していたプレイヤーたちにしてみれば青天の霹靂だが、彼らに打つ手はなかった——どこにも訴えようがなかったのだ。

この騒ぎに「イブオンライン」のパブリッシャー、CCP Games社はオンラインで記者会見をライブ配信した。会見では、たとえ現実世界で詐欺や横領と目される行為がゲーム内で行われても、利用規約を破っていない限り、パブリッシャーは介入しないと明言された。しかし、ゲーム内通貨を二次市場でリアルマネーに替えるのは利用規約違反に当たるため、CCP社は問題の資金が換金されることがないよう厳しく監視するとつけ加えた。

その後も似たような詐欺事件が何度か発生し、「イブオンライン」の経済はさらなる激震に見舞われた。詐欺行為を働いたプレイヤーたちの多くは、起業したときには悪意はなかったが、結局は誘惑に負けたり、単に銀行経営業務などに飽きたりしたと主張している。今後も数々の仮想ビジネスが生まれては、単に責任者がログインするのをやめたという理由から静かに消えていくことだろう。委任契約も誓いの握手も、ビジネスの舞台となるゲーム世界に飽きてしまえばなんの拘束力もない。

「イブオンライン」内で設立許可書や証書を発行しても法的な効力はない。そのため金融業務などの情勢は不安定で、プレイヤーたちは現れては消える。これが国家の経済であれば、経済発展の大きな障害となるだろうが、仮想経済の場合、このようなダイナミズムにはゲームをおもしろくする利点がある。

を明らかにしている *6。法的分析は本書の範囲外だが、仮想経済と国の法律に関する現在の状況を簡単に見てみよう。国の法制度は、仮想経済と国の経済の境界線を積極的にあいまいにすることをしない場合、ゲームやサービスの内部構造への干渉には、二の足を踏んでいる。ハッキングや脅迫など、ゲームの外における重大な行為が関与しているのでない限り、ギルドの金庫からゴールドが紛失しようと、国の裁判所はゲーム内の盗難や論争には決して関わらない。だが仮想経済が国の経済に直接組み込まれる場合——たとえば「セカンドライフ」のように参加者が仮想通貨をリアルマネ

ーに替えられるように——そのときは国の法制度は大きな役割を果たしは
じめる。法規制の順守は必須だ。仮想経済を単なるゲームとして扱うこと
はできなくなる。「セカンドライフ」では FBI（連邦捜査局）の捜査を受け、
ギャンブルが禁止された。アメリカの国税庁は「セカンドライフ」内の仮想
出迎え係は実際に雇用されていることを発見し、連邦所得税徴収の対象と
した。しかし、一般のユーザーや、ゲーム外の経済的価値をほとんど持た
ない、ユーザーによって作られた 団 体 間の契約や論争に関しては、費
用の高さを考えると、国の法廷に持ち込むのは現実的ではないだろう。

◉ ユーザーが生みだす正義

プログラムされた法 制 度も法廷も仮想世界に完全な正義をもたらせない
となると、ユーザー自身が正義をもたらしてはどうだろうか？ ほかのイン
スティテューションを作ったのと同じやり方で、法という 制 度 を作りだ
すことができるだろうか？

プレイヤーによって作られた法制度が仮想世界で誕生することは極めて
まれだ。皮肉ではあるが、暴力に欠けていることがその理由だ。オンライン
ゲームは暴力的なイメージに溢れているものの、実際にプレイヤーがほかの
プレイヤーに対して深刻な結果が残る形で何かをするのは通常、物理的に
不可能だ。このため、ユーザーが独自の法的規範を捻出したとしても、そ
れを効果的に執行するすべはない。一部の例外は「イブオンライン」で、プ
レイヤーはほかのプレイヤーの仮想宇宙船や装備に大きな損害を与えるこ
とができる。一部の強力な連合は、アライアンスのテリトリー内での攻撃や
窃盗に対しては暴力をもって報復すると宣言し、初歩的な刑事司法と言え
るものを生みだした。だがその一方で、「イブオンライン」内でもっとも強
力なアライアンスでも、商業上の簡単な契約さえ強制することは非常に難
しいだろう。「イブオンライン」の自動化された銀行システムと倉庫システ
ムでは、ほかのプレイヤーの口座や動産の差し押さえをすることはできない
からだ。われわれの知る限り、プレイヤーによって作りだされた、刑法・民
法どちらも扱う効果的な法制度は存在しない。執行が困難なのがその理由

と推測される。

　プレイヤー同士がお互いを傷つけられるような大きな力^{パワー}を与えることにゲームディベロッパーが極めて慎重なのには、当然ながら正当な理由がある。そのような大きな力^{パワー}から真っ先に生じるのは、法制度ではなく暴力と強制だ。どこかの時点で混沌^{カオス}の中からまともな法制度が誕生する可能性はあるとはいえ、正義を愛するプレイヤーがその頃までゲーム内に残っているかは疑わしい。

　博識な読者は、少なくとも小規模の法制度であれば、プレイヤーによって運営され、成功を収めていると異議を唱えるかもしれない。おそらくもっとも有名なものはLambdaMOOだろう。これはテキストベースの仮想環境で、ユーザーは民主的なプロセスを通して法的規範を作りだす[7]。だがLambdaMOOのシステムは純粋にユーザーによって実行されるものではない。ユーザーによって作られた規範は、最終的にはサービスの管理者によって執行され、ユーザー自身にその能力はない。人件費を考えると、商業規模の仮想経済でこの方法を実行するのは無理だろう。

　ユーザーによって生みだされる正義の実行法で、われわれが知る限りまだ試されたことのないものが、競争管理体制モデルだ。複数のパラレルドメインを作成し、それぞれに暴力の独占権を持つプレイヤーか、プレイヤーの集団を置く。この独占権を、住民を守り、契約を履行させるために使用するドメインでは、創造性が向上し、商業が栄えるだろう。反対に、これを不正目的に利用するドメインはさびれていくはずだ。

■再分配

　通常、法制度^{ジャスティスシステム}は政府と呼ばれるさらに大きな制度^{インスティテューション}の一部であり、政府は法制度の枠組みを与えて高度な市場を機能させるだけでなく、市場の失敗やその他の好ましくない結果を避けるべく市場を調整する役割を持つ[8]。また、多くの社会で、政府には社会福祉の溝を埋め、市場が生みだす傾向にある所得格差を抑える役目がある。これは政府による再分配と呼ばれる、

非市場分配の重要な形を生みだす。政府による再分配は、原則的に、富める者から富を徴収し、貧しい者へ与えることをともなう。一般的に、富の徴収は累進課税によってなされる。富の分配は、マネーや補助金の分配だけでなく、無料サービスの提供によってもなされる。典型的な分配政策は、税金を財源とした社会保障、医療保険、年金、教育、社会インフラ、そしてその他の政府サービスによって構成される。北欧の典型的福祉国家、フィンランドでは、2010年の国内総生産_{GDP}はそのうち55%を公共部門による支出と再分配が占めた。

◉ なぜ再分配するのか？

　政府による再分配のマクロ経済的目的は、よりよい社会福祉と所得の均等化の達成である。これは商取引を促進する社会全般の信頼の向上を含む、数多くの社会的利益と関連する[*9]。だが、マネー以外の動機に欠ける極端な再分配は、個々の生産性と革新を大きく鈍らせる危険がある。慈善とは対照的に（次の節を参照）、通常、個人は好きこのんで税を支払うわけではない。このため、徹底した自由至上主義者は再分配を制度化された盗難と考える（本章の犯罪に関する節を参照）。

　福祉国家の時代のはるか以前から、分配は伝統的な血縁社会で広く行われてきた[*10]。そのようなコミュニティでは、首長が1年間の収穫の一部を徴収し、社会的ステータスやコミュニティでの役割というシステムに従って各員に分配する。こんにち、メンバーに課税するMMOゲームのギルドでも同じような慣行が見られる。このようなコミュニティにおける再分配は、メンバー間の競争を防ぎ、協力とリスクの分担をスムーズにするだろう。

　仮想ゲーム経済における公平さと再分配は、物的経済におけるような社会的問題にはならないものの、ゲームデザインのバランスに関わってくる。ゲームのプレイヤーが求める公平さは複数あるだろう。経済学者が言うところの“水平的公平”は、同じ状況にある者は同じ経済的報酬が与えられることを求める。“垂直的公平”はより大きな報酬に値する者は、実際により大きな報酬を受けるというものだ。これはゲームデザインにおける、同じレ

ベルのスキルと成果のプレイヤーには等しい報酬を与え、よりすぐれたスキルと成果のプレイヤーにはより多くの報酬を与えるという、デザイナーの目的によく似ている。

公平さのほかに、すべてのプレイヤーは、ゲームから締めだされないよう、ゲームに参加するのに最低限必要な物資（リソース）を常時所持している必要がある。たとえば「イブオンライン」では、プレイヤーが宇宙船をすべて失うと、新しくスターターシップをもらえる。ユーザーを逃がさないようにするには、場合に応じて惜しみない援助を与え、ゲーム内で資産を失ったプレイヤーには相応のものが保障されるシステムを導入すべきだろう。

◉ 再分配のデザイン

仮想経済にもなんらかの公平さと最小限の保障は必須なわけだが、そのために再分配の必要はあるだろうか？ ユーザーから徴収はせず、必要なものはパブリッシャーが提供すればいいのではないか？ たしかにそうだが、パブリッシャーからの提供はそれほど単純ではない。問題となる仮想商品が地位財の場合、それをさらに提供すれば、すでにあるものの価値が下落する[11]。そのため、実際には同じ仮想商品の所有者に課税するのと変わらない。これは紙幣の増刷がインフレを引き起こして既存の紙幣価値をさげるのと同じである。それにいずれにせよ、新たな仮想商品の経済への流入は、相応量をどこかで削減しない限り、マクロ経済のバランスを崩す[12]。そこで、蛇口を開けてどこかへ商品を投入するごとに、別の場所から商品を取り除き、バランスを保つ必要があるわけだ。事実上、これは再分配である。

正しい再分配の方法とはどのようなものだろう？ 格差調査の結果によると、不満を買うことなしに公平さに到達するのは至難のわざだ。"同程度"がどれくらいを指すのか、"優秀な"プレイヤーが"へたな"プレイヤーよりどれだけ多くの報酬を与えられるべきかは、ユーザーによって考えが異なる。通常、これらの意見は話し手にとって都合のいいものとなる。たとえば世論調査では、平等に関して言うと、人々の意見が一貫しているという証拠はどこにもない。

そのため、再分配法をデザインする者は、内容を明確にし、ユーザーから正当と認められるものにすることが望まれる。オークションハウスの手数料は、裕福なユーザーの利用頻度が貧しいユーザーのそれよりも高い場合には、富の再分配となる。だが、多くのユーザーは、システムに多大な負荷をかける者がより支払うのが正当であると見なすだろう。プレイ能力も重要だ。仮想資産（リソース）が多い者ほど、手数料を支払うのは簡単なのだから。ころころ変わる方針はユーザーの怒りを買う。また、このような方針を隠すのは、露見したときに（いずれ必ず露見する）大きな社会問題になりかねない。"同じものは同じように、違うものは違うように"という教訓は、理解はしやすいが実行は難しい。

このテーマは第10章の"不平等"のセクションでふたたび取りあげ、マクロ経済レベルでの分配法を論じる。

■慈善と贈与（ギフトギビング）

慈善と贈与（ギフトギビング）は非市場分配の重要な形態である。ギフトギビングはさまざまな慣習やしきたり（インスティテューション）にもとづいて行われる。誕生プレゼント、クリスマスプレゼント、社員への贈り物、記念品、訪問先へのお土産、同僚へのお土産、などなどだ。ギフトギビングは経済活動に大きな刺激を及ぼす。多くの店が贈答用の花束やチョコレート、食器、ネクタイを専門としている。また、手作りのグッズや食べ物はしばしば市場で販売されることなく、プレゼントとして交換される。個人と企業は自分たちが支援する団体に多額の寄付をする。慈善とギフトギビングは、価値を有するものを代価をもらわずに与えるため、非市場活動に定義される。

◉人はなぜ与えるのか?

誕生プレゼントのように、同じ相手とのあいだで繰り返される贈答行為は、社会的役割と関係に関連する行為であると理解し、分析される[13]。その他のタイプの贈与、学校への寄付金などは、市場取引に類似する特徴を

持つ。関与する人々は必ずしも親しくなく、そこには価値評価の要素が含まれ（受益者には助けが必要か?）、一度で終了する。実際、贈与は一種の形を変えた取引であると見なす説もある。社会的交換理論によると、贈与する側は物質的見返りはなくとも、それに見合った感謝や尊敬の念、および社会関係資本を獲得し、本人にとって取引は社会経済的に価値あるものとなる。感謝の念は受益者がのちにお返しをすることで有形の利益にもなりうる。プレゼントとして贈られたものは、たとえば花瓶であれば、受益者の居間に飾られ、それをもらったことによって生じた借りを絶えず思い出させる役割を果たす。援助は常に与える者の利益となり、授かる者の利益となることもある。

　いかなる形であれ返礼の見込みがほとんどない場合にも、人は援助を施す——たとえば、街中での物乞いへの喜捨だ。これは**利他的行為**と呼ばれる。利他的行為は間接的相互依存によって行われると考えられる。情けは人のためならずと言うように、善行はめぐりめぐって自分のもとへ戻ってくるという期待があるわけだ。利他主義は自己強化型の慣習（インスティテューション）だ。他者を助ける人が多いほど、自分によい報いが返ってくるのを実感できる人が増える。

　進化心理学はいかなる相互依存にも頼らない別の説明を提供している。遺伝子的につながっている者同士は、個人の利益にはならずとも、遺伝子を残すために助け合う傾向を持つ。実証的研究はこれをある程度裏付ける。民族的にであれなんであれ、人は自分に似ている者に対して、より利他的になるのだ。いずれにしても、われわれは決して遺伝子の奴隷ではない。自分がそれを選ぶなら、時間を寄付してウィキペディアの編集を手伝うことができるし、別の種を助けることさえできる。直接的であれ間接的であれ、見返りを求めない利他主義は純利他主義と呼ばれる。**表7・3**は同じ行為が純利他主義にも取引にも解釈できる例を示している。

　興味深いことに、貢献に対する支払いは利他的な動機をそいで、貢献を減らす結果となる。これではそれまでと同じ貢献を得るのに、大金を支払う必要が生じてくる。そのため、献血などは慈善でなされるほうが市場での買い取りよりも効果的に供給される*14。

表7・3　これは贈与か?

行動	純利他主義として	取引として
隣人に工具を貸す	隣人を手伝いたいだけ	お金を借りたい
子どもの世話	親の愛情	高齢になったら、子どもに面倒を見てもらえる
地域奉仕	地域の手伝い	地域がよくなれば住みやすくなる
政治家	公僕	権力
病人の世話	病人を助けたい	自分が病気になったときに世話をしてもらえる

●贈与のデザイン

　仮想経済において慈善とギフトギビングの文化がある利点はいくつもある。ユーザー間のプレゼント交換は社会的絆を強めて知り合いを友人に変え、ユーザーをシステムから離れにくくする。プレゼント用のアイテム探しはユーザーを楽しませ、仮想商品の売上げもアップする（アイテムにギフト包装を施せば特別感が増す）。助け合いはメンテナンスコストを抑えるのにも役立つ。突然トラブルに直面しても、ほかのユーザーから助けてもらえれば、カスタマーサポートを煩わせる必要はない。古参のユーザーは新規ユーザーにプレゼントや物資的支援を与えることで、自分の時間と財産を有意義に使うことができ、新規ユーザーにとってもポジティブな体験となるだろう。自由至上主義的考えでは、自発的な贈与は政府による再分配に取って代わる完璧な手段とも考えられる[*15]。しかし、経済理論によると、自発的贈与のみに頼ったゲームバランスは、ただ乗り効果（対価を払わないこと）と最適以下の分配（必要な場所に寄付が届かないこと）という問題にぶつかる。

　デザイナーが贈与を促進する方法は複数ある。もっともわかりやすいのは、各文化の慣習に応じてギフトギビングが求められる機会だ。友人の（もしくは友人のアバターの）誕生日、結婚式、クリスマス、ハロウィーン、そして成人式など。贈答用アイテムをぱっと見てわかるようにプロモーションする

167

ことも大切だ。可能なら、プレゼントを特別なものにできるよう、カスタマイズ機能もほしい。ギフトギビングを推し進めるには、古参のユーザーと新規ユーザーが頻繁に接するようなゲームデザインになっている必要がある。

　贈与と助け合いの促進に加えて、デザイナーはそれらの需要を高めることができる。ヘルプとアシスタンスは、求められるほど自然に与えられる。概して、男性は女性よりもヘルプを求めようとしない。われわれの文化では自分のことはなんでも自分でできる独立した男が理想とされ、男性はその期待に応えるプレッシャーを感じるからかもしれない。MMOゲームプレイヤーの援助要請行動に関する調査は、この男女格差が仮想スペースにまで入ってきていることを示唆している：男性アバターは女性アバターよりもヘルプを要請しない傾向にある [*16]。だが、男性も間接的な方法や表現ではヘルプを求めるものだ。解決法をあからさまに求めることはせずに、嘆かわしい問題を会話でさりげなく持ちだすのだ。このように間接的なやり方なら、男性的なタイプでも面子を保っていられる。テキストベースのコミュニケーションには非言語的ヒントがないため、間接的表現はより難しくなる。この埋め合わせに、デザイナーはEmote［アバターやキャラクターの動きによって感情表現できるコマンド］やジェスチャーによって、言葉に頼らずアバターにトラブルなどを伝えさせることができる。ヘルプやプレゼントを求めるには、ほかにもウィッシュリストやチップジャー［ゲーム内で募金ができる機能］が利用できる。

　贈答文化に関していくつか注意点がある。まず、公然と援助をねだるのは他のユーザーの反感を買い、結果的に援助行為の減少につながりかねない。ヘルプの要請はユーザーのソーシャルネットワーク（友人、ギルドのメンバーなど）内で行われるべきだろう。これならば、あまりに煩わしいユーザーには"いい加減にしろ"などと警告してやることができる。

　次に、古参のユーザーが新規ユーザーに仮想財産を与えすぎると、新規ユーザーは自分で財産を集める機会を失ってしまう。これはHabboのようにレベル分けされておらず、ユーザー間でやりとりして使えるアイテムに制約のないゲームやサービスでは、しばしば問題となる。サービスをやめることにした古参のベテランは、全仮想財産を新規ユーザーに譲ることで、相

手のゲーム体験ばかりでなく、顧客としての潜在価値まで損なう。これを防ぐ方法のひとつに、ゲームをやめるユーザーの財産は"栄誉の殿堂入り"にして、往時を偲ぶ記録として永遠に残すという方法がある。これについては第9章でふたたび取りあげる。

表7・4はアバターチャットサービス、Habboでのギフトギビング行動に関するデータだ。調査対象となったすべての国で大部分のユーザーが一度は仮想ギフトを贈っている。それらの仮想商品（Habboでは"furni"として知られる）のほとんどが、もともとは誰かが購入した課金アイテム（その例は第8章を参照）である点に注目してほしい。

表7・4　Habboでの仮想ギフトギビングに関する調査データの例

furnisを誰かにプレゼントした贈ったことがありますか?	イギリス	日本	スペイン	メキシコ
ある	86%	64%	71%	67%

あなたが最後にプレゼントした相手は誰ですか?	イギリス	日本	スペイン	メキシコ
友人	77%	86%	74%	64%
ランダムな新規ユーザー	12%	3%	14%	21%
デートの相手や恋人	9%	8%	6%	10%
自分のチームやグループのメンバー	2%	3%	6%	4%
その他	1%	1%	1%	2%

プレゼントの目的はなんですか? 該当するものをすべて選んでください。	イギリス	日本	スペイン	メキシコ
相手を助けるため	33%	47%	48%	43%
感謝の気持ち	31%	22%	24%	22%
特別な機会	30%	20%	19%	19%
よい印象を与えるため	19%	15%	13%	14%

出典：Habbo社会経済調査（2007年）（Lehdonvirta 2009bに記載）。5288名を対象にアンケート。

■犯罪

　犯罪は 慣 習（インスティテューション）ではない。マフィアや暴力団のような 組 織（インスティテューション）にはなりうるが。しかし、犯罪は市場の規制の外で富が手から手へと渡る方法のひとつであるのは明らかだ。人は取引を通して物品を得る代わりに、強奪し、盗み、ゆすり取り、だまし取る。本章では非市場分配メカニズムを取りあげたが、最後に経済的観点から見た犯罪について論じたい。第6章では、犯罪はアルコール販売のようにまったく合法的な活動から生じる一種の公害であると考えた。本章では個々のレベルに焦点を当て、犯罪行為の意思決定と、仮想経済における犯罪被害者への、ときに驚くべき影響を見ていきたい。

　この章の最初に、犯罪は法の規範を破ることにより、他人を犠牲にして自己の利益を得ようとする行為とした。実際、犯罪を研究する経済学者は、しばしばこれを経済学的な意思決定状況としてモデル化する。すべての人は犯罪を犯す利益とその代償（コスト）を秤にかける、潜在的犯罪者である、と。もっとも大きな代償（コスト）は捕まって罰を受けることだ。もうひとつの代償（コスト）は機会費用（opportunity cost）だ——犯罪をする以外に有益な時間の使い道はないだろうか？　良心の呵責も代償（コスト）と言えるだろう。犯罪から得られる利益がこれらのコストを上回れば、犯罪は実行される。実際には、このモデルでは暴力犯罪や性犯罪を予見することはできないが、経済犯罪の予見には有用だ。事実、プロの強盗や詐欺師は自分たちの行為にともないうる結果と期待できる利益を比較検討する。頭に血がのぼって起きる犯罪は別の過程をたどる。

　仮に、ここで紹介したモデルに沿った経済犯罪を取りあげたとしよう。政府が犯罪を減らすことを目指す場合、犯罪を実行する代償（コスト）をあげる必要がある。これは逮捕される確率を高くすることや（警察官の増員）、逮捕者への刑罰を強化する（刑期を長くする）ことで達成できる。ほかにも、もっとやりがいのあること（仕事）を提供すれば、犯罪の機会費用が増加する。政府は犯罪の社会的、心理的コストを高めるために、公序良俗を推進する

こともできるだろう。しかしこれらの行為にはすべて費用がかかる。合理的な政府であれば、犯罪削減の利益とそれにかかる費用を比較し、利益が費用を上回る場合にのみ犯罪を削減するだろう。あいにく、社会における犯罪の最適値というものが存在し、犯罪削減の限界便益［1単位増やすことによる便益の増加分］が限界費用と等しくなるときにそこに達する。

　仮想経済において残念ながらアカウントのハッキングは日常的な経済犯罪だ。典型的なケースでは、プロのコンピュータ犯罪者はなりすまし電子メールや、キーロギングプログラム［ユーザーのキー入力をひそかに記録するスパイウェア］、またはその他のマルウェアを使って大量のオンラインゲームアカウントのパスワードを入手し、それらのアカウントに入っていた仮想商品や通貨をオンライン市場でほかのプレイヤーに売り払う。中国にあるサードパーティーのゲームサービス産業インサイダーによると、ある時点では、無認可の二次市場で売られていたゲーム通貨の20%がアカウントのハッキングによって取得されていた*17。ゲームパブリッシャーはアカウントハッキングに対抗するため、より厳しいオーセンティケーションプロトコル［サーバーがユーザーを認証する際に用いる認証方式］を導入し、潜在的な危険性についてプレイヤーに知識を与え、スタッフによるリアルタイムの監視を増やしている——パブリッシャーとプレイヤーにとって、それらの対策の利益が費用に見合う限度において*18。

◉犯罪のデザイン

　「イブオンライン」の宇宙の勤勉な炭鉱労働者、運送業者、商人は、常に宇宙海賊の脅威にさらされている。海賊は商売人の財産をさまざまな手口で狙う。コンテナの窃盗、宇宙船の拿捕と身代金の要求（**コラム7・3参照**）、それに宇宙船の破壊と貨物の略奪だ。これらの不正行為を防ぐ費用はごくわずかだ、というのも、コンピュータ制御の宇宙警察は非常に効果的で、しかも運用費はかからない。なのに「イブオンライン」のデザイナーは警察によって保護されるのは宇宙内の限定された地域と決めている。それはなぜだろう？

　ここでは教科書的な犯罪学の範疇を超えて、犯罪の潜在的利益を考える

　ハロー、The Tuskersはこれからおたくの船を破壊する。身代金を払って船を守りたけりゃ、さっさと以下の指示に従ってくれ。
　1　全モジュールを止め、すべてのドローンを呼び戻せ。船を止めろ。
　2　下に身代金の金額が表示されたら、30秒以内に指定された金額を支払え。それにはこっちの要求を伝えている海賊の絵を右クリックし、"金を払う"を選択しろ。
　ただちに従わないときは、おたくの船への攻撃を再開する。

Tressin Khiyne > よう
Tressin Khiyne > おたくの船の身代金として4000万要求する
Tressin Khiyne > おれに払ってくれ
Shillowska >そんな金はないよ
Tressin Khiyne > いくらならある？
Shillowska > 2000万ぐらいかな
Tressin Khiyne > 2000万で手を打とう、撃つのをやめてくれ
Tressin Khiyne > 払ったら、自由にしてやる
Shillowska　> わかった
Tressin Khiyne　> いい旅を
Bourreau >どうも
Bourreau >（帽子を傾ける動作）

出典:http://thebaldbuccaneer.blogspot.com/2010/07/exitiale-you-know-ienjoy-tuskers-i.html.

必要がある。炭鉱と交易がより危険になるのは、宇宙海賊の経済効果だ。一部の貨物は海賊に奪われ、目的地へ到着することはない。奪われた貨物は高値で売られる。物資は希少で、商人たちは貨物が奪われた分の埋め合わせをしなければならないのだ。事実上、交易はギャンブルに似てくる。商人たちはすべてを失うか、大きな利益を得るかだ。純粋な経済用語では、リスクとはコストであり、これによりもっとも求める者へ物資を分配する効率が悪化する。しかし心理学とゲームデザインにおいて、リスク、もしくは

行動に続く結果の多様性は、ものごとをよりエキサイティングに、そしてユーザーが夢中になるほどおもしろくする可能性があることをわれわれは知っている。海賊を跋扈させることにより、「イブオンライン」のデザイナーは一部のプレイヤーに宇宙海賊としてのスリリングなキャリアを追求させるだけでなく、ほかのプレイヤーの商業活動をより波瀾万丈にしているのだ。

　アカウントのハッキングも、プレイヤーの暮らしにリスクをもたらすと論じることもできるだろう。次回ログインしたときに、自分のアイテムがちゃんとそこにあるかは確信が持てない。だが、この手の犯罪にプレイヤーはあまりわくわくはしないようだ。このふたつの異なる種類の盗難は、何がそれほど違うのだろうか？　片方はゲームのルールのもとで行われ、片方は違うと言えるが、それは正しい答えではない。アカウントのハッキングが認められている場所でもゲームを作ることはできるが、それではおもしろくならないだろう。リスクは以下の基準が満たされたときにのみおもしろく、夢中になれるというのが正しい答えだ。

○**ユーザーが主導権を握っている状況でリスクにさらされる**。降って湧いたような災難はエキサイティングではない。リスクがあるのを承知で行った結果としての災難であれば、より受け入れやすい。「イブオンライン」の危険地域へ進入したときのドキドキする気持ちは刺激的だ。警察に守られている地域へ無事に戻れたときはほっと胸をなでおろす。それに比べ、常にアカウント盗難の危険があるのは不愉快でしかない。

○**危険にさらされる度合いをユーザーが掌握している**。裕福なユーザーは貧しいユーザーほどは損失の影響を受けない。リスク回避の度合いには、心理的な差もある。「イブオンライン」では、リスクを回避したいプレイヤーは安全なゾーンにとどまり、リスクを愛するプレイヤーは海賊がうようよいる地域（リージョン）で冒険できるようになっている。海賊に襲撃された場合、プレイヤーが失うのは最大でも現在乗っている宇宙船と貨物までだ。要求された身代金の額が宇宙船の価値を超えたら、プレイヤーはそれを拒絶し、宇宙船と貨物が破壊されるのを受け入れればいい。"失うのがいやなら宇宙船を出航させるな"は航海士たちの口癖だ。これとは対照的に、アカウントのハ

ッキングは誰でも被害に遭いかねず、通常は市場性のある財産をすべて失うことになる。

○**ハイリスクにハイリターンが期待できる**。大きな利益が期待できなければ、大きな危険を冒すのは割に合わないだろう。「イブオンライン」では、危険な交易ルートは利用する者も限られており、競合相手がいないため、取引や採掘に成功すれば利益は大きい。自分のアカウントをハッキングされても、なんの利益もない。

　これらの基準を満たす犯罪には経済活動をより刺激的にする利点がある。同時に、このような犯罪にはマイナスの効果もある：どんなにドキドキハラハラしようと、実際に貨物を奪われて喜ぶ商人はいない。デザイナーの役割は、犯罪の過多（ユーザーの不満を買う）と犯罪の過小（ユーザーが飽きる）の中間のスイートスポットを見つけ、犯罪率を最適に保つ程度に法を施行することだ。上記三つの基準を満たさず、よってプラスの利益がない犯罪は、経済的に実現可能な限り、排除されるべきである。

　刺激の提供のほかに、仮想犯罪に期待できるプラスの効果は、被害者のあいだで生まれる絆だろう。一般的に、犠牲者は社会から引きこもるようになるため、犯罪はコミュニティを形成するより壊しがちではあるが、犯罪社会学の研究では、犯罪が個人に対してではなく、コミュニティに対する攻撃と認識された場合、コミュニティメンバー間に結束が生まれるとする仮説が目下検証されている [19]。

*1
参加者のソーシャルキャピタルがデジタルポイントシステムに換算されるシステムの例は、第 5 章のドラゴン・キル・ポイントを参照。

*2
仮想商品貨幣については第 8 章で詳しく論じる。

*3
法と正義に関する経済的分析については、Mercuro and Medema (2006) を参照。

*4
信頼とその前身についてより詳しくは Schroeder (2011, chapter 5) を参照。Ralph Schroeder は仮想現実、そしてアバターを媒体としたソーシャルインタラクション研究の草分けとなった社会科学者。

*5
Bloomfield and Cho (2011). Robert Bloomfield は経営会計学の教授であり、「セカンドライフ」における経済に関してはおそらく第一人者である。

*6
Lastowka (2010). 法と仮想経済の交点に関しては、Duranske (2008)、Lastowka and Hunter (2004)、Balkin (2004)、Fairfield (2005)、そして Lehdonvirta and Virtanen (2010) を参照。法学者は仮想経済とその現実世界への影響をいち早く真剣に研究した。多くの法律分析家が法と経済学の観点からこの問題に取り組み、多くの経済学的洞察が法的文献から得られる。

*7
Mnookin (1996).

*8
市場の失敗のさらなる例は第 6 章の外部性を参照。

*9
Wilkinson and Pickett (2009).

*10
Polanyi (2001).

*11
地位財については第 2 章を参照。

*12
第 7 章のマクロ経済デザインを参照。

*13
第2章参照。

*14
ギフトギビングとその他の向社会的行動について詳しくは、Dovidio et al.（2006）を参照。

*15
前のセクションを参照。

*16
Lehdonvirta et al.（2012）. ゲームにおけるジェンダーとセクシュアリティーに関するゲーム研究と文化研究の文献は多々ある。これは重要な研究テーマであろう。多くのゲームコミュニティが差別問題、中でも女性ゲーマーに対する差別の問題を抱えている。

*17
Lehdonvirta and Ernkvist（2011）.

*18
犯罪と法の執行の経済学的分析については、Nicholas and Medema（2006, chapter 4）を参照。

*19
Hawdon, Räsänen, and Oksanen（2013）.

第8章 ——*Chapter 8*

貨幣

　こんにちの社会では、貨幣はどこにでも存在する。だが仮想経済では常にそうとは限らない。通貨は存在しないかもしれないし、国家経済では滅多にない形で入ってくるかもしれない。この章では一歩前段階に戻って、貨幣の原理を検証する——通貨とは何か、なんのために必要か、良貨とは何か、どんな種類の貨幣があるのか。また、仮想経済のための貨幣デザインと国家経済のための貨幣デザインの違いも見ていく。貨幣のマクロ経済的側面にも触れるが、金融政策に関する詳しい議論は第10章に譲る。

■貨幣の原理

●貨幣とは何か、そしてなんのために必要か?

　貨幣とは何か、そして経済における通貨の目的は何かを理解するために、まずは通貨のない経済を検証する。長年にわたり、「Habboホテル」の仮想経済には公式の通貨が存在しなかった。仮想の自室にある家具に飽きて模様替えをしたくなったら、違う家具を持っているほかの誰かと交換する。ほかのユーザーの部屋へ行き、そこにあるダイニングテーブルをソファとシャワーカーテンと交換したいと申し出るわけだ。通貨を利用しないこのような取引は物々交換と呼ばれる。両者の要求が一致する限り、これはうまくいく。しかし、相手がソファをほしがらず、ビクトリア朝風衣装ダンスとなら交換すると言った場合、ソファを持っているユーザーは衣装ダンスを持っていて、ソファと交換してくれる別のユーザーを探すことになる。言うまでもないが、物々交換取引は手間がかかる。経済用語では、このような取引は取引費用が高いと言う。

　取引費用を削減するため、「Habboホテル」の参加者たちは、類似の状況

に直面した人たちが経済の歴史を通してやってきた、自発的新機軸（イノベーション）を打ち出した。特定の商品を**交換の媒介**として使いはじめたのだ。売り手は、「ダイニングテーブルと交換にビクトリア朝風衣装ダンスとシャワーカーテンがほしい」と言う代わりに、「プラスチックの椅子8脚と交換する」と言うようになる。プラスチックの椅子は部屋を飾る、なくてはならない家具だ。売り手は椅子を必要としていなくとも、ほしがる人は多いこと、椅子8脚はビクトリア朝風衣装ダンスとシャワーカーテンを合わせた価値とほぼ等価だとわかっている。基本的用語で言うと、これこそが貨幣の定義だ——任意の文化や社会的コンテクストにおいて、財やサービスへの代価として一般的に受け入れられる商品や証書。このように、プラスチックの椅子はフィンランド版「Habboホテル」では事実上の貨幣となった。

　交換のための便利な媒介としての役目のほかに、貨幣はさらにふたつの役割を持つことがある。ひとつ目の用途は**価値の貯蔵手段**だ。財産を物理的商品のままためることにはさまざまな難点がある。たとえば、リンゴは腐ったら商品価値がなくなるし、自動車を何台も所有するのは場所を取る。貨幣（マネー）なら通常は耐久性があり、蓄えるのにも場所を取らないので、余った財産は貨幣（マネー）の形にするほうが便利だ。仮想商品には物理的商品が持つような保存スペース（ストレージ）上の問題はないものの、デザイナーはマクロ経済デザインの目的を達成するために、しばしば意図的にそれを組み込む。たとえば「Habboホテル」では、仮想自動車はエンジンをかけたあと48時間で消える。また、インベントリからアクセスできるアイテム数には制限がある *1。そのため、仮想経済においても貨幣（マネー）は価値の貯蔵手段としてしばしば使われる。

　貨幣（マネー）の三つ目の利用法は商取引、会計、そして経営における**計算単位**だ。工場が鋼鉄を何トン消費し、自動車を何台生産したかと話す代わりに、会計士は利益、損失、資産それに負債を金額として算出・評価する。これにより、まったく異なる製品を生産する企業と比較し、平等に課税することが可能になるのだ。計算単位として使われる貨幣（マネー）が、交換の媒介として使われる貨幣（マネー）とは異なる場合がある。中世および近代フランスでは、日々の商取引で利用される貨幣は、戦争や商業の潮目が変わるたびに現れては消

えた。エキュ、ルイ・ドール、テストン貨、ドゥニエ、ドゥーブル、フラン そしてその他のさまざまな通貨単位が一度にすべて流通していた時代もあった。だが会計士や銀行員は時の試練に耐えられる通貨単位で帳簿や融資証明書を記録する必要があった。何世紀にもわたり、彼らはひとつの単位を利用した。リーブルトゥルノワ、別称トゥールポンドだ。これは12世紀よりあとは鋳造されておらず、市場には実質的に出回っていなかったが、そんなことはどうでもよかった。流通しているさまざまな通貨からの換算率は国王令により決められていた。数世紀後、フランスが欧州通貨統合に加わったとき、その過程で同様の状況がふたたび生じた。ユーロが計算単位として採用されたのだが、新たなユーロ札と硬貨が出回るまではフラン硬貨と紙幣が交換の媒介として利用されたわけだ。

「Habboホテル」では、交換の媒介として使われたプラスチックの椅子が、計算単位としても用いられた。売り手は価格をプラスチックの椅子の個数で表した。つまり、椅子を計算単位にしたのだ。だが、売り手は必ずしも代価に椅子を求めるわけではない――アイテムの総価値が示された椅子の数とおおよそ同等であればいいのだ。自称市場アナリストたちは、ホテルのホールで行われる取引を観察し、異なる数百のアイテムの最新椅子建て市場価値を公開した。取引をする者たちはこれらの価値を指針とし、相当する価値を持つアイテムならほぼなんでも代価として受け取ることができた。このようにプラスチックの椅子はまず第一に計算単位であり、交換の媒介はあくまで二次的役目でしかなかった。

貨幣の三つの用法を**表8・1**にまとめた。あらゆる貨幣とは根本的になんであるかを、これら三つの用法は示している。はるか昔、君主によって鋳造

表8・1　貨幣の三つの用途

1. 交換の媒介：取引を容易にする
2. 価値の貯蔵手段：いつまでも価値を貯蔵する
3. 計算単位：価値の標準的測定単位を提供する

された硬貨からこんにちの商業銀行通貨まで、そしてゲーム通貨から現代のサイバー自由至上主義者によって生みだされた私的デジタル通貨まで、その存在はすべて究極的には取引を促進し、価値を保存し、価値を計るためにあるのだ。貨幣のデザイナーはほかにも目的を持っているかもしれない（プライバシーの提供や、政府発行通貨との取り替えなど。**コラム 8・2 参照**）しかし、これら基本的必要性に貨幣が応えられなかった場合、採用される可能性は低い。貨幣は金属である必要はない。これらの用途を満たせるなら、どんなものでも貨幣と呼ぶことができる。

◉良貨とは何か

　どんなものでも貨幣として使えるのだろうか？　そうとは言えない。貨幣として利用されるには、いかなるモノやデジタル記録でも、欠くことのできない特性がひとつある。貨幣には交換価値がなくてはならない。誰も代価を払って交換したがらない物品は、当然ながら交換の媒介にはならないし、価値を貯蔵することもできず（所有者にはなんらかの使い道があるという以外は）、価値の尺度としても機能しない。

　「Habboホテル」のプラスチックの椅子は**商品貨幣**の好例だ。商品貨幣とは、貨幣が作られるオブジェクトの価値に交換価値がもとづく貨幣である。Habboでは、椅子は装飾として頻繁に利用されるため、何かと交換したがる人は常にいる。だが同じことはその他多くのHabboの商品にも当てはまる。ではなぜプラスチックの椅子だけが貨幣として採用されたのだろう？　実のところ、並行して複数の商品貨幣が利用される場合もある。ひとつの貨幣の人気がほかより高くなると、人々は人気のあるほうを使いだすものだ。これは利用者が多い貨幣のほうが、利用者の少ない貨幣よりも便利だからだ。正のフィードバックのループが続くことで、あっという間にみんなが同じ貨幣を使うようになる。経済用語で言うと、貨幣の選択は正のネットワーク外部性を示す。プラスチックの椅子が最終的にユーザーの選ぶ通貨となったのは、このようにいささか偶然のことだった。「Habboホテル」のイギリス版では、フィンランドで使われたプラスチックの椅子ではなく、クラ

ブソファとして知られる別の日用品が使われた。

　そうは言っても、貨幣として使用される日用品は決して任意に選ばれるのではない。プラスチックの椅子とクラブソファはどちらも、仮想ホテルにあるその他多くのアイテムと比べて、貨幣として使うのにより適していた。一般的に、何かをよい交換の媒介、よい価値の貯蔵手段、そしてよい計算単位とする複数の特性は特定することが可能だ。まずはよい交換の媒介となる特性から検証してみよう。

●交換の媒介は**代替可能**でなければならない。つまり、通貨単位となる商品にはどれも同じ価値があり、互換性がある。もしもひとつひとつが違っていたら、それぞれに違う価値が与えられて、もはや中立的な媒介としての機能は果たさない。18金や米のような規格化された商品は代替性が非常に高い。どちらも同じ大きさであればその尺度は実質的にどれも同じだ。大粒のダイヤモンドや貴重な絵画などの唯一無二のオブジェクトには、代替性はまったくない。仮想商品は極めて代替性が高い傾向を持つ。質の違いが明確にプログラムされていない限りにおいて、ひとつの仮想アイテムは同じタイプの違うアイテムの完全なコピーだ。

●交換の媒介は**可分**でなければならない。つまり、価値を失うことなく小さな単位に分けることができる。これにより取引で価値に相応の量を譲渡できる。多すぎも少なすぎもしない、"等価交換"だ。米と金は可分性が高いが、ダイヤモンドや絵画はそうではない。もしもダイヤモンドや絵画をふたつに分割したら、ふたつを合わせても、ひとつだったときより価値はさがる。通常、仮想商品を小さく分けることはできないが、フィンランド版のHabboで通貨として使われたプラスチックの椅子は、米粒と同様に、ひとつの椅子には小さな価値しかないため可分と言えるだろう。もっとも高価な部類のアイテムには、プラスチックの椅子が数百脚必要となる。それに対して、イギリス版のHabboで通貨として使われたクラブソファは単価価値が大きかった。可分性を高めるために、副次的単位がすぐに登場した。クラブソファひとつはおもちゃのアヒルおよそ75個と等価とされた。これは1

ドルが100セントに等しいのと同じだ。

●交換の媒介は**運びやすく扱いやすく**なければならない。物理的通貨であれば、これはその通貨は少ない重さや量で高い価値を持ち、市場での利用者が荷車で運ぶことなく、財布に携帯できることを意味する。仮想商品には重さや分量の心配はないが、多くのゲーム経済で類似の概念となるのがインベントリスペースだ。クラブソファなら、インベントリスロットひとつ当たりの価値が高いのだが、それと同等の価値をプラスチックの椅子で表すとなると、数倍ものスロットが必要になった。それをひとつひとつトレーディングウィンドウへドラッグするのは手間がかかるため、スーパー単位が登場した。スーパー単位のひとつ、ターンテーブルはプラスチックの椅子およそ250脚と等価とされた。同じタイプのアイテムがインベントリで積み重ねて保存できるゲームでは、積み重ねできるアイテムが商品貨幣になることが多い。

●交換の媒介は**正確に数えられ**なければならない。つまり、量、重さ、大きさ、その他媒介の価値が決まる単位で容易に計ることができなくてはならない。貴金属で作られた硬貨は、しばしば縁にギザギザが刻まれている。これは削り取ったらすぐにわかるようにだ。仮想商品は数えやすい傾向にある。

●交換の媒介は**見分けがつく**べきである。つまり、ほかのオブジェクトと間違えやすくてはならない。市場では見た目が似ている商品をつかませる詐欺がときおり見受けられる。仮想商品は見た目がそっくりのものもあるが、ふつうはアイテム情報をチェックすれば間違えようはない。

よい価値の貯蔵手段には以下の特性がある。

●価値の貯蔵手段には**耐久性**が必要だ。つまり、劣化したり、消えたり、時とともに実用性を失うものであったりしてはならない。デジタル記録である仮想商品は理屈の上では極めて耐久性が高い。だが一定の期間を過ぎると消滅するようプログラムされている仮想商品もあり、その場合には価値の貯蔵手段としての有用性は限定される。

●価値の貯蔵手段は**保管料が低く**なくてはならない。つまり、所有し、保管する費用が安くなくてはならない。[ゴールド]金を安全に保管するには高い費用がかかる。デジタルマネーの保管料は安いが、ただではない。Amazon S3［オンラインストレージのウェブサービス］では1ギガバイトまでのデータの保管に月額およそ0.10ドルかかる。仮想商品ひとつが1キロバイトとして、クラウドサービスに保管する費用は月額わずか1/10万セントだ。だが大きなデータベースとなると、さらに高額の利用費、維持費、分析費がかかる。「ウルティマ・オンライン」では、プレイヤーたちが数百万ものアイテムをため込んでいたために、パブリッシャーのサーバーが故障した。そのため、多くのパブリッシャーがユーザーアカウントに保存できるオブジェクト数を制限している。横スクロール型、二次元のマッシブ・マルチプレイヤー・オンラインゲーム、「メイプルストーリー」では、追加のインベントリスロットは有料だ。こういう状況では、積み重ねられるアイテムはよい価値の貯蔵手段となる。データベースに対する負荷も少ないので、パブリッシャーは積み重ねられるアイテムへの制限はゆるめていいだろう。

●価値の貯蔵手段は**盗みにくい**ものでなくてはならない。有形の小さなオブジェクトは、大きくて目立つものより隠しやすく、安全に貯蔵できることは言うまでもない。トラベラーズチェックといわゆる登録証券には個人名が記録される。他人の手に渡っても、原理上は無価値なため、これらは盗難に対してより安全だ。

●価値の貯蔵手段は時間が経過してもほかの商品との**交換価値を保持**しなければならない。供給量が限られ、安定した需要のある商品はよい候補になる。フィンランド版のHabboでは、ターンテーブルが極めて安全な価値の貯蔵手段と考えられた。これは2002年に一度限りのキャンペーンの一環として出たからであった。ところが2006年、パブリッシャーは新キャンペーンとしてまたもターンテーブルをユーザーにプレゼントした。これによりターンテーブルのほかの商品との交換価値は急落し、ターンテーブルをため込んでいたユーザーは大打撃を食らった。

●そして当然、価値の貯蔵手段は**偽造が不可能**でなければならない。そう

いう機能が特別にプログラムされているのでない限り、仮想経済において偽造をするのは原理上、不可能だ。実際にはどのソフトウェアにもバグや脆弱性があり、アタッカーはそこを突いて、仮想偽造に近い行為を成功させることがある。Asheron's Call、「ウルティマ・オンライン」、そして「リネージュⅡ」などの初期のMMOゲーム経済は、デュープバグと呼ばれる、アイテムや仮想通貨を大量に増殖させるバグに悩まされた。これにより公式通貨の価値は崩壊し、その結果、ユーザーたちはデュープバグに汚染されておらず、よって価値を保持している商品を、商品通貨として自主的に採用するようになった。

　よい計算単位の重要な特性はひとつきりだ。時を経ても、ほかの商品に対する価値が安定していること。価値の貯蔵手段はその価値が下落しない限り有効だが、計算単位の場合にはその価値が著しく上昇されるのも困るのだ。理由は、計算単位の価値が大きくあがったりさがったりすると、同じものさしではなくなってしまい、その計算単位で表されているすべての価値を見直す費用がかかるからだ。ショップの値札の交換が必要になり、会計帳簿にある数字は過去の数字と比較ができなくなり、商取引はもう一度交渉からやり直しになるだろう。これらはすべて費用と手間がかかり、経済の効率をさげる。

◉デジタルマネーへの特別な考察
　硬貨、紙幣もしくは金塊など物理的通貨が取引の交換の媒介として使用されるとき、原則的にその取引のことを知っているのは買い手と売り手だけになる。金のやりとりはあるが、どちらかが領収書や帳簿に記録しない限り、取引の記録は残らない。対照的に、電子商取引ではほとんどの場合、サードパーティーが関与し、それもしばしば複数のサードパーティーが関わる。たとえば、オンラインストアから何かを買うのにクレジットカードを使うと、まずは支払い要請がクレジットカードの手続き処理会社へ行き、そこからクレジット会社へ転送されて支払いが承認され、その後、最終的に

手続き処理会社が銀行へ通知し、銀行は売り手の口座へ代金を入金する。これらすべてのサードパーティーが商取引のデジタル記録を保持し、ときには無期限に保管する。

　取引履歴は当局にとって有用だ。脱税や麻薬取引、資金洗浄〔マネーロンダリング〕などの犯罪、もしくは詐欺の疑いがある場合には、すべての商取引をあとから調べることができるからだ。犯罪者は自身の帳簿を改ざんすることはできても、サードパーティーの掌中にある取引履歴は変えることも消すこともできない。この理由から、犯罪者は**足のつかない**〔アンアカウンタブルな〕金、つまりサードパーティーに観察されない金を使いたがる。物理的通貨を完全になくし、支払いはデビットカード、モバイル決済、それにその他の足のつく〔アカウンタブルな〕方法を使うようにすれば、組織的犯罪にとって壊滅的な打撃となるだろう。

　しかし、説明する義務〔アカウンタビリティ〕には**貨幣に関するプライバシー**の喪失という悪い面がある。プライバシーは多くの文化で根本的に不可欠なものと考えられ、往々にして法的権利と見なされる。たとえ隠すものは特になくとも、人は寝室の窓にはカーテンを引き、お風呂に入るときはドアを閉める。さらに重要なのは、書類や会話にプライバシーがあることで、人は社会的重圧や処罰を恐れることなしに、親や上司、コミュニティ、もしくは政府と異なる意見を持つことができるようになるのだ。それゆえプライバシーは、少なくともある程度は、民主主義にとって必須である。

　プライバシーは金融取引にも行き渡らなければならない。いかがわしい雑誌の定期購読料や、地域の労働組合や社会民主主義団体の会費を払った事実は、状況次第で私的な手紙と同様にデリケートな情報になりうる。より日常的なレベルでは、妻を驚かせるためにプレゼントを購入したのに、渡す前にその中身を妻に知られたくはないだろうし、給料の額を人に明かすのもいやかもしれない。従って、われわれの支払いを処理するサードパーティーは、古くから銀行口座の秘密を守り、残高や取引を部外者に明かさないことを約束している。しかし、絶対に秘密を守るわけではない。民主主義社会では、法廷は犯罪に関与した人物の記録に捜査官がアクセスできるよう、銀行やクレジット会社に要請できる。このように、商業銀行通貨で

はプライバシーとアカウンタビリティのバランスがはかられようとする。

　もちろん、貨幣に関するプライバシーをみずから破りたいのなら、それを引き止める道徳的理由はない。貨幣のこの特性は**誇示性**（フローンタビリティ）と称せるだろう。これは貨幣の所有者が自発的かつ選択的に貨幣に関するプライバシーを破り、残高や取引をほかの人へ公開する能力だ。誇示性はふたつの理由から重要である。まず、融資へ申し込む際など、自分の資産額を証明できなければならない状況があることだ。次に、貨幣には交換価値のほかに、大きな社会的価値が付随する。つまり、ソーシャルサークルへの加入を可能にしたり、崇拝者や結婚相手を引きつけるのだ。現代の消費者文化においては、通常、人は消費スタイルを通して富をひけらかし、銀行預金を直接見せることはないが、歴史を通して貨幣は直接誇示されてきた。貝殻の首飾り、財布の中で硬貨がぶつかるジャラジャラという音、それにポケットに入っている財布のふくらみ。

　銀行が発行するあまり色気のない残高証明書を使えば、電子貨幣の残高を見せびらかすことは可能だが、デジタル通貨とオンラインゲーム通貨の多くは誇示性がほとんどない。その他のアバターの特性は、経験値とスキルから鎧と装備まで、たいてい誰からも自由に見られるが、貨幣は見られることはほとんどない。ゲームのディベロッパーが貨幣に関するプライバシーの理念を強く内在化したのは明らかだ。「ワールド・オブ・ウォークラフト」では、プレイヤーは1対1のトレード画面で自分のゴールドを相手に見せるとはいえ、これは一度に1人の相手にしか見せられない。もっと大勢にコイン残高を自慢したいのなら、スクリーンショットに取って投稿することはできる。しかしスクリーンショットは偽造が可能だ。われわれは、これを現在の仮想通貨の施行におけるささやかな欠点と考えている。

● 良貨の特性（グッドマネー）

　貨幣システムに望ましい特性は14にも達する。うち11は一般的特性で、残る三つは特にデジタルマネーの文脈において生じる特性だ。これらの特性を**表8・2**にまとめた。

表8・2　良貨の14の特性

1. 価値がある：ほかの商品やサービスと交換できる	
2. 代替可能：単位となるものの価値がどれも等しい	
3. 可分である：価値を失うことなく小さな単位に分けられる	
4. 検証可能な形で数えられる：貨幣の量を容易に確認できる	
5. 見分けがつく：ほかのものと間違えにくい	
6. 耐久性がある：時を経ても実用性を維持する	
7. 価値が安定している：時を経ても交換価値が大きく上昇も下降もしない	
8. 運びやすく扱いやすい	
9. 保管料（デマレージ）が低い：所持・保管にお金がかからない	
10. 盗まれにくい	
11. 偽造不可能	
12. プライベート：残高と取引を第三者が見ることはできない	
13. 誇示性（フローンタブル）がある：所有者によって自発的かつ選択的にプライバシーを破ることができる	
14. 説明できる（アカウンタブル）：法の施行のため、権限を持つ当局によってプライバシーを破ることができる	

■何が貨幣（マネー）に価値を与えるのか

　前節で、貨幣が持つもっとも重要な特性は交換価値であるとした——人々が貨幣と交換に商品やサービスを提供してくれるということだ。「Habboホテル」のプラスチックの椅子は商品貨幣の例であることは言及した。商品貨幣とは、交換価値がオブジェクトの価値にもとづく貨幣だ。商品貨幣は、銀行券のようにオブジェクトとしての価値はないが、政令によって代価として受領される**法定不換貨幣**と対比される。このセクションでは、貨幣が持つさまざまな価値基準を検証し、それぞれの長所と短所を論じる。

◉商品貨幣

　商品貨幣は歴史における最古の種類の貨幣だ。金、銀、そしてその他の金属は古代より世界中で通貨として利用されてきた。中世日本では米が富の尺度となり、古代フィンランドの狩猟採集民はリス皮を商品貨幣として使った。多くの言語で、貨幣を表す言葉は、貨幣として使われる商品そのものを指す。たとえば、ドイツ語の**ゲルド**（ゴールド）、フランス語の**アルジャン**（銀）、そしてフィンランド語の**ラハ**（動物の皮）。商品貨幣は単なる過去のものではない。第二次世界大戦時の戦争捕虜収容所では、煙草が通貨として登場した。現在の米連邦刑務所は禁煙となっており、収監者たちは鯖の切り身が入っていた袋を貨幣として使いだした[*2]。オンラインゲームでは、魔法薬のような仮想商品はしばしば通貨として採用される。

　貴金属は歴史上もっとも一般的な種類の商品貨幣である。価値と可分性があり、見分けやすく、そのうえ耐久性がある。だが金属を貨幣として用いる大きな問題は、純度に大きなばらつきがあることだ。同じ重さの金塊でも、金の含有量が半分ということがありうる。これは鉱物による貨幣の代替性と可算性を制限する。この問題は地中海東岸諸国もしくはインドで最初に考案された、貨幣制度の導入によって解決された。均一の純度の金属を等しい大きさの硬貨に鋳造し、そののち刻印することにより、ほかの大きさや純度の硬貨と区別できるようにしたのだ。商取引に利用される金属の価値の評価は、これにより硬貨を確かめ、枚数を数えるだけという簡単な仕事となった。この利便性の結果、成型されていない同量の金属と比べ、市場では硬貨に幾分高い価値がつけられる。

◉代表貨幣

　金のような軟質金属から作られた貨幣は徐々に摩滅する。これには自然消耗もあれば、誰かに渡す前に少しずつ削り取る者がいるせいもある。穀物のようなほかの商品は、重さに対して価値が低いため流通には向いていない。これらの問題は**代表貨幣**の考案によって対処された。代表貨幣とは、それ自体はほぼ無価値でありながら、どこかよそに貯蔵されている価値あ

る商品の所有権を法的に与えるものである。古代エジプトでは、農業労働者は王家の倉庫に穀物を預け、預託した分量を明記した受領書を受け取った。受領書はのちに穀物と引き換えることができた。同様に、18世紀後半のアメリカでは、銀行や個人は金を政府に預けて金証券を受け取った。この金証券は同量の金を引きだすのにいつでも利用できた。このため、金証券は"金と同じ価値がある"と考えられた。穀物の受領書と金証券はどちらも対象となる商品との交換価値を与えられ、現物の代わりとなる便利な貨幣の一形態として利用された。

　欧米の主要諸国と日本の自国通貨は、過去には公式に金や銀と兌換されてきたが、最後の金本位制であったブレトンウッズ体制は1971年に終了した。こんにち代表貨幣はインターネットで生き続け、一握りの会社がデジタル金本位通貨制度を運用している。このような制度では、オペレーターは金塊を専用の保管所に預け、各オンスごとにオーナー、つまりユーザーネームが紐づけされたデータベースを管理する。金の一部をほかのユーザーへ送るには、データベース上の情報変更をオペレーターへ依頼すればいいだけだ。金自体はそのまま保管所から動かない。

　商品以外の貴重品が代表貨幣となることもある。中世イギリスでは、王が合い札を発行した。この木片は臣民が支払う予定の税を徴収する権利を表し、王は国庫の金が乏しくなると、この合い札を使って債権者へ支払った。債権者は臣民から税を徴収することもできるし、自身の税金を合い札で支払うこともできた。また、合い札は交換の媒介としてそれ自体が取引もされた。

◉ 法定不換貨幣

　任意の金貨や金証券の交換価値はその商品の価値に根ざしているものの、実際に日常的に用いられる価値はそれらが商品やサービスへの支払いに広く受け入れられる事実にもとづいている。古代の支配者たちは、粗悪な金属から鋳造された硬貨に、金貨と同じ刻印を入れられることに気がついた。それを古い硬貨と同様に代価として受領するよう法律で定めればいいのだ。

同じように、米政府は保有している金塊の総額を超える金証券を発行し、それを代価として受領するよう法律で義務づけた。このように、貨幣は対象となる商品から切り離され、貨幣の受領を義務づける政令が新たな価値基準となる。このような方法で法律によって国家の支払い手段と定められた通貨は**法定通貨**と呼ばれる。

　支配者たちはしばしば法定不換貨幣を利己的な理由から導入した。安く作れてしかも額面価格は高い貨幣を製造することで、古代の君主は大きな収益を得ることができた。貨幣の商品価値と法定額面価格の差から生じるこの収益は、通貨発行益（シニョリッジ）と呼ばれる。同様に、政府はしばしば増収のために紙幣を刷る。これはあたかも無料で生みだされるかに見えるが、代償がないわけではない。政府が新たな紙幣を刷るたびに、政府と国民が所有する既存紙幣すべての購買力は減少する（**コラム8・1**参照）。結果として、紙幣増刷の効果は、国民から購買力を取りあげ、政府もしくは誰であれ新たな紙幣を受け取る者にそれを与える。このように、紙幣増刷は狡猾な課税法——見えない資本税だ。

　法定不換貨幣を作るには相当な政治力を要する。本質的な価値を持っていない象徴を代価として受領するよう、発行者は計画されている通貨圏の人々に強いるか、うまく説き伏せることができなければならないのだ。また、発行者は通貨の発行を完全に独占できる必要がある。さもなければ、利益はほかの誰かに渡ってしまうだろう（競合する発行者は、紙幣や硬貨が本物と見た目は区別がつかなくとも、偽造者と呼ばれる）。対照的に、金貨のような商品貨幣は政治的圧力なしに受領され、新たな金貨はその価値に影響を与えることなしに誰にでも鋳造できる（純度が等しい限りは）。ゲームにおいて、通常パブリッシャーはプレイヤーに特定の通貨を使用させることができる。たとえば、「ワールド・オブ・ウォークラフト」の"金貨"は法定不換貨幣と言えるだろう。これらのいわゆる仮想金貨には、資源として実際の機能はない。金貨ではあっても、指輪やネックレスの材料にはならないのだ。これらの価値は、ゲーム内での多くの商取引はほかの媒介を通しては行えないという事実にもとづいている。たとえば、オークションハウス

　貨幣数量説によると、物価は経済に流通している貨幣数量に左右される。人々が所有する貨幣数量が増加すると、その分価格もあがる（インフレーション）。人々が所有する貨幣数量が減少すると、価格はさがる（デフレーション）。この関係は正確には以下のように表記される。

$$M \times V = P \times Q$$

Mは流通している貨幣数量、Vは貨幣流通速度（貨幣がある期間に消費された平均回転率）、Pは価格水準、Qはある期間における取引量を示す。流通速度と取引量が同じと仮定して、貨幣数量の変化はそれに相応する価格水準の変化をもたらす。総購買力に影響はない。消費される貨幣はすべて以前と同じ数量の商品を買うのに費やされる。一方で、貨幣の価値には影響が出る。流通する貨幣が増加すると、1単位当たりで購入できるものという意味では、貨幣単位の価値がさがる。商人は値札の価格をあげて調整する必要が出てくるだろう。これは**インフレーション**として知られる。

のロボット支配人が受けつけるのは金貨による入札のみだ。

　エンドユーザー側から見た法定不換貨幣の大きな欠点は、その利用を義務づけている政治勢力が弱体化や消滅すると、たちどころに価値を失って、代価として受け取られなくなる恐れがあることだ。おもしろいことに、政令やその他の法規制なしに、法定不換貨幣が安定した取引価値を保っている珍しい事例がある。たとえば、"スイス・ディナール"紙幣［スイスで製造された上質のイラク・ディナール］は政府によって公式に放逐されたあとも、湾岸戦争後イラクのクルド地域で通貨として流通し続けた。紙幣の価値はコミュニティへの信頼のみによって保たれた。これは**コミュニティ法定不換貨幣**と呼べるだろう。

　一方で、エンドユーザーがほかの形態よりも法定不換貨幣を選択するに足る理由もある。ひとつは、法定不換貨幣はすり減ろうが、削り取られようがかまわないことだ。どれほどくたびれていようと、紙幣はそこに表示された価値を持つ。この意味では、法定不換貨幣は代表貨幣と同じである。

法定不換貨幣が商品貨幣や代表貨幣よりも好ましいもうひとつの理由は、流通している貨幣の量、つまりは貨幣供給量（マネーサプライ）を管理しやすくすることだ。前の節で、安定した取引価値は良貨の大切な特性とした。しかし、商品の価値は日によって大きく変動する。たとえば、金の価格は金脈の発見や、抽出法の発展、それに産業工程における金の需要によって影響される。ここ数年で金の価格は3倍になり、もしも金のトロイオンスが通貨制度の計算単位であったら大変なことになっていた（住宅ローンが3倍になるのを想像するといい）。それに引き換え、法定不換貨幣は随意に作ることも破棄することもでき、政府は交換価値、ひいては物価を安定させられる（**コラム8・1**参照）。第10章の金融政策で再度このテーマを取りあげる。

　仮想経済の場合、法定不換貨幣は必ずしも商品貨幣より有利であるとは限らない。仮想資源はすり減ったり、削り取られたりしないようデザインできる。また、随意に作ることも破棄することもでき、システムオペレーターは中央銀行が法定不換貨幣の価値を管理するのと同じ方法で、仮想商品貨幣の交換価値を管理することが可能だ。一方で、典型的な仮想経済では、商品貨幣は法定不換貨幣より有利な点は何もない。もしも個人でやっていた仮想経済が閉鎖したり、システムがクラッシュしたりすると、仮想商品貨幣は仮想法定不換貨幣と同様に確実に消える。仮想経済においては、法定不換貨幣と仮想商品貨幣の区別はそう重要ではない。

● 名目貨幣

　名目貨幣とは、貨幣、商品、もしくはサービスと引き換えられることが保証された、交換価値を持つ証書もしくはモノである。10ドルのアマゾンギフト券を考えてみよう。アマゾン以外での利用は保証されていなくとも、多くの人はこれを10ドルや9ドルの代価として受け取るだろう。いつでもアマゾンで利用できるのだから。名目貨幣の別の例としては、カジノのチップやゲームセンターのトークンがある。フィンランドのスーパーマーケットでは空になった1.5リットル用プラスチック容器を持っていくと、ひとつにつき0.40ユーロを払い戻してくれる。名目貨幣は代表貨幣とは違い、その価値

がどこかに保管されている物品に裏付けされているわけではない。名目貨幣は裏付けのない約束である。利用するには発行元への信頼が必要だ。

　19世紀アメリカの開拓地など、現金が希少な環境では、名目貨幣はおうおうにして貨幣の機能を持つことになった。名目貨幣は人から人へと渡り、発行元で換金されないままとなる場合もあっただろう。これは発行元にしてみればとても都合がいい。通貨として採用されながら換金されない名目貨幣は純益となるのだから。木材会社が従業員に発行していた社員食堂や社内売店で利用できる社内金券は、20世紀に入ってからも伐採作業員のあいだでしばらくは通貨として使われていた。

　実際、多くの法定不換貨幣の価値は部分的に名目貨幣をベースにしている。突然誰も彼もが代価としてドル札の受け取りを拒否したとしても、米政府は税金の支払いにドル札を受け取るはずだ。この意味ではドルの価値は税金によって"裏付け"されていると言える。同様に、「ワールド・オブ・ウォークラフト」でプレイヤーが遭遇するさまざまな種類のこまごまとした小さな税金や料金は仮想金貨によって支払われるため、金貨の価値を裏付けする。

　フェイスブック・クレジットは名目貨幣だった。クレジットはのちにフェイスブックを通して米ドルに換金できるため、フェイスブック用のアプリケーション開発会社は消費者から代金としてクレジットを受け取った。だが、フェイスブックはアプリケーション開発会社がクレジットを自分たち以外へ渡すことをできないようにした。その結果、フェイスブック・クレジットは木材会社の社内金券のように貨幣として利用することはできなかった。アプリ開発会社は、たとえば賃金の支払いにクレジットを利用することはできなかったのだ。これは貨幣そのものの特性ではなく、フェイスブックによって生みだされた**市場**の特性である。フェイスブックはこのシステムを廃止したが、最近、アマゾンは類似の特性を持つ新たなサービス、アマゾンコインの提供を開始した（根本的に異なる種類のデジタルマネーについては、**コラム8・2**を参照）。

　デジタル通貨の多くは通貨発行会社によって管理されるセントラルデータベースに保管されている取引記録である。支払いの際には、ユーザーは会社へリクエストを送信し、会社はユーザーに商取引を行う権限があるかを確認したあと、データベースにある支払人と支払先の勘定残高を取引にもとづいて更新する。これは銀行口座にあるドルやユーロ同様に、ゲーム通貨にも適用される。ビットコインは異なる。ビットコインは**分散型デジタル通貨**だ。セントラルデータベースに保管される代わりに、ビットコインの取引記録は全ユーザーのコンピュータに保存される。各コンピュータは P2Pネットワーク［コンピュータ同士がインターネット上で接続され、直接やりとりをする仕組み］でつながっている。支払いが行われると、原則的にネットワーク上のすべてのコンピュータに商取引が追記される。高度な暗号化技術により、ユーザーは自分が持っている電子マネーしか使うことはできない。アクセスキーのないデジタルマネーを使おうとすれば、ネットワーク上のほかのコンピュータが拒絶する。

　支持者たちはビットコインをしばしば金にたとえる。どちらも存在する量が厳密に限られているからだ。ビットコインの最大発行枚数は理論的には2100万となっており、本書執筆時にはうち1110万がすでに発行されている。ビットコインは“採掘”により発行される。これは数百万もの数字を試して特定の基準を満たす値を見つけるという、膨大な計算を要するアルゴリズムを組むことだ。ビットコインは採掘をする人が多いほど、掘りだすのが難しい仕組みになっている。このようにビットコインは金に似た性質を持つため、自由至上主義者、それに中央銀行に不信感を抱き、流通する貨幣数量を管理する能力を嫌悪する人たちから特に好まれる。ビットコインの流通量は誰にも管理されない。あらかじめデザインによって規定されているのだ。

　だが、アクセサリーや電子機器にも用いることができる金と異なり、ビットコインそのものにはなんの価値もない。ビットコインに価値があるのは、商品やサービスへの代価として受け取ってもらえるあいだだけだ。現在は多くの店がビットコインをさまざまな商品やサービスの代価として受け取っている。しかし、通貨価値が信頼を失ったり、当局によって受け取りを強制的にストップされたりすると、ビットコインは廃止された紙幣と同様に無価値になる。この意味では、ビットコインは法定不換貨に、厳密にはコミュニティ法定不換貨幣に分類される。その価値はコミュニティの強さ次第である。

　インターネット起業家で投資家のジェイソン・カラカニスはビットコインを“前代未聞の危険なプロジェクト”と呼んだ。ビットコインの商取引履歴はすべ

て公開されるものの、参加者はさまざまな方法を用いて個人名や商取引を追跡不可能にすることができる。これは極めて高いプライバシーをもたらすが、当局が取引履歴にアクセスするのを妨げる場合もあるだろう――スイス銀行の口座と同じだが、よりプライバシー性が高い。説明する義務の欠如により、ビットコインは早くも脱税や、麻薬やギャンブルなど違法の商品やサービスへの支払いに利用されている。この意味では、ビットコインは現金の性質を持ち合わせる。ただし、デジタルであるため、世界のどこへでもすぐに送金できる。ビットコインは P2P テクノロジーであることを考えると、閉鎖させるのは困難だろう。政府は恐れるべきであろうか？

　おそらくその必要はないだろう。ビットコインの主な強みは最大の弱点でもある。ビットコインは供給を管理する者がおらず、交換価値は需要を純粋に反映する。これは短期的にはメディアにあおられた投機的価格バブルへつながった。長期的には、ビットコインは本質的にデフレ傾向があることを意味する。つまり、利用されるほど、単位当たりの価値が上昇するのだ。たとえば、こんにちの経済で使われているユーロのうち10%をビットコインに置き換えるとすると、ビットコインひとつ当たりの価値が5万ユーロを超えることになる。現行価値およそ80ユーロ（100ドル）からその価値に達するには、ビットコインは約6万2500%価値をあげなければならない。しかしこの手のデフレーションは自滅的だ。消費より貯蔵が推し進められ、そもそも通貨の利用が広がるのを妨げてしまう。利用統計とわれわれの観察の両方が示唆していることだが、ビットコインの購入者の大部分は商取引での使用目的ではなく、価値があがるのを期待して通貨を保持している。商取引には、彼らはインフレ傾向のある自国通貨を使い続けている。

　欠点はあれど、ビットコインはほかのマネーシステムにとって、国家貨幣と仮想貨幣の両方にとって、学ぶところが大きい。国家貨幣とは対照的に、ビットコインは貨幣が備えるあらゆる種類の特性をアプリケーションに組み込む容易な方法をソフトウェア開発者に与え、貨幣に関わるイノベーションにすばらしいプラットフォームを提供する。また、資金提供者間の熾烈な競争をうながして、迅速かつ低価格の国境を越えた送金などの結果をもたらす。そしてほかのデジタル通貨と比較して、ビットコインの最大の魅力は分散型のデータベースにあり、ユーザーのマネーの預け先は単一の人物や企業ではない。たとえビットコインが裏取引用のマイナーな通貨となっても、すでにそのイノベーションと誕生時の勝利は次世代デジタルマネープロジェクトのインスピレーションとなっている。新たなデジタル通貨の誕生が耳に入る日はそう遠くないだろう。

● リアル通貨対仮想通貨？

　以上、何が貨幣に価値を与えるかという問題を検証し、四つの異なる種類の貨幣を特定した。これを**表8・3**にまとめる。

　ではバーチャルマネーはどうだろう？　これも貨幣の1種類ではないのか？前のセクションで、Habboのプラスチックの椅子は商品貨幣、デジタルゴールド通貨は代表貨幣、「ワールド・オブ・ウォークラフト」の金貨は法定不換貨幣、そしてフェイスブック・クレジットは名目貨幣であるのを見た。だがこれらもすべて、リアルマネーと対比させると、バーチャルマネーではないだろうか？

　リアルマネーとバーチャルマネーの違いはなんだろう？　片方はデジタルで片方はそうでないという話でないのは明白だ。仮想通貨の中には物理的なカードやトークンという形のものがあり、ドルとユーロの大半はこんにちでは銀行の会計システムにデジタル記録の形でのみ存在する。違いはそこにはない。リアルマネーのほうがバーチャルマネーよりも信頼できるという読者もいるだろう。なんといっても、リアルマネーは政府と銀行によって発行されているのだ。一方、仮想通貨は通常インターネット企業やその他の小さな団体によって発行されている。一般的な経験則から言えば、これは正しいかもしれないが、根本的な違いではない。国の法定不換通貨であっても、仮想通貨と同様に完全に価値を失う危険はある。そしてこれは実際に起きている。最近では、一般的な理解によると"リアルマネー"だったジンバブエ・ドルは、2005年に急激なインフレに陥った。インフレ率は2008年には2億%を超え、ジンバブエ・ドルは2009年に放棄された。この4年のあいだ、ほぼすべての"仮想"通貨はジンバブエ・ドルに比べたらよほど信頼できる価

表8・3　貨幣の種類と価値の源

1. 商品貨幣:交換以外の何かに利用できる価値を持つ
2. 代表貨幣:価値のある何かの所有権を表す価値を持つ
3. 法定不換貨幣:法令や慣習により、品物やサービスの代価として一般的に受領される価値を持つ
4. 名目貨幣:何か価値のあるものと引き換えることを保証する者がいるために価値を持つ

値の貯蔵手段だっただろう——オンラインゲームの仮想金貨も含めて！　ここでわれわれが実際に話題にしているのは公的な貨幣と私的な貨幣の違いだ。つまり政府発行の貨幣と個人が発行した貨幣。だが私的な貨幣を"バーチャル"と呼ぶと、私設の貨幣鋳造所で鋳造された金貨もバーチャルマネーとなる。

　世間一般で考えられていることに反し、仮想通貨とリアル通貨に根本的な違いはない。米ドルと「ワールド・オブ・ウォークラフト」の金貨はどちらも法定不換貨幣だ。これらふたつのマネーの大きな違いは**通貨圏**のサイズにある。経済学者たちは通貨圏を任意の通貨が支払い手段として受領される地理的領域と定義する。通貨によって支払い可能な異なる商品やサービスの集合体とも理解できるだろう。米ドルはさまざまな幅広い場所や店舗で、多くの種類の商品やサービスの支払いとして受け取られ、存在する最大の通貨圏という称号をユーロと争う。しかし「ワールド・オブ・ウォークラフト」のオークションハウスはドルで支払いできない場所のひとつだ。対して、「ワールド・オブ・ウォークラフト」の金貨の通貨圏はごく小さい。ゲーム内で仮想商品やサービスを購入することはできても、ほかではほぼ利用できない。ゲームに関連していない商品やサービスをゲーム内金貨で売る者はいるが、住居や食料、住民税控除をゲーム内金貨で売る者は聞いたことがない。この理由から、給料の支払いにはいまだ米ドルとその他の国家通貨が好まれる——これはそのほうがより"リアル"だからではない。通貨圏の大きさの違いは単に程度の違いであって、根本的な質の違いではない。規模においては小規模な国家通貨に匹敵する通貨圏を持つ仮想通貨も存在する。第1章で見た中国のＱコインはその例と言えるだろう。中国人民銀行がこのデジタル通貨に対して行動を起こしたとき、それはその仮想性に対してではなく、そのリアルさ、そのリアルな経済的影響に対してだった。本書で使われるバーチャルマネーとリアルマネーという言葉は、それぞれ"通貨圏の狭いマネー"、"通貨圏の大きなマネー"という意味であり、ほかの含意はない *3。

■仮想経済のための貨幣デザイン

前の節では、貨幣のデザインスペースの概要を説明した。貨幣として利用されるあらゆるモノもしくは記録は、少なくとも交換価値を持たねばならず、これを達成する四つの手段の概略をまとめた（**表8·3**）。また、良貨が持つべきその他14の特性をあげた（**表8·2**）。これらは仮想経済のための貨幣デザインにどのように適用すべきであろうか？　教科書的な経済学者であれば、単にすべての特性を最大化するすべを模索するだろう。貨幣が優秀であれば、市場もより効率的になるからだ。関心のように性質上希少なリソースを分配する市場や、パブリッシャーが収益をあげる目的でユーザーに仮想商品を販売する市場で利用される通貨をデザインする場合には、これらの市場の効率的な運営が望まれるため、可能な限り優秀な通貨を作るのが良い考えとなるだろう。特性の一覧をチェックリストとして使い、自分が作る通貨がそれぞれの項目でうまく機能するよう確かめればそれでいい。

だが、仮想通貨が利用される状況はこれらだけではない。多くの場合、デザインされる通貨は仮想市場でのユーザー間商取引で利用される。そしてこのような市場の目的はユーザーを魅了し、楽しませることであり、必ずしも高い効率性は求められない。これらの目的を満たすには、教科書的な経済学をひっくり返し、良貨ではなく悪貨をデザインする必要がありそうだ。

●悪貨のデザイン
（バッドマネー）

2006年、Habboのプラスチックの椅子はフィンランド版Habboのユーザーが利用できるもっともいい貨幣だったが、決して優秀な貨幣ではなかった。価値があり、代替可能で、耐久性もあったものの、欠点もいくつかあった。可分性には少々欠けていた。おつりをぴったり渡すのが難しいのだ。支払う側は椅子をひとつずつトレード画面へドラッグせねばならず、扱いづらかった。インベントリ内で場所を取った。トレード画面や自分のインベントリにある椅子の数はほかでは表示されず、手作業での計算になるため、間違いのもととなった。貨幣として利用される基本の椅子は、極めてレア

だがよく似た家具、アーミーチェアと混同された。商品貨幣としてほかの物品に対するプラスチックの椅子は絶えず流動的であったため、プラスチックの椅子で表される価格は定期的に再評価する必要があった。

2007年、Habboのパブリッシャー、Sulake社はユーザー間の商取引で原則的に新貨幣のHabboクレジットを利用できるよう変更を導入した。Habboクレジットはパブリッシャーとユーザー間市場ではすでに貨幣として利用され、ユーザーはSulake社のカタログから新しいアイテムを購入するのに使っていた。これは名目貨幣であった。Habboクレジットはカタログのアイテムと交換できることから価値があり、よってそれらの物品に対する交換価値は完全に安定していた。注意深くデザインされた公式通貨であったため、Habboクレジットはすべての面において、とりわけ利便性では、プラスチックの椅子よりすぐれていた（表8・4を参照）。ユーザー間の取引で利用可能になると、新貨幣はすぐにプラスチックの椅子に取って代わって、ユーザーのあいだで使われる通貨となった。

すぐれた貨幣は効率的な市場をもたらし、すなわちそれは異なるコンテンツがもっとも高くそれを評価する者へ分配されることを意味する。数十もの椅子をいちいちトレード画面へドラッグするのはとにかく面倒で、それがなくなったことにより取引はスムーズになった。一方で、よりすぐれた貨幣が登場したために消えていった効率の悪さの中には、ユーザーがそれ自体を楽しんでいるものもあった。さまざまな物品の価値をプラスチックの椅子で表し、価値の違いを議論することは、一部のユーザーにとって大切なアクティビティであった。Habboクレジットが導入されると、カタログに記載されているアイテムに関しては、このアクティビティは不必要になった。椅子が可分性に欠ける結果として、おつりをぴったり渡せないことは、ユーザーが取引を完了するのに交渉し、値切る必要があることを意味していた。可分性の高い通貨の導入は、そのようなやりとりの必要性をなくした。

Habboの場合、新貨幣のプラス面はマイナス面を上回っていただろう。効率性の更新は、ゲーム内で大規模な建築物を作るビルダーやアイテムを集めるコレクターのように、頻繁に取引をするユーザーにとっては重要だ。彼

表8・4　フィンランド版Habboの新旧貨幣<ruby>比べ</ruby>

	プラスチックの椅子	Habboクレジット
1. 価値がある	イエス（商品貨幣）	イエス（名目貨幣）
2. 代替可能	イエス	イエス
3. 可分である	やや	イエス
4. 検証可能な形で数えられる	やや	イエス
5. 見分けがつく	やや	イエス
6. 耐久性がある	イエス	イエス
7. 価値が安定している	やや	イエス
8. 運びやすく扱いやすい	ノー	イエス
9. 保管料が低い（デマレージ）	やや	イエス
10. 盗まれにくい	イエス	イエス
11. 偽造不可能	イエス	イエス
12. プライベート	イエス	イエス
13. 誇示性がある（フローンタブル）	イエス	イエス
14. 説明できる（アカウンタブル）	イエス	イエス

らから見れば取引はあくまで手段であり、それ自体が目的ではない。効率性とエンゲージメントのトレードオフについて、貨幣デザイナーが心にとどめておくべきここでの教訓は、効率性が自動的に最善の選択になるとは限らないことだ。たとえば、気の利いた貨幣デザイナーなら、意図的に貨幣を盗まれやすく、偽造されやすくし、ゲームにリスクと信頼という新たな要素を持ち込むかもしれない。たとえ仮想商品の分配が最適ではなくなっても、この新たなコンテンツの魅力はその埋め合わせとなるだろう。しばしばユーザーにとっての仮想商品の価値とは、実際に所持していることにではなく、苦労して手に入れることにある。この観点から見ると、貨幣は取引を刺激的にするぐらいには「悪く」あるべきだが、合理的である程度には

よくなければならない。犯罪と信頼は第7章で論じた。魅力的で社会的<ruby>インタラクション<rt>ソーシャル</rt></ruby>をうながす悪貨のデザインについて、その他のアイデアを以下に述べる。

● 代替性の低い<ruby>貨幣<rt>マネー</rt></ruby>

　代替性に欠ける通貨をプレイヤーに強制して、何が楽しいだろう？　硬貨の歴史を考えてみよう。こんにち、ひとつのユーロ硬貨はほかすべてのユーロ硬貨と同じであり、受け渡しする硬貨にいちいち用心する必要はないため、取引は円滑に進む。しかし金貨や銀貨の時代には、同等の価値があるべき硬貨でも、実際には価値が低い可能性があった。硬貨が削り取られていたり、すり減っていたりするかもしれないからだ。硬貨を査定する知識と道具がなければ、取引のたびに価値の低い硬貨をつかまされる恐れがあるのだ。

　この構造をゲームに取り入れるとどうなるだろう。2種類の硬貨があるとする。よい硬貨と悪い硬貨だ。見た目はまったく同じだが、悪いほうはノンプレイヤーキャラクター（NPC）は受け取ってくれないため、利便性が低い。区別をつけられるのはごく一部のプレイヤーだけだ。これはまったく新たな信頼という要素を経済に持ち込む。よい硬貨をくれるはずだと友人を信頼するか？　あのNPCは信頼できるか？　悪い硬貨をもらってしまったら、素知らぬ顔でほかのプレイヤーに渡すか、それとも正しいことをして鋳造し直させるか？　このようにゲーム経済はにわかにより<ruby>社会的<rt>ソーシャル</rt></ruby>になる。

● 見分けのつけにくい<ruby>貨幣<rt>マネー</rt></ruby>

　通貨の代わりに間違って超レアアイテムを手放してしまったら、ショックを受けるだろう。しかし意図的にデザインされた場合には、見分けのつけにくさはおもしろい要素となる。「スカイリム」のような、こんにちのファンタジーゲームすべてにおいて、どれほど奇想天外な世界が描かれようと、そこで使われる通貨は金属製の丸い硬貨で、ひと目で貨幣と認識できる。しかし硬貨鋳造の歴史を紐解くと、さまざまな文化がこんにちのわれわれ

の目から見ると、とても貨幣だとわからない数々の独創的なデザインを生みだしてきた。たとえば古代中国の刀銭（とうせん）は、小刀の形をした貨幣だ。その少しあとになると中国の貨幣は自転車のカギに似た形になった。ゲームをよりおもしろくするために、あらゆる種類のモノが取引される世界で、プレイヤー自身が通貨として利用されているものを観察力を駆使して発見するようにするのは、やりがいのあるチャレンジとなるだろう。

● 運びにくい貨幣（マネー）

　とてつもなく重い金塊のように、動かすのが大変な富をどうしたらおもしろくできるだろう？　どうするかと考えること自体がおもしろくもなりうるし──ならないかもしれない。この問題の解決に役立つ楽しい機能をデザイナーがつけ足すこともできるだろう。たとえば「エバークエスト」では、魔法の袋を買えば、どんなものでも中に入れると重さがなくなる。

　ゲームデザインにおいて、われわれが知る限りいまだ掘りさげられていない、重たい貨幣の非常に有益な点はこれだ。重量は経済のバランスを取る上で排出先（シンク）の代わりもしくは補完となる。ゲーム経済においてよく見られる問題に、長くやっているうちにプレイヤーが裕福になりすぎて、どこへ行こうと目に入るものはなんでも簡単に買えるようになり、ゲームがつまらなくなるというものがある。これは新規のプレイヤーにも悪影響を及ぼしかねない。大量の貨幣を携帯して長い距離を移動するのを難しくすれば、課税などのようにプレイヤーから嫌われるシンクに頼ることなく、この問題に対処できるだろう。『クリスマス・キャロル』に出てくる守銭奴スクルージみたいに、自宅に大量の貨幣をため込んでいようと、はるかな異郷へ冒険に出るときには、プレイヤーの購買力は携帯できる金額に限られる。

● 耐久性に欠ける貨幣（マネー）

　有効期限のある通貨の美点は、15世紀スペインの歴史家ダンギエーラによるこの言葉に説明される。

おお、人類に甘き豊かな飲み物を生みだし、持ち続けることも、土中
　に隠すこともできないために、貪欲という地獄のごとき害悪から持ち
　主を守る貨幣に幸あれ。

　彼の言っているのは、メキシコの先住民が貨幣として使っていたカカオ豆
のことだ。スペインからの開拓者はこれをばかげた考えと受け取った。カカ
オ豆は数カ月で腐ってしまうではないか。だがダンギエーラはカカオ豆こそ
完璧な貨幣だと反論した。カカオ豆なら、ため込むことはできず、早く使
わなければならない──それにいざとなればホットチョコレートにすればい
い！ 耐久性のある貨幣はすぐれた価値の貯蔵手段となるが、ため込んで
もらいたくない場合、消費をうながしたい場合もある。不完全な耐久性は、
それを実現するひとつの方法となるだろう。だが単位によって劣化の程度
が異なってくるため、通貨の代替性にも影響が出ることを忘れないでおこ
う。

● プライベート性の低い貨幣

　ユーザーが自分の意思で口座の残高をほかのユーザーに見せることがで
きる、誇示性の利点についてはすでに論じた。貨幣が完全に公のものとなり、
誰もが他人の資産を見ることができたらどうなるだろう？ 悪い側面（見方
次第でよい側面とも言える）は、公になることで窃盗に遭いやすくなるこ
とだ。より興味深い側面は、社会的インタラクションと取引が活性化され
ることだろう。「チームフォートレス2」では、さまざまなサードパーティ
ーツールを使うと、ほかのプレイヤーのインベントリが見られるようになる。
貨幣を大量に所有していると、ほかのプレイヤーが接触してきて、いろい
ろな商品を売りつけようとするだろう。だが、持ち合わせがないからと彼
らを追い払うことはできない。いくら持っているかは相手に丸わかりなの
だから。

　これらの例が示すように、よい貨幣を作る特性をひっくり返すことによ

り、興味深いさまざまな欠陥を抱えた貨幣を作ることができる。しかしながら、本章は警告の言葉をもって締めくくろう。悪貨の実現性には限界がある。ユーザー間市場で利用できる通貨があまりに非効率的だったり、利用費がかかったりすれば、ユーザーは代わりに自国貨幣を交換の媒介として使いかねない。「ウルティマ・オンライン」で偽造（複製）により公式通貨が無価値になった際、多くのユーザーは城のように大きな資産は手頃な商品貨幣ではなく、米ドルで取引するほうがよほど便利だと感じた。無許可のリアルマネートレードがすべて不正目的で行われるわけではない。中には効率性を求めて行われるものもあるのだ。

*1
マネーシンクについては第9章で、金融政策については第10章で論じる。

*2
Scheck (2008).

*3
貨幣の歴史、利用法、種類そして特性を掘りさげるには、Galbraith (1975) がよい資料となる。ジョン・ケネス・ガルブレイスは20世紀後半を通し北米で影響力を持っていた経済学者、社会派知識人。電子、その他のマネーシステムに関しては Zorpette et al. (2012)、North (2007) と Ingham (2004) を参照。

第9章 —— *Chapter 9* マクロ経済デザイン

　ここまで本書では仮想経済を作りあげるいくつかの構成要素を取りあげてきた。経済主体とその行動、財、市場、インスティテューション、そして貨幣。この章では、これらの構成要素を組み合わせて仮想マクロ経済を形づくる方法を考える。加えて、ほぼあらゆる仮想経済において要となるふたつの構成要素を紹介したい。新たな商品と貨幣を経済に流し入れる "蛇口" と、商品と貨幣を流通から排出する "シンク" だ。

■マクロ経済的メタファー：輪と水道管

　マクロ経済の研究では、政府の活動がどのように市場と取引に影響するかの理解に役立つ、経済全体の概念モデルを学ぶ。それが富の輪だ。だが仮想経済学では、ディベロッパーや管理者はみずからの仕事の概念を語るのに別の言葉を用いる。彼らが使うのは**蛇口**（供給源としても知られる）と**シンク**（排出先としても知られる）というような言葉だ。ここではこれを水道管モデルと名付ける。それぞれのモデルはマクロ経済の異なる側面に焦点を当てる。

●輪モデル
　富の輪モデルでは最上部に企業がある——これはものを作る存在だ。一番下にあるのは家計——ものを買って消費する存在だ。商品は企業から家計へと流れる。商品の代金の支払いに、お金は家計から企業へと流れる。これが起きるのはすべて**図9・1**の右側となる。

　これと同時に、図の左側では家計と企業は別の商取引に関わり、これは図の右側を反映する。ここでは労働が家計から企業へと流れる一方、賃金

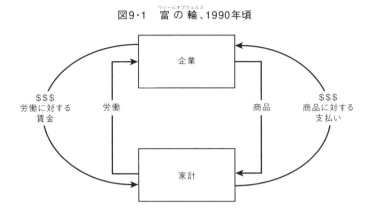

図9・1　富の輪、1990年頃

労働に対する賃金　$$$　　労働　　　商品　　　$$$　商品に対する支払い

企業

家計

としてお金が企業から家計へ流れる。商品と労働は右回りで、お金の流れは左回りとなるわけだ。

　輪モデルは経済の基本的事実を考える上で役に立つ。まず、本質的には、お金は重要ではないということ。経済とは本質的には人が労働し、ものを作り、それを消費することである。お金は良くも悪くも労働と消費を促進するだけだ。ところが実際には、人はお金に執着し、それ自身に社会的価値を持たせる。次に、このモデルでは**企業**と**家計**は**人々**を表す呼称であるだけだ。企業と家計のあいだに必ずしも対立はなく、どちらも人間の集合体であるのは変わらず、単に役回りが異なるだけだ。

　三つ目に、輪モデルは、現実世界の経済マネジメントにおけるもっとも複雑な問題のひとつをクローズアップする——**規模**だ。この基本的な輪はどのような規模でも同じように機能する。ジャガイモ掘りをして労賃を稼ぎ、その金で食料用のジャガイモを買うひとつの家計でもいい。または、数千とは言わないまでも、数十種類の貨幣を使って購入される巨大な価値を作るために、無数の方法で働く70億もの人々かもしれない。どのように輪を大きくするか？　経済学者の議論は続く。常に機能する答えは見つかっていない*1。

◉水道管モデル

　仮想経済をデザインする人々はマクロ経済の異なるモデルを発達させた。
水道管モデルでは、商品やサービスはいちばん上にある蛇口から経済に流
れ込み、しばらくぐるぐる回ったあと、底にあるシンクを通して経済から流
出する。**図9・2**はこれを図解した。

　水道管モデルの概念は、国家経済と仮想経済、それぞれの管理者が受け
持つ制御範囲の顕著な違いを明確に描きだす。国家経済の管理者が扱うの
は中央の輪のみである。仮想世界の管理者は、望むならば輪を扱ってもい
いが、輪をぐるぐるとめぐるものに影響を与えることもできる。仮想世界
の管理者は蛇口を開けることもシンクを閉じることもでき、これにより商
品やサービスが経済を通って流れる割合を変えられる。国家の政策決定者
たちは、シンクや蛇口に影響を与えることはほぼ不可能だ。彼らはそこを
通過するものを生産することも破壊することもしない。世界はあるがまま
だ。だが仮想世界の管理者は生産と破壊を、費用をかけることなく意のま
まにできる。これは将来の見通しと実際の行動の範囲に非常に大きな違い
を生じさせる。

図9・2　富の水道管、2010年頃

デジタル財およびサービス

ユ　ザ

デジタル財およびサービス

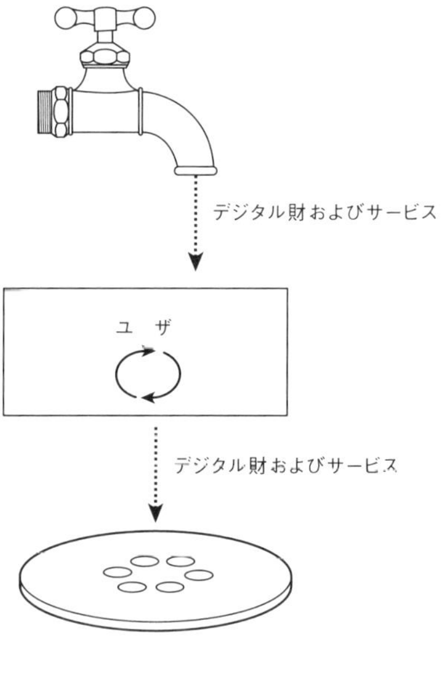

水道管モデルは仮想経済の管理者が実際にどれほど制御できるのかを示している。仮想世界によってアイテムが生産されるスピードはコントロール可能だ。また、個々のアイテムの利便性はアプリケーションデザインによって変えられる。管理者が望むなら、自身も経済に参加することもできる一方、コンピュータ制御の"商人"や"ストア"に代行させることもできる。これらは自発的に売買しているように見えても、実際には管理者が設計する人工知能のパターンに従って動作している。課税もできるが、どれぐらいで商品が使用不可能になるかを決めることもできる。水道管モデルでは、この巨大な範囲の活動がひと目でわかる。

　次の節では、仮想マクロ経済を組み立てる輪と水道管を、さまざまな構成要素を用いて設計する方法を詳説する。

■輪の組み立て

　輪は仮想経済の内部部品である。仮想貨幣と商品が蛇口からシステムに流れ込むところから、仮想貨幣と商品がシンクを通してシステムから排出されるまで、輪は全活動を包含する。仮想経済によっては、たいした活動はないものもあるだろう。レベルアップ時にパワーアップアイテムを購入・消費するモバイルアーケードゲーム［通常シングルアクションからなるシンプルなゲーム］には、そもそも輪は存在しない。蛇口とシンクのあいだにあるのはプレイヤーのインベントリのみだ。だが参加者がお互いの貢献への報酬に仮想ポイントを使うオンラインコミュニティや、仮想交易がゲームコンテンツの一部となっているマルチプレイヤーゲームでは、輪は多くの構成要素からなる複雑なシステムになりうる。

　仮想経済の構築に利用する経済主体、商品、そしておそらくは通貨を、デザイナーが決定したと仮定しよう。輪を作るのにここへ加える必要がある構成要素は、ユーザー間市場とインスティテューションだ。市場とインスティテューションはエージェント間の商品と通貨の流れを生みだす。それらはデザイナーが輪に求める役割によって選択される。まずは市場を考えてみ

よう。市場の種類ごとのデザインと機能は第3章から第6章で論じた。その
まとめとして、ユーザー間市場を利用して達成できることをここに示す。

●**コンテンツの提供**。個人のレベルでは、ユーザー間市場はそれ自体がすぐ
れたコンテンツになりうる。イーベイや地元のフリーマーケットでの売買を
趣味にしている人もいるだろう。仮想商品のための市場は、同様の楽しさ
を提供できる。掘り出し物を探すわくわく感、発見の楽しさ、交渉して値
切るときの活気、手に入ったときのうれしさ、売れたときの満足感、そし
て顧客に喜んでもらう充実感。本物の人とのやりとりがあれば、たとえ仮
想経済活動であっても、純粋なシングルプレイヤー経済よりももっと意義あ
るものに感じられる。

●**ユーザー制作コンテンツの促進**。より高いレベルでは、市場はユーザーの
活動を一カ所にまとめ、相互依存させる。これは力強さと新規性の絶え間
ない発生源となるだろう。市場力をめぐってさまざまなグループが競争・
協力し、ユーザーたちは戦略をめぐらせることになる。その一方で、競争
的なユーザー間市場はネガティブな体験につながりかねない。ゲームの目
的が楽しむためではなく稼ぐためになり、競争によって好きなアクティビ
ティからの報酬が減り、ほかのユーザーとよりも数字とのインタラクションが
増加する。

●**異なる好みの支援**。言うまでもなく、どのタイプのコンテンツを好むかは
ユーザーによって異なる。ユーザー間市場では、仮想商品はそれをもっと
も望むユーザーに与えられる一方、商品の希少性は保たれる。また、市場
は特別なスキルや取引体験には報酬を与え、ユーザーのスキルや体験の特
化を支援する。たとえば、ゲームではユーザー間市場はクラスシステムと対
になっている。それぞれのクラスは1種類の商品の生産に特化され、ほかの
商品は別のクラスから市場で購入する。

●**ユーザーによる貢献の奨励**。専門知識やレベルデザイン、もしくは仮想ア
イテムなどユーザーによって制作された商品が含まれる経済では、ユーザ
ー間市場はユーザー同士がお互いに報酬を与える場所となり、さらなる貢

献を奨励する。また、ユーザーはこんなものがあれば買うという意思を明示することにより、まだ存在しない商品の制作を奨励できる。いったん作られたら誰もが利用できる資源や公共財にも、同様のメカニズムが適用される。アカウント用画像のように単独の買い手のもとへ渡る特注アイテムにも同じことが言えるだろう。

●**希少なリソースを最適に分配**。最適という言葉はときに厄介な問題だ。もっとも広義なレベルでは、経済的最適の追求は一部の読者に警戒心を抱かせることだろう。**最適**が何を意味するかは、哲学的議論の余地が多々ある。富が最大化された社会か？　完全なる平等か？　環境への影響の最小化か？　もっとも狭義のレベルでは、最適な分配がそこまでの議論を呼ぶことはない。それは単に"最大の価値をつける者にリソースが与えられるようにすること"を意味する。人間社会全般の目標は別として、キュウリを育てて市場へ出す費用をおおよそ反映した価格で、キュウリを食べたい者が買えるようにすべきだという点には全員が同意するだろう。リソースを無駄にするのは悪い考えだということには全員が同意するはずだ。灌漑しようというのに、砂漠から始めることはない。

　市場の流れとは別に、商品と貨幣はインスティテューションやその他の非市場分配メカニズムを通してユーザー間をめぐる。これらは第7章で詳しく論じた。先の議論をまとめていくつか説明を加えると、インスティテューションは以下の達成に役立つことがわかる。

●**コンテンツの提供**。市場と同じく、非市場インスティテューションはそれ自体がすぐれたコンテンツになりうる。新たな組織を作ること、ほかの人たちと密接に働くこと、ランクをあげること、より大きなものの一部となること、地域の慣習に参加すること、もしくはほかの者たちに物質的サポートを与えることだけでも、すべて意義のある楽しい体験に直接結びつく。

●**ユーザー制作コンテンツの促進**。ユーザー間市場と同様に、ユーザー間インスティテューションはユーザーの活動を相互に強く結びつける。組織の拡大を目指す個人、力を確保して類似のものに淘汰されないようにするイ

ンスティテューション、そして強制的なインスティテューションの束縛から逃れようとする個人、これらはすべてダイナミズムとノベルティの変わらぬ原動力となる。このようなダイナミズムが形となって現れるのが、たとえばマッシブ・マルチプレイヤー・オンラインゲームで大勢のユーザーが参加するギルドや連合だ。一方で、インスティテューションはネガティブな体験のもとともなる。同調圧力、楽しみではなく義務による参加、そしてお互いへの過剰な依存だ。

●ユーザーエンゲージメントとリテンションの向上。インスティテューションは責任と義務を作りだすため、ユーザーがサービスに参加する頻度と長さを向上させることができる。はじめてログインしたユーザーは、インスティテューションからプレゼントをもらうことにより、自分もほかのユーザーへお返しをする義務を感じ、再度ログインする可能性が高まる。組織のメンバーになったユーザーは、仲間をがっかりさせないよう、定期的にログインしなければと感じるだろう。組織のリーダーは、コンテンツに興味を失ったあとも、組織での義務を果たすべくサービスにログインし続けることがある。悪い点としては、こういう仮想組織の務めを果たすには膨大な時間をゲームに費やすことが求められかねないため、ときには日常生活が破綻する危険がある。

●デザインの埋め合わせ。ユーザー制作のインスティテューションが、仮想経済デザインや実　装（インプリメンテーション）における深刻な問題の埋め合わせとなった例は多々ある。新規ユーザーの体験を向上させた仮想観光案内所や、超インフレに陥った公式通貨の代わりに登場した仮想商品貨幣はその代表的な例だろう。

◉輪（ウィール）の組み立て

　市場とインスティテューションを使って簡単な輪（ウィール）を組み立ててみよう。ドラゴンスレイヤーと武具師、ふたつのクラスのプレイヤーエージェントがいるゲーム経済を想像してほしい。ここには2種類の商品がある。ドラゴンのうろことドラゴンの鎧（よろい）だ。さらには通貨もある。ゴールドだ。ではここで市

図9・3 ドラゴンスレイヤー経済のマクロ経済的輪

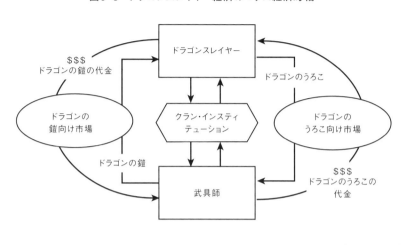

場をふたつ用意しよう。ひとつはドラゴンのうろこ用、もうひとつは鎧用だ。実際には、どちらの市場も両方の種類の商品を扱うオークションハウスに収められる。輪は以下のように機能する。ドラゴンスレイヤーはドラゴンのうろこを取ってきて武具師に売る。武具師はうろこから鎧を作製する。ドラゴンスレイヤーはそれを武具師から買って、防御に使う。商品は手から手へと渡り、貨幣は循環する。デザインの観点から見ると、ふたつの市場の目的はプレイヤーにやることを提供し、彼らの仮想経済活動にやりがいを与えることだ。自分が生み出すものを欲しがる人がいる、という実感だ。

　ここにインスティテューションを加えてみよう。氏族だ。この経済においてクランは原則的に相互保険機構であり、クランの宝庫係から（ドラゴンの炎に装備を破壊された）ついていないメンバーにいたるまで、全員に援助を提供する。クランに加わったばかりの新規プレイヤーには補助金も出される。クランの宝庫をいっぱいにするため、各メンバーには戦利品の一部をクランに収めることが求められる。これはクランの役人が徴収し、同じ役人が補助金も交付する。デザインの観点から見ると、このインスティテューションは新規プレイヤーがゲームをより楽しめるようにし、偶然に左右されるゲームの構造を穏やかなものにして、社会的絆と責任を生みだし、エンゲ

ージメントとリテンションを向上させる。

　しかしクラン・インスティテューションは見た目ほど単純ではない。クランは大きければ大きいほど、メンバーには経済的保証が与えられ、リーダーの名声はあがるため、クラン同士は自然と競い合うようになる。そして同盟が組まれ、誓約が破られる。こうして新たなタイプのコンテンツ、クランの権力闘争がゲームに誕生するのだ。クランを作る表向きの理由、相互保険は単なる口実で、デザイナーはクランと権力闘争を生みだすために、相互保険が必要になるよう意図的に仕向けたのかもしれない。

　ドラゴンスレイヤー経済で組み立てた輪を図9・3に示した。

■水道管の組み立て：蛇口とシンク

　前のセクションでは商品と通貨を経済に循環させる方法を紹介したが、それらがどのように経済に入り、どの時点で出て行く可能性があるのかには言及しなかった。理屈の上では、仮想経済には仮想物質（マテリアル）の在庫が一定量あり、それが循環し続けられるはずだ。実際にはこれは難しい。どこであれ輪（ウィール）の部分の1カ所に支障（ボトルネック）があれば、ほかの部分も停止してしまうからだ。「ウルティマ・オンライン」のデザイナーはこれを身をもって知った。一部のユーザーが商品をため込みだし、その結果、経済に循環する物質（マテリアル）が減って、ユーザーはいっそう蓄積に励むようになりシステムの停止を招いた。このため、「ウルティマ・オンライン」はこんにちの仮想経済の大半が使っているモデルに転換した。それが、新たなものを循環に加える蛇口とそれを排除するシンク付きのモデルだ。

　蛇口とシンクはいくつかの目的に利用される。報酬とゲームの難易度を調整すること、循環している商品数のユーザー数の変化に応じた調整、仮想商品と通貨をユーザーに販売し収益を取得すること、特定の活動の奨励、などなどだ。これらの目的については次の章でふたたび扱い、仮想経済全体の働きの一環として蛇口とシンクのバランスを取る方法を論じる。この章では、ゲームやその他の仮想経済で利用される蛇口とシンクの主な種類を

紹介し、それらの良い点と悪い点を簡単に考察する。

　経済に取り入れる蛇口とシンクを選ぶ際には、三つの判断基準がある。ひとつは有効性だ。これは商品を経済に加え、そして取り除く能力を意味する。ふたつ目は調整機能。どれほど予想通りに流れを調整できるか。三つ目はユーザーの心証。たとえ経済の長期的健全性のためであっても、商品が手に入れにくく、失いやすくなれば、ユーザーは喜ばないだろう。もっとも効率的で調整機能の高いシンクは往々にして、ユーザーの受けがもっとも悪い。だが本当にすぐれたシンクはユーザーが受け入れやすいだけでなく楽しむことができ、コンテンツの重要な部分となる。多くの仮想経済は、いくつかの種類の蛇口とシンクを組み合わせて利用することで、アクセプタンスを保ったまま、高いレベルの有効性と調整機能を実現する。

●商品と貨幣のための蛇口

　昔ながらのMMOゲームでの典型的な蛇口は**ドロップ**だ。プレイヤーがモンスターを倒すと、報酬としてアイテムや通貨がどこからともなく落ちてくる。アイテムや通貨はクエストの報酬としても与えられる。モバイルゲームやタブレットゲームなどほかのタイプのゲームでは、ドロップは仮想ビルから得られる収益や、仮想の野原で集めた草花といった具合に別の形を取る。基本的な仕組みは同じままで、ゲームプレイのアクションと引き換えに、新たな商品や通貨が得られる。この蛇口は三つの方法で調整できる。ひとつ目の方法は、ゲームプレイのアクションをより難しくすることだ——たとえばモンスターをより強くする。ふたつ目は、ユーザーがアクションを実行できる頻度の調整だ——たとえばモンスターの発生頻度を減らすなど。三つ目は"ルートテーブル"、つまりアクションによって与えられる報酬の調整だ。これらの微妙な調整はユーザーにはほとんどわからないだろう。だが調整により、さまざまな種類のプレイヤーが多岐にわたる影響を受けかねない。

　ソーシャルゲームやモバイルゲーム、それに非ゲームサービスでも、仮想商品と通貨は**インセンティブ**としてもユーザーに与えられる。これは友だちの勧誘、毎日のログイン、もしくはゲーム内広告への反応など、ゲームプレ

イに直接関係のない行動を奨励するのが目的だ。仮想経済デザインの三つの目的の観点から言うと、これらはユーザーの新規獲得、維持、そしてマネタイズの向上を目指すもので、ユーザー体験の内容への貢献はない。コンテンツの魅力を損なわずにこれらの目的を達成するのは非常に難しく、非ゲームプレイアクションへの報酬レベルは往々にして制限される。

　仮想環境の中には、ユーザーが新たな仮想商品を一からデザインできるものもある。この本ですでに紹介した例として、「セカンドライフ」、IMVU、そして「チームフォートレス2」がある。「セカンドライフ」では、ユーザーが作った新しいデザインは経済内で実際のオブジェクトになり、制作者が望むならいくらでも複製までできる。このように「セカンドライフ」では希少性の管理はおおかたユーザーの手に委ねられている。自作のオブジェクトを売って金を稼ぐ場合、通常アイテムの希少性を保つようにする。「チームフォートレス2」では、プレイヤーのデザインがそのまま経済内で実際のオブジェクトになることはない。デザインが承認されると、そのデザインにもとづくオブジェクトが通常の蛇口を通して経済に登場しはじめる——この場合にはドロップだ。つまり、ユーザー制作のコンテンツは、実際の蛇口として実行することもできるし、自動的な蛇口はつけずに、デザイン要素として実行することもできるわけだ。原則として、ゲーム経済には後者のほうが安全だ。これは希少性を決める権限がパブリッシャーにあるためである。非ゲームサービスであれば、前者はよりおもしろい選択肢となるだろう。

　ビジネスの観点から見ると、こんにちのフリートゥプレイ（F2P）ゲームとオンラインサービスでもっとも重要な蛇口は、パブリッシャーが仮想商品と通貨をユーザーに販売する、パブリッシャー・ユーザー間市場だ。このような市場のデザインと機能は第3章と第4章で詳しく検証した。この章では、水道管におけるその役割のみを論じる。パブリッシャーが商品と通貨をリアルマネーで販売するいわゆる**キャッシュショップ**は、ユーザーのドルやユーロにとってはシンクの役目を果たすが、仮想貨幣と商品にとっては蛇口の役目となる。流れを調整するには、商品の価格と入手しやすさを調整する。アバターチャットサービス、Habboでは、コレクター向けアイテムは

しばしば数時間から数週間の期間限定で販売され、そのあとはカタログから姿を消す。期間限定品はユーザーの購買意欲を刺激するものの、それにより需要が急激に高まる可能性もあり、販売量の予測はつけにくい。流れを管理するもうひとつのやり方は、単純に販売数を限定し、その量に達したら販売をやめることだ。

　ユーザーが自国の通貨ではなく仮想通貨を利用する、パブリッシャー・ユーザー間市場は、商品にとっては蛇口となり、仮想通貨にとってはシンクとなる。このような**仮想ショップ**でバランスを取るのは至難の業だ。商品の流入を調整するために商品価格を変更すると、流出する通貨量にまで影響する。需要の弾力性次第で、商品の値上げは経済から流出する通貨を増やすことにもなるし（支払額が増えるため）、減らすことにもなる（買い控えが起きるため）。このことから、効果的なコントロールのためにはいくつか異なる蛇口とシンクが利用できることの重要性が明らかになる。

　MMOでプレイヤーが無価値なアイテムをノンプレイヤーキャラクター（NPC）に売るように、ユーザーが仮想商品をパブリッシャーに売って仮想通貨を得る行為は、商品にとってはシンクとなり、通貨にとっては蛇口となる。

　最後に、**新規ユーザーへの寄贈**は、商品と通貨の両方にとって、小さいながらも重要な蛇口だ。通常ゲームの新規ユーザーは少額のキャッシュと基本のアイテムを与えられる。Q&Aサイト、Quora（クォーラ）では、新規ユーザーは500クレジットを与えられ、回答者への報酬に使うことができる。

◉貨幣のためのシンク

　経済に蛇口をつけ忘れると、たちどころに明白になる。だが経済にシンクが不足しても、ぱっと見には気づきにくい。最初のうち、ユーザーはむしろそれを歓迎さえするだろう。しばらくして商品が溢れかえるようになった頃には、問題はすでに山積みになっている。仮想商品や通貨をリアルマネーで売るパブリッシャーにとって、結局のところシンクは収益を生みだす場所でもある。シンクがあるために、ユーザーは商品や通貨を再度購入

する必要があるのだ。われわれが行っているコンサルティングの仕事で、仮想経済デザイナーに与えるおそらくもっとも一般的なアドバイスは、シンクの増設を考えてみてはというものだ。ふつうシンクの増設は難しくはない。難しいのは、ユーザーの怒りを買わないシンクを作ることだ。

　原則的に、ユーザーがパブリッシャーやパブリッシャー側（NPCなど）に支払う代価、税、手数料はすべてシンクだ。明白なマネーシンクのひとつは、パブリッシャーがユーザーに商品を売る、パブリッシャー・ユーザー間市場だ。使用される通貨次第で、リアルマネーとリアルマネーで購入される"ハードカレンシー"からゲームプレイを通して手に入る"ソフトカレンシー"まで、パブリッシャーが運営するショップはあらゆる通貨のシンクになる。バランスの観点から見ると、唯一のマネーシンクとしてパブリッシャー・ユーザー間市場に頼ることの問題は、それが同時にアイテムにとっての蛇口である点だ。アイテムの在庫から独立したマネーシンクをも備えた仮想経済はより広い調整幅を持つ。

　パブリッシャーからユーザーへのアイテム販売と関連のない一般的な仮想通貨シンクには、**サービスへの支払い**、**時間制料金**、それに**商取引税**が含まれる。サービスへの支払いは、例えば「ワールド・オブ・ウォークラフト」では仮想装備の修繕費や航空輸送費、Quora（クォーラ）では質問をより多くの人々に見てもらう費用、それにフィンランドのソーシャルネットワーク、IRC－Galleriaでは自分のプロフィールを目立たせる費用のことである。時間制料金とは、毎月のプレミアムメンバーシップ料金や仮想商品のメンテナンスコストを指す。商取引税は、ユーザー間の仮想商品取引に課される税だ。ユーザーの心証の観点から見ると、オークションハウスのようなインスティテューション的仲介手段が関わる交換メカニズムを通して行われる商取引に、税や手数料が課されるのは当然だ。直接1対1で行われる商取引に税や手数料を課すのは反発を買いかねず、通常は行われない。

　商取引税はプラットフォームによって仕組みが異なる。「ワールド・オブ・ウォークラフト」では、オークションハウスによって幅があるが、落札価格の5%から15%が徴収される。「イブオンライン」では、証券取引風の市場

を通したすべての取引に、1.5%の消費税がかけられる。1%未満の追加の仲買手数料を払えば、これまでに出ているオファーに応じる代わりに、新たな売り注文や買い注文を残すことができる。Habboでは、バイアウトハウススタイルの市場に1%の消費税と定額の登録手数料が課される[*2]。

　通貨にも**有効期間**を設定することができる。多くのゲームとオンラインチャットサービスには、"クリスマスの雪の結晶"というような季節の通貨が登場する。これらはキャンペーンが終了するまでのあいだ、さまざまな方法で集めて限られた数の用途に使うことができる。より高度な常設のシステムとして、ひとつひとつの通貨に有効期間終了のタイマーをセットするのもいいだろう。こういう種類の有効期限のある通貨は第8章で紹介した。カカオ豆や卵のように有効期限のある資源が通貨として使われた例は歴史上いくつかあるが、仮想経済ではほぼ前例がない。そのような通貨の主要な特性は長期間貯蔵できないことで、それにより消費がうながされる。しかし有効期限のある通貨の問題点は代替性に欠けることだ。新鮮な卵と1カ月経つ卵では、価値が等しいとは言えない。このため支払いが複雑になる。紙幣には毎年証印を押して、その有効性を更新する例も歴史の中に見受けられる。この場合、証印が増えるたびに額面の価値が減り、それにより消費がうながされる。これは本質的に資産税と同じで、毎年一定の割合の貨幣が流通から取り除かれる。これなら仮想経済でも実行しやすく、極めて効率的なマネーシンクとなるが、ユーザーの支持は得にくいだろう。

◉商品のためのシンク

　流通から商品を取り除くのに、ディベロッパーは巧妙で興味深い方法をいくつも作り出した。ユーザーの支持を得られるかどうかは、結局は場合によるが、それらの方法がユーザーからどれほど受け入れられやすいかには大きな差がある。もっとも一般的で興味深いシンクと、われわれが考案したデザインをいくつか紹介する。

●**アイテムに有効期間がある**。韓国のソーシャルネットワーキングサービス、「サイワールド」は仮想商品収益モデルのパイオニアであり、販売する仮想

プロフィールのデコレーションは90日で消える。これは経済から商品を取り除く簡単なやり方で、予測通りに機能し、極めて調整しやすい。もっともユーザーの心証の上では問題になるかもしれず、アイテムの購買意欲を損なう恐れがある。商品が消えるため、購買の動機としてコレクション目的は最初から排除され、"仮想アンティーク"というレア商品が誕生することもない。つまり、ユーザーが競合のサービスへ乗り換えるのを思いとどまる要素がないのだ。物的経済においても有効期間はアイテムシンクとして使われ、経済学者には"人為的価値の下落"もしくは"人為的耐久性"として知られる。

●**使用によりアイテムが劣化もしくは消耗する**。「ウルティマ・オンライン」では、多くのツールやアイテムは使用によって徐々にすり減り、最終的には消滅する。これにより、プレイヤーが作製するアイテムへの需要は常に確保される。モバイルアーケードゲームでは、パワーアップ系の課金アイテムはたいてい一度しか使えず、使用後は消滅するため、再購入の必要がある。これにより、アーケードゲームは少ないアイテム数にもかかわらず、うまく収益化することができる。このシンクには有効期間と同じ利点と難点がある。ユーザーの心証の観点から見ると、ツール、爆弾、食べ物などのように、ゲームのストーリーに沿って劣化するアイテムのほうがユーザーには受け入れやすいだろう。

●**アイテムを陳腐化する**。これは間接的なシンクで、アイテムはなんの問題もなく使用できるが、まわりを変えることにより、ユーザーにとっての価値を失わせる。第2章で、仮想商品はほかの商品や環境との相関的な関係から価値が決まりがちであると論じたのを思い出していただこう。対戦型格闘ゲームであれば、強力な武器が新たに登場すれば、古い武器は時代遅れとなって陳腐化する。アバターにさまざまな着せ替えができるソーシャルゲームでは、季節のファッションを宣伝することで、3カ月ごとに前のファッションは古くさくなって陳腐化する。陳腐化によりアイテムそのものが損なわれることはないものの、インベントリスペースの不足や、リサイクルの機会などという理由から、ユーザーは進んで古いアイテムを処分する。こ

のアイテムシンクも物的経済^{マテリアル}では頻繁に利用され、経済学者には計画的陳腐化として知られる。

●**アイテムにメンテナンスコストがかかる**。これはアイテムシンクとマネーシンクの両方である。価値のあるオブジェクトを所持し続けるため、もしくはなんらかの特性や数を保つためには、ユーザーは代価を払うか、決められたやり方で商品を消費しなければならない。代価の支払いをおこたれば、オブジェクトや特性は失われるか劣化する。ユーザーは自分からオブジェクトを手放すことにより、代価の支払いを中止することもできる。一般的に、メンテナンスコストはユーザーには人気がない。典型的なメンテナンスコストはペットにやる餌の購入だが（**コラム9・1**を参照）、宇宙船で大量の貨物を運ぶには追加の燃料が必要になるなど、メンテナンスコストをより目立たなくすることもできる。

●**インベントリの大きさが限られている**。インベントリに入るアイテム数には

コラム 9・1

Habboにおける仮想ペットのメンテナンス

以下は仮想世界でのアバターチャットサービス、Habboのウェブサイトに掲載されたHabboペットの紹介文からの引用である。

ペットがずっと元気で健康でいるにはお世話が必要です。ペットのために必要なものは、すべてカタログのペットアクセサリーのページにあります。ペットは1日に何度かおなかをすかします。ペットフードには単品とお得な6個セットがあります。ペットが餌を食べ終えるには少し時間がかかります。健康なペットは1日1食でじゅんぶんです。ペットは空腹になったり、喉が渇いたりすると、餌やお水入れを探します。見つかると、満足するまで食べたり飲んだりするでしょう。部屋に餌がないときは、あなたのHabboへやって来て、あなたの注意を引こうとします。ペットは風邪を引いたり病気になったりすることはありませんが、お世話をしてもらえないと元気がなくなります。餌を与えないでいると、ペットは悲しげな顔になって衰弱し、最後は1日中眠ったままになります。

限界があり、いっぱいになったあとは新たに何か手に入れるたびに、古い
ものを捨てなければならない。これにより流通するアイテム量は効果的に制
限されるが、新たな購入やアイテムの入手をユーザーに思いとどまらせるか
もしれない。この制限は"ソフト"にもできる。つまり、インベントリスペー
スの追加購入や、制限を超えたアイテムにはメンテナンスコストを支払うな
どのオプションをユーザーに与えるのだ。インベントリの制限は多くのゲー
ムに見られ、ユーザーからもそういうものだと受け入れられている。ほかの
シンクと比べて、インベントリの制限は"トゥインキング（twinking)"（レベ
ルの高いプレイヤーが強力なアイテムを新規のプレイヤーやキャラクターに
与える行為）をうながすだろうが、これは通常は望ましくない。

●**パブリッシャーがユーザーからアイテムを買い戻す**。MMOではアクティビ
ティに意義を与えるため、ノンプレイヤーキャラクターが低価値のアイテム
をプレイヤーから買い取る *3。ユーザーにしてみれば、これは言うまでもな
く容易に受け入れられるが、これにより経済に新たなマネー蛇口が取りつ
けられるため、対応するマネーシンクでバランスを取る必要がある。フリー
トゥプレイゲームでは、リアルマネーアイテムをもとの購入価格の数分の一
でユーザーから買い取るとか、ユーザーが新しい商品を購入するときに古
いものを下取りするなどできるだろう。

●**ユーザーが古いアイテムをリサイクルして新しいアイテムに変えられる**。古い
アイテムを一定数集めると、新品のアイテムひとつと交換できるというオプ
ションをユーザーに与える。これにより、循環している総アイテム数は減少
する。この取引を魅力的にするには、新品のアイテムはもちろん価値のある、
ほかの方法では入手しづらい商品でなければならない。このシンクは本質
的には前のセクションで述べた一種の 変 換（トランスフォーメーション）であるが、循環からより多
くのオブジェクトを取り除くようデザインされたものだ。リサイクルには三
つの種類がある。**透明なリサイクラー**では、ユーザーはリサイクルにより得
られるものを知っている。これは実際には、原材料からアイテムを作ること
や、ノンプレイヤーキャラクターとの物々交換（バーター）を意味するだろう。**ミステリ
ーリサイクラー**では、リサイクルによって何が得られるかははじめは謎だが、

実験することでわかるようになる。これは魔法薬を混ぜて新たな薬を作るようなものだろう。**モンテカルロリサイクラー**ではリサイクルによって何が出るかは決まっておらず、よいアイテムほど出る確率は低くなる（**コラム9・2**を参照）。これはお金の代わりにアイテムを当てる宝くじのようなものだ。これに関して経験豊富なパブリッシャーの話によると、適切に調整されたモンテカルロリサイクラーはもっとも効率よくユーザーにアイテムを捨てさせる。これは驚くことではないだろう。報酬が運任せで決まるのは人のギャンブル嗜好をくすぐる。ミステリーリサイクラーは何を入れると何が出るかを発見するのにユーザー同士が競い合い、協力するため、それ自体がよいコンテンツとなるだろう。

●**放棄されたユーザーアカウント**、すなわち、"ゴールドを埋蔵したまま死亡"。ユーザーがサービスをやめてアカウントを放棄すると、ユーザーが残したア

コラム 9・2

エコトロン、仮想リサイクルマシン

2007年、Habboはエコトロンという仮想リサイクルマシンを発表した。仮想家具やその他のリアルマネーアイテムをじょうご型の挿入口に投入すると、1時間後、ダンボール箱に入った新品のアイテムが出てくる。当初、エコトロンは透明なリサイクラーだった。出てくるものは5種類で、アイテムを何個投入すれば何が出てくるかは決まっていた。2009年、エコトロンはプログラム変更を経てモンテカルロリサイクラーに生まれ変わった。アイテムを5個投入すると新品がひとつ出てくるが、何が出るかは投入されたアイテムに関係なくランダムで決まる。Habboのウェブサイトより確率表の抜粋を以下に掲載する。"都市伝説"レベルのアイテムはユーザーのあいだで垂涎の的となった。

レベル1：ふつう（たいていはこれが出ます）
レベル2：レア（5回に1度の確率で出ます）
レベル3：とてもレア（40回に1度の確率で出ます）
レベル4：超レア（200回に1度の確率で出ます）
レベル5：都市伝説（2000回に1度の確率で出ます）

イテムは循環からすべて取り除かれることになる。これは経済指標を算出する際に考慮に入れるべき消極的シンク^{（パッシブ）}だ。

●**仮想アイテムを外部の利益と交換できる。**サービスをやめるユーザーが、集めた仮想アイテムを友人や新規ユーザーに譲るケースがあるが、通常これは望ましくない。譲られた側はこれらを自分で集める意欲をなくすからだ。自分が持っている仮想財産を清算できるようにすることで、これは避けられるだろう。そのためには以下のやり方がある。仮想財産との交換に、仮想経済の外で価値のある何かを報酬として与えるのだ。その"何か"は、オンライン版栄誉の殿堂入りでもいいし、広告パートナー提供のギフトカード、パブリッシャーが相応の額を寄付する約束、もしくはユーザーが使っていたアバターの3Dプリントでもいいのだ。

◉変　換

　仮想経済のプロセスの一部は、あるものにとってはシンクであるのと同時に、ほかのものにとっては蛇口となる。ここではそれを変　換と呼ぶ。通貨を商品に変　換するパブリッシャー・ユーザー間ショップについてはすでに論じた。ゲーム経済においては、いわゆるクラフティングシステムでも多くのトランスフォーメーションが見られる。クラフティングシステムとは、ユーザーが原材料からパンや金属などを作りだすことだ。たとえば、「ワールド・オブ・ウォークラフト」では、適切なクラフティングスキルを持ったキャラクターは銅鉱石を銅棒に変換できる。また銅棒と錫棒を合わせて青銅棒に、青銅棒にタイガーズアイクリスタル2個を合わせてフライングタイガーゴーグルに変換できる。このようなトランスフォーメーションチェーンでは、一部のオブジェクトは経済から取り除かれ、ほかのオブジェクトが取り入れられる。トランスフォーメーションチェーン全体の効果は経済学者が投入産出表と呼ぶ表を使って見ることができる。

　表9・1は投入産出表の一例だ。これは「ワールド・オブ・ウォークラフト」のフライングタイガーゴーグルにもとづいているが、より興味深くするためにここでは原料として石炭を加えた。表は以下のようになっている。デザ

表9・1 投入産出表の一例

供給	最終需要	中間需要 フライングタイガーゴーグル 原材料需要(単位当たり)	合計(原材料需要)	青銅棒 原材料需要(単位当たり)	合計(原材料需要)	錫棒 原材料需要(単位当たり)	合計(原材料需要)	銅棒 原材料需要(単位当たり)	合計(原材料需要)	合計需要
フライングタイガーゴーグル	1,000									1,000
タイガーズアイクリスタル	500	2	2,000							2,500
青銅棒		1	1,000							1,000
錫棒				1	1,000					1000
銅棒				1	1,000					1000
錫鉱石						1	1,000			1000
銅鉱石								1	1,000	1000
石炭				2	2,000	1	1,000	1	1,000	4,000

イナーは各タイプの最終製品にユーザーからどれだけの需要があるかを見積もり、その数を"最終需要"欄に入力する。次に各タイプの最終および中間製品の材料需要を"中間需要"欄に入力。すると"合計需要"欄に各タイプの原材料がどれほど必要になるかが示される。この例では、目もとの保護にフライングタイガーゴーグルは1000、ギフトや装飾にタイガーズアイクリスタルは500の需要があると見込まれている。これらの商品を製造する工程で、石炭4000ユニットが消費されることがこの表からわかる。それにもとづいた石炭用の蛇口が用意されなければならない。

■仮想マクロ経済の組み立て

　これまでに紹介した蛇口とシンクを**表9・2**にまとめた。

　この章でデザインに取りかかったドラゴンスレイヤー経済に戻ろう。輪を^{ウィール}取りつけるところまでは進んだ。これに蛇口とシンクを加えてデザインを完成させよう。このゲームではドラゴンがうろこをドロップする。それを最初の蛇口としよう。武具師はドラゴンのうろこを鎧に変換するスキルを持っている。このトランスフォーメーションはうろこにとってはシンクに、鎧にとっては蛇口になる。最後に、鎧が経済から出て行く方法が必要だ。これがないと、鎧が山積みとなって価値を失う。もっとも論理的なシンクは、ドラゴンスレイヤーが身につけている鎧は時々ドラゴンに破壊されるというものだろう。これで経済内にある商品ごとに蛇口とシンクがひとつずつ用意できた。

　うろこと鎧の取引に使用する通貨、金貨にも蛇口が必要だ。いちばんシンプルな方法はドラゴンにドロップさせることだろう。トールキンの『指輪物語』、そしてそれより昔から、ドラゴンは黄金をため込むとして知られて

表9・2　仮想商品と通貨用の蛇口とシンク

	仮想通貨	仮想商品
蛇口	ドロップ、インセンティブ、キャッシュショップ、ユーザーがパブリッシャーへ商品を売り戻す	ドロップ、インセンティブ、キャッシュショップ、仮想ショップ、トランスフォーメーション
シンク	仮想ショップ、サービスへの支払い、商取引税、時間制料金、メンテナンスコスト、有効期間、資産税	有効期間、劣化、消耗、陳腐化、メンテナンスコスト、インベントリのサイズが決まっている、パブリッシャーによる買い戻し、リサイクル、外部の利益との交換、アカウントの放棄、トランスフォーメーション

表9・3　ドラゴンスレイヤー経済における蛇口とシンク

	金貨	ドラゴンのうろこ	ドラゴンの鎧
蛇口	ドラゴンからのドロップ	ドラゴンからのドロップ	うろこから変換
シンク	商取引税	鎧に変換	ドラゴンに破壊される

226

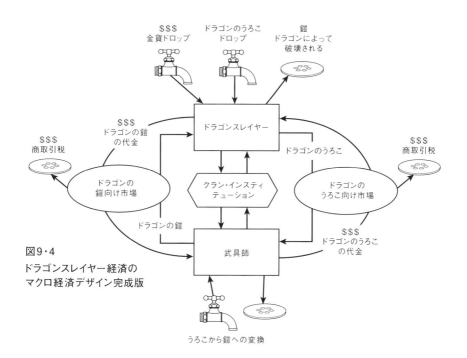

$$$
金貨ドロップ

ドラゴンのうろこ
ドロップ

鎧
ドラゴンによって
破壊される

$$$
ドラゴンの鎧
の代金

ドラゴンスレイヤー

ドラゴンのうろこ

$$$
商取引税

$$$
商取引税

ドラゴンの
鎧向け市場

クラン・インスティ
テューション

ドラゴンの
うろこ向け市場

ドラゴンの鎧

$$$
ドラゴンのうろこ
の代金

武具師

図9・4
ドラゴンスレイヤー経済の
マクロ経済デザイン完成版

うろこから鎧への変換

いるではないか。シンクのほうは、ユーザー間市場に商取引税を課して循環から金貨を吸いあげよう。これで経済内にある商品と通貨ごとに蛇口とシンクがひとつずつ用意できた。これは実行可能な最小限の水道管（パイプ）だ。**表9・3**にこれをまとめた。

　これでマクロ経済デザインが完成した。先にデザインした輪（ウィール）とここで案出した水道管（パイプ）からなる全体のデザインを**図9・4**のフローチャートに記した。

　これはあくまでデザインの簡単な骨組みである。実際にはこのようなゲームでは通常さらに大きな蛇口とシンクが必要になる。たとえば、新規ユーザーには少量の商品と通貨が与えられるだろう。ノンプレイヤーキャラクターによるショップは古くて価値のない鎧をユーザーから買い取る。それに、当然ながらもっと多くの商品やキャラクタークラスがあるため、より大きな輪（ウィール）が必要になるだろう。このように増やしていくと、経済全体の詳細をフローチャートに記すのはどんどん難しくなる（もっとも不可能ではない。

ディベロッパーにあ然とするほど巨大なフローチャートを見せられたことがある）。だがフローチャートを使わずとも、ここで紹介した方法の要点は次のようにまとめられる。

1. マクロ経済デザインの課題を構成要素ごとに分ける。デザイン全体は輪^{ウィール}と水道管^{パイプ}に分けられる。輪は市場とインスティテューションに分けられるだろう。水道管は蛇口とシンクに分けられる。構成要素ごとに分けて考えれば、全体の課題が扱いやすくなるはずだ。はるかに複雑な仮想経済であっても、経済をサブシステムにまで分解し、ここで説明した方法を用いて個別にデザインすることは役に立つだろう。サブシステムレベルではフローチャートも理解の助けとなる。

2. 全体図における各構成要素の目的を理解する。市場、インスティテューション、蛇口、そしてシンクはさまざまな目的のために利用でき、それらの目的は最終的にコンテンツの制作、ユーザーの勧誘、それにマネタイズに集約される。各構成要素ごとに明確な目的を与えれば、のちのちそれが機能しているかを評価できる。これは次の章で再考する。

　この章では、経済全体の組み立てに必要な行程を取り扱った。輪^{ウィール}は貨幣と商品を経済に循環させる商取引を表している。水道管^{パイプ}は経済の構成要素の全体的成長と数量の割合を表す。次の章では、数字について論じる。生きた仮想経済のマネジメント法と、蛇口とシンクのバランスの取り方だ。

*1
国家経済の輪（フロー循環図）モデルと経済成長の数々の理論に関しては、Mankiw（2009）など定評のあるマクロ経済学入門書を参考。

*2
定額の登録手数料は、薄商いの大きなアイテムの出品者にはたいしたことはなくても、頻繁に取引される小さなアイテムの出品者にはこたえるだろう。興味深いことに、Habboの市場である**バイアウトハウス**は、薄商いの大きなアイテムよりも、頻繁に取引される小さなアイテムに向いている。デザインに若干のずれがあるようだ。交換メカニズムについては第5章で詳しく論じている。

*3
ノンプレイヤーキャラクターを買い手や売り手として利用することによって市場を活性化する方法は、第3章で論じた。

第10章 —— *Chapter 10* マクロ経済のマネジメント

　前の章ではさまざまな構成要素を組み合わせて仮想マクロ経済を作りあげる方法を示した。この章では、生きた仮想経済の管理法を見ていく。ここで取りあげる重要なテーマは、仮想経済の状況の評価法、望ましい方向への舵の取り方、そしてそもそもその望ましい方向を見極める方法である。それとともに、国家経済と企業の評価とマネジメントの仕方の一部も見てみよう。

■パフォーマンスマネジメント

　まずは企業の活動はどう管理されるべきかという観点から、仮想経済管理_{マネジメント}を考えよう。ここでは企業会計およびマネジメントの研究が利用できる。これはパフォーマンスマネジメントというフレームワークのもとで企業活動を検証するもので、もっともよく知られているものは**バランストスコアカード**［キャプランとノートンが提唱した業績評価システム］だろう[*1]。この方法によると、マネジメントのためには目標を持たねばならない。つまり、何を目指しているかという具体的内容だ。第1章では仮想経済デザインのもっとも重要な目標をまとめたが、ここでそれをおさらいしよう。

1. コンテンツ制作。仮想経済が持つ要素は、シングルプレイヤー向けのおもしろいコンテンツを形づくることもできるし、ユーザー制作コンテンツを生みだす枠組み_{フレームワーク}の役目を果たすこともできる。また仮想経済が持つ要素は、ユーザーやサードパーティーのディベロッパーが新たなコンテンツを作るよう直接的にうながすインセンティブの提供にも利用できる。仮想経済が持つ要素、中でも適切に設計された仮想所有権と市場は、コンテンツや関心_{アテンション}

という希少なリソースがもっとも価値ある用途に向けられるようにするのに利用できる。

2. 関心（アテンション）：ユーザーを引きつけてとどめる。仮想経済の特性により、ユーザーを引きつけるためにコンテンツの一部を無料で提供する一方で、有料のユーザー向けコンテンツを取っておくこともできる。仮想商品と仮想通貨は友人紹介やロイヤルティ（忠誠心）に対するユーザーへの報酬にも利用できる。仮想商品は囲い込みを生みだす傾向にある。競合サービスへ乗り換えると、仮想財産に投資した時間とお金を失うからだ。

3. 収益化（マネタイズ）。仮想経済が持つ要素は、仮想商品と仮想通貨を売ってリアルマネーを稼ぐことにより、コンテンツと関心（アテンション）を収益に変換するのに利用できる。サブスクリプションやアドバタイジングなど、その他の収益モデルを利用するサービスでは、仮想経済はユーザーのコンテンツへのアクセス率を調整することで収益に貢献できる。与えられるコンテンツの中身が少なすぎるとユーザーは飽きてゲームから去ってしまう。だが新たなコンテンツを次々と与えていると、コンテンツが底をつき結果としてユーザーは早く離れる。

　焦点は経済によって、パブリッシャーによってさまざまであるが、仮想経済を運営するほとんどの目標はこれらの主なカテゴリーのもとに収まるだろう。では目標を定めたら、目標との関わりからシステムがどれほどうまく機能しているかをいかに調べ、パフォーマンスを向上させる方法をどうやって見つければいいだろうか？　パフォーマンスマネジメントの文献によると、各目標は少なくともひとつの**成果尺度**（**測定基準**としても知られる）と関連づけられなければならない。これは目標との関わりからパフォーマンスを評価するのに利用できる具体的データのもとである。たとえば、関心（アテンション）は、ユーザーが1週間に何時間サービスに費やすかを調べれば明確になる。目標の全側面をカバーしていなくとも、部分的な成果尺度から欠点を洗いだすほうが、なんの指針もないよりはるかにましだろう。また、それぞれの尺度は**短期目標**（ターゲット）と関連づけられなければならない。これはパフォーマンスを比較する尺度である。たとえば、マーケットレポートから類似のサービスにユ

ーザーが費やす時間は1週間当たり5.5時間だとわかったため、自社の短期目標（ターゲット）を10時間に設定するといった具合だ。

ではパフォーマンスを向上させる方法はどうやって見つけるのか？　それにはいいパフォーマンスにつながる**因果連鎖**を明確にする必要がある。たとえば、総合的関心（アテンション）がいいパフォーマンスを収めているのは、新規ユーザー獲得がとりわけ順調だからだとする。新規ユーザー獲得が順調なのは、友人紹介で新たな加入者が増加したからだとすると、友人紹介は関心のサブ目標（ゴール）となるわけだ。このように因果連鎖からは、新規ユーザー獲得を目指すなら友人紹介に重点を置けばいいことがわかる。より具体的にするために、それぞれのサブ目標（ゴール）は成果尺度および短期目標（ターゲット）と関連づけられる必要がある。たとえば、友人紹介のパフォーマンスは、"友人を招待する"ボタンをクリックした回数で測定することができる。だがある対象のパフォーマンス向上がそれと因果連鎖にあるもののパフォーマンス向上として現れるまでには往々にして時間の遅れ（タイムラグ）が生じる。そのためユーザーによって招待が送られた数は**先行尺度**と呼ばれ、獲得されたユーザー数は**遅行尺度**と呼ばれる（もしくは紹介が獲得に先行、獲得が紹介に遅行）。これらの数字から、トップレベルの尺度での変化をそれが起きる前に予測することが可能になる。週ごとの新規ユーザーのようなトップレベルの尺度は、重要業績評価指標（キーパフォーマンスインディケーター）（KPI）と呼ばれることもある。それぞれの尺度と短期目標（ターゲット）はイニシアティブと関連づけられなければならない。イニシアティブとは、具体的目標達成のための戦略もしくはアクションプランである。マクロ経済学では、これは介入とも呼ばれるだろう。

● 仮想スコアカード

目標、尺度、短期目標（ターゲット）、そしてイニシアティブを特定し、それらのあいだの因果関係を明確にすることで、仮想経済のパフォーマンスマネジメントフレームワークを作ることができる。これが"仮想スコアカード"だ。**図10・1**は前の章で記したドラゴンスレイヤー経済をおおまかに目指した仮想スコアカードの一例だ。簡略化するため、目標につき尺度はひとつにし、

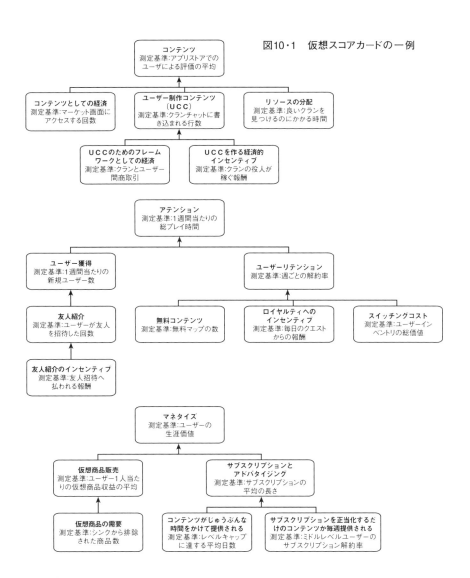

図10・1　仮想スコアカードの一例

短期目標とイニシアティブは省かれている。スコアカードはトップレベルの
三つの目標からスタートする。これらはコンテンツ、関心、そして収益化だ。
その後、トップレベルの目標に貢献すると考えられるいくつかのサブ目標が
加えられる。これらのサブ目標は仮説である。つまり本書に記した理論と

知識にもとづいているが、実装された場合にどの程度機能するかは、実際にやってみなければわからない。この枠組み(フレームワーク)は有料広告を用いてデジタルコンテンツビジネスを丸ごと作製することにも適用できるが、この例では仮想経済関連の側面にのみ焦点を当てた。

　この例では三つのトップレベル目標がある。実際にはコンテンツから関心(アテンション)へ、そして関心(アテンション)から収益化(マネタイズ)へと因果関係を結びつけ、収益化(マネタイズ)をトップに据えたひとつの階層を作ることができる。結局のところ、いいコンテンツは関心(アテンション)へつながり、関心(アテンション)は往々にして収益増加に至るのだ。しかし、最終目標としてどこまで収益化(マネタイズ)に重点を置くかは、パブリッシャーの戦略次第である。収益化(マネタイズ)に重点を置きすぎるあまり、コンテンツの質や顧客との関係がないがしろにされると、パブリッシャーの長期的見通しや、このモデルには含まれていない、優秀な人材確保などの企業にとっての成功要因が損なわれるだろう。トップレベル目標とそれに関する優先度は企業戦略とビジョンの問題であって、モデルから引きだせるものではない。

　この例で使用した尺度はモバイルゲームやオンラインフリートゥプレイ(F2P)ゲームに使用される一般的尺度を模した。たとえば、収益はユーザーの生涯価値(ライフタイムバリュー)と、1ユーザーあたりの平均的売上げ(ARPU)を用いて測定する。生涯価値(ライフタイムバリュー)とは、1人の顧客がユーザーであった期間にもたらした利益を意味し、ARPUはひと月など決まった期間にユーザー1人当たりから得た収入の平均である。同様に費用はユーザー獲得費や新規ユーザー1人の獲得にかかる広告費として測定される。これらはF2Pのパブリッシングで実証済みの尺度だ。しかし平均ではなく、**限界収益**を測定する方法があればさらに便利になるだろう。合理的活動には限界便益と限界費用の均衡を取ることが含まれる。問題となるのは"ユーザーがもたらす売上げの平均はいくらか"ではなく、"一番最近来てくれるようになったユーザーがもたらした売上げはいくらか、そして呼び込むのにかかった費用はいくらか"である。同じ収益と費用でも、プラットフォームにギリギリとどまっているユーザーに関連するもののほうが、とどまり続けるのは確実なユーザーのものよりはるかに重要だ。そのため測定基準では、新規ユーザーとやめたばかりの

ユーザーに特別な注意が払われるべきである。

　同じ理由から、コンテンツとその制作費・展開費・管理費に関するデータを収集すべきだろう。最新のコンテンツはどんな限界効果を費用に与えたか？　コンテンツが導入される前後で収益への効果はどのように比較されるか？　その機能の限界費用を限界収益と比較することで、デザイナーはそのコンテンツをさらに推し進めるか抑えるかを判断できる。

◉経営上の尺度を超えて

　仮想スコアボードは実際のマネジメントを理解する上でいい出発点となるものの、仮想経済マネジメントの全体像ではない。複雑な仮想経済は、組織的階層や指揮系統を持つ企業とは異なるためだ。また仮想経済は、単なる電子商取引のウェブサイトに、ARPUやそれに費やされる時間などの尺度で正確にとらえられる、顧客とサプライヤーの相互作用（インタラクション）をつけ加えたものではない。仮想経済は経済であり、それは通常パフォーマンスマネジメントやウェブ分析で使用されるたぐいの尺度では簡単にとらえることのできない、複雑なインタラクションネットワークの入れ物となりうることだ。

　重要な代表例は、仮想経済がユーザーに楽しい体験（**コンテンツ**と呼ばれるもの）を提供する程度を測定し、それにもとづいて対策を取ることである。仮想スコアボードの例では、マーケット画面へのアクセス回数を測定し、回数が多いほど経済からエンターテインメントが得られていると推測した。定期的な調査で、経済からどれほどの楽しさを得ているかをユーザーに評価してもらえばさらにすぐれた尺度となるだろう。これは費用はかかるが実行可能であり、一般的パフォーマンスマネジメントの一部だ。しかし真の問題はこれだ。測定の結果、経済への満足度がさがっていたらどうするのか？　何が問題で、どこへ介入すべきかをどうやって判断する？

　ユーザーにどこが問題かを尋ねてそれを修正することはいつでもできるだろう。たとえば「ガイアオンライン」では、ゲーム内のユーザー間市場でアイテムを取引するのに仮想通貨が足りないと、新規ユーザーが不満を並べた。それを聞いたパブリッシャーは、ユーザーの求めに応じて通貨を与え

たが、市場にあるアイテム数は変わらなかったために、これは物価の上昇を招いた。その結果、新規ユーザーは前と変わらず不満を抱えることになった。

　複雑な仮想経済の健全性を管理するには、複数の**経済指標**を追い、経済指標同士とともにユーザー満足度などのKPIとの因果関係を理解して、適切な場所への介入を実行するほうがいいだろう。経済指標は経済全体の姿を数値として現す方法だ。経済指標は特定のユーザー群や商品カテゴリーなど、経済の特定のセグメントを計算することもできる。次の節では、マクロ経済学、国民経済計算そして仮想経済学研究を参考にし、代表的仮想経済においてもっとも重要な経済指標を紹介する。それらはマネー、商品、不均衡、そして体験に関連する指標だ。また、蛇口とシンクを利用した具体的介入法を紹介し、最後にデータ管理と分析における実用上の問題を検証する。

■金融政策

　第8章ではミクロ経済機能とオブジェクトとしてのアフォーダンスの観点からマネーを論じ、そのマクロ経済的側面には触れただけだった。ここではいよいよマネーのマクロ経済的側面と、経済におけるマネーのマネジメントに焦点を当てる。経済に出回るお金の合計は**貨幣供給量**と呼ばれる。貨幣供給量を調整しようとする行為は**金融政策**と呼ばれる。ここではまず金融政策の目的を考える（なぜ貨幣供給量を調整するのか？）。その後貨幣供給量とインフレーションを測定する実際的な尺度を紹介する。最後に、マネー用の蛇口とシンクの調節で、貨幣供給量を調整するやり方を見ていく。

●金融政策の目的

　国家経済においては、中央銀行が貨幣供給量を管理する主な目的はふたつある。ひとつ目の目的は、第8章で触れた、価格の安定だ。経済に流通している貨幣を調節することで、中央銀行は一般価格水準に影響を与えることができる。これは貨幣数量説に表される（**コラム8·1**）。つまり、貨幣の

供給量が増えると、出回る貨幣の量に対して商品の数量は変わらないため、価格水準は上昇する（インフレーション）。貨幣の供給量が減ると、商品に対して貨幣の価値があがるため、一般価格水準は下落する（デフレーション）。別の言い方をすれば、貨幣供給量を増やすことで貨幣1単位当たりの交換価値はさがり、貨幣供給量を減らすことで貨幣1単位当たりの交換価値はあがる。物価と貨幣価値はひとつのコインの表と裏にすぎない。

　なぜ貨幣価値の安定を保とうとするのか？　いくつかの理由は第8章で紹介した。通貨がすぐれた価値の貯蔵手段であるためには、時間とともにその価値が失われてはならない。そのため深刻なインフレーションは望ましくないのだ。通貨がすぐれた価値の尺度であるためには、価値が増えてもいけない。万が一、ものさしが変わったら、価格や価値をすべてはかり直すことになるからだ。このため深刻なデフレーションもやはり望ましくない。これらの極めて現実的な理由のほかにもうひとつ、より論理的議論として、価格の安定は経済成長に重要であるというのが主流経済学者が一般的に信じているところだ。デフレは消費より貯蓄を促進するため、経済活動にとって有害であると見なされる。手持ちのお金の価値が明日はさらに上昇するとわかっていたら、今日お店で使うことはないだろう？　手に負えないインフレは貨幣に対する信頼を損なうが、多少のインフレは消費を促進する利点がある。このため、欧州中央銀行はユーロの価値を完全には安定させず、毎年2％未満の割合で価値を漸減させている。アメリカの連邦準備制度も同じ政策を取っている。

　価格の安定に加えて、金融政策のもうひとつの目的として、経済成長率の直接的な管理がある。好況時には、中央銀行は貨幣供給を引き締めて物価の高騰を抑制する。景気後退時には、中央銀行は貨幣供給を増やして消費の促進を試みる。往々にして経済成長率の管理は価格の安定と完全に一致するが、常にそうとは限らない。ミルトン・フリードマンの主張に根ざす通貨主義者的考えでは、価格の安定がもっとも重要視される。しかしジョン・メイナード・ケインズの主張に根ざす新ケインズ学派は、一時的に価格の安定から離れる恐れが生じようと、積極的な金融政策はショック ［株価暴落など社

会規模の混乱が生じる現象〕の影響を弱めることができると反論する。ニューケインジアンの見解は、実際には価格はひと筋縄ではいかないという、行動経済学の最近の成果からも裏付けられる。貨幣数量説が示すほど、貨幣供給量の変化は価格に反映されないのだ。

　価格の安定と経済成長率の管理というふたつの目的は、仮想経済における金融政策を考える上でもいい出発点となる。仮想経済では、価格はたいてい固定されている。パブリッシャーのアイテムカタログに記載された価格、ノンプレイヤーキャラクター（NPC）商人が求める価格、モンスターを殺して稼ぐ産業での賃金、それにパブリッシャーが独占権を有する市場で、価格はデザインにより一定のままである。ユーザー間市場のないいちばんシンプルな経済では、すべての価格はこのようになる。この場合、価格の安定は当然ながら問題にはならない。だがコインの反対側となる貨幣価値の問題は残る。"変わらぬ約束の剣"が定価1000ゴールドで販売されても、貨幣の供給によってどのユーザーも数百万ゴールドを持つようになれば、剣は超レアアイテムではなくなる。貨幣供給の管理は、価格が固定されているゲームにおける難易度（さらにはコンテンツの消費スピード）管理のひとつのやり方である。

　経済にあるのが規制のない市場価格のみで、固定価格が存在しない場合には、価格水準や貨幣価値の変動がデザインを損なうおそれは低いだろう。それでも貨幣価値を比較的安定に保つことにより、貨幣はすぐれた価値の貯蔵手段、簡便な価値の尺度として機能し、ユーザーの利便性が増す。もちろん、ユーザーにスリルやチャレンジを与えたいのなら、これとは正反対のことをして、価格水準が激しく変動する経済を作ることも可能だ。

　実際の貨幣供給管理の観点から見ると、価格の安定を保つことは、経済活動の量との関連で貨幣供給が一定であるようにすることを意味する。一般的にユーザーが多いほど経済活動は増えるため、1人当たり（もしくは取得されたキャラクターレベル当たり）の貨幣供給量を監視し、それを可能な限り一定に保つようにするのがもっとも簡単であろう。経済が重大な危機（バグや広報活動の失敗など）から立ち直りかけのときには、多少のイ

238

ンフレ圧力が生じることになっても、貨幣供給量を増やすほうがいい。これによりじゅうぶんな流動性が与えられてユーザーの懐もあたたまり、経済が活性化する。

●貨幣供給量の測定

　貨幣供給量をコントロールするには、まずそれを測定できなければならない。現代の国家経済においては、利用できる貨幣の測定は容易ではない。これは貨幣にはさまざまな種類があるためだ。硬貨、紙幣、トラベラーズチェック、多種多様な銀行預金、それにその他、流動性の度合いの異なるいろいろな資産。交換の媒介や価値の貯蔵手段として使われるものは、すべて貨幣と言えるだろう。そのため、貨幣供給量の測定に何を含めるかは、経済学者のいわば専断となる。通常、適用範囲の異なる複数の尺度が並行して利用される。たとえば、欧州中央銀行（ECB）の報告では、2013年4月にユーロ圏で流通していた"狭義の通貨"もしくはM1は5兆2330億ユーロ、"広義の通貨"もしくはM3は9兆8190億ユーロだ。ECBの狭義の通貨には現金と預金のみが含まれる、広義の通貨はこれにマネーとして使うことのできるさまざまな金融資産が加えられる。

　公式通貨を持つ仮想経済においては、通常、貨幣供給量の測定はよりシンプルだ。預金と融資を通して新たな貨幣を作る個人銀行は存在しない [*2]。多くの場合、存在する貨幣には1種類の形しかない。仮想中央銀行の残高だ。これらは"お財布に入っている金貨"や"ユニバーサルコミュニケーター内のクレジット"などと呼ばれるが、すべて同じで、単一の銀行の電子当座預金口座として機能する。このように貨幣供給量の測定は、単にユーザーのアカウント残高を合計すればいいだけだ。仮想経済におけるその他多くの測定と同様に、唯一の問題はユーザーの選定だ。全員か、それともアクティブユーザーのみか。経済指標を算出するなら、それなりにアクティブなユーザーに限定すべきだろう。何をもってアクティブとするかはサービスによる。通常の定義では、月当たりのログイン回数が1回とされる。

　仮想経済の中には、ユーロのように公式通貨にさまざまな種類がある場

合もある。Habboのクリエーターは金の延べ棒やサファイアなど一連のアイテムを導入している。これらは容易にHabboクレジットに交換でき、定額でアイテムに戻すこともできる。これによりユーザーは、クレジットを使うように、これらのアイテムを商取引で貨幣として利用した。唯一の難点は、パブリッシャーのカタログからの購入にはクレジットしか使えないため、ユーザーはクレジットを交換する際に少量の税を払わねばならないことだ。そのためアイテムの価値はクレジットの額面より若干低くなる。現実世界では、売却の際に手数料のかかるトラベラーズチェックが、Habboの金の延べ棒とサファイアに相当する。このように流動性の高い商品は貨幣供給の測定に含まれて当然だろう。

　多くの仮想経済、中でもゲームは複数の公式通貨を持つ。通貨間の変換が可能でしかも手数料が低ければ、同じ貨幣供給の一部と見なして合算すればいい。しかし多くの場合、ゲーム内にはふたつかそれ以上の異なる経済が存在する。その場合、貨幣供給の測定・調整は経済ごとに行われねばならない。初期のHabboのように、ユーザーが作りだした商品貨幣がある経済ではどうすればいいだろう？　単にその商品の流通量を測定すればいいだけだ。

● インフレとデフレの測定

　貨幣供給量の把握に加えて、一般的な価格水準の変化を直接測定するのも賢明だろう。貨幣供給量の変化が価格に反映されるまでには時間がかかる。さらに、価格はその他の要因にも影響される。

　一般的な価格水準を把握するのには消費者物価指数（CPI）がよく使われる。経済におけるCPIの出し方は次の通りだ。たとえば、1週間に平均的ユーザーが購入するものをバスケットに入れるとする。ドラゴンスレイヤー経済であれば、剣と鎧がひとつずつとなる。次にそれらを一定の間隔で、ここでは毎週としよう、購入したとして、その価格を記録する。任意の週のCPIは次のように計算する。

CPI＝今週のバスケットの中身の価格／基準となる週のバスケットの中身の価格×100

基準となる週はデータを取りはじめた最初の週か、その他どれであれ基準値としたい週だ。基準となる週のCPIは100となる。現在の週のCPIが125であれば、価格水準は25％上昇したことになる。これは非常に高いインフレ率であるため、貨幣供給の引き締めが求められるだろう。

　多くの経済で、消費行動は極めて階層化されている。たとえば、プレイヤーのレベルがあがっていくファンタジーゲームでは、新規プレイヤーは低いレベルのアイテムを購入し、上レベルのプレイヤーは高いレベルのアイテムを競って求める。魔術師は魔術師の装備を、戦士は戦士のアイテムを求める。このような経済では階層別に指標を設け、価格の安定性を別々に分析すべきだろう。たとえば、魔術師の物価指数、戦士の物価指数というようにだ（不均衡の測定については次に詳しく論じる）。

　階層化とは別の問題として、技術的進歩がある。しばらくすると新アイテムが経済に導入され、古いアイテムに取って代わるだろう。たとえば、以前は新規プレイヤーはみんな"謎の価値の剣"を買っていたのが、いまでは"よりよいマーケティングの剣"を買っているとする。バスケットの中身はそれに応じて入れ替えられるべきである。人々が実際に購入しているものが適切に反映され続けるように。

●蛇口とシンク付き金融政策（マネタリーポリシー）の実装
　国家の中央銀行が貨幣供給量を調整するのは多種多様な貨幣と貨幣の源泉（ソース）が関わってくるため、複雑な作業となる。貨幣の大半は中央銀行によって作られたものではなく、お金を預かりそれを貸し出す過程から商業銀行によって作られたものだ。銀行が100ドルを預かり、そのうち70％を貸しだすとすると、預金残高と貸出残高を合わせて170ドルになり、貨幣供給量は貸し付けた70ドル分増加する。そのため、中央銀行が貨幣供給量のコントロールを試みる主な方法のひとつに、預貸率の調整がある。預貸率とは、

銀行の預金に対する貸し出しの比率だ。

　中央銀行が貨幣供給量をコントロールするより単純な方法として、中央銀行による新たな貨幣の製造や、流通からの除去がある。これはこんにちの仮想経済で主に使われている方法だ。この項では1人当たりの貨幣供給量をコントロールする方法を記す——これをゲームデザイナーは**経済の均衡化**と呼ぶ。これは経済の誕生前に最初のパラメーターを設定するのにも、経済が動きはじめたあとでパラメーターを調整するのにも適している。

　基本的な方法は単純だ。1日や1カ月など、一定の期間に蛇口が生みだす貨幣量を測定、または推定し、同じ期間にシンクによって取り除かれた貨幣量を測定、または推定して比較する。蛇口とシンクは前の章で詳しく述べた。蛇口とシンクのあいだに生じる差が1人当たりの純変動額である。純変動額が望ましいものでなければ、蛇口かシンク、もしくはその両方を望み通りの結果が出るまで調整する（**コラム10・1**参照）。問題は、流入量（インフロー）と流出量（アウトフロー）をいかに推定するかだろう。

　前の章でデザインしたドラゴンスレイヤー経済では、貨幣の蛇口はひとつだった。ドラゴンからのドロップだ。ドラゴンのドロップの平均は100ゴールドと仮定しよう。経済誕生前に、この蛇口からの総流入量をいかに推定するか？　ここでは予測されるプレイヤーの行動を推定し——平均的プレイヤーが1カ月に倒すと予測されるドラゴン数だ——その数字に100ゴールドをかける。しかしそもそもプレイヤーの行動をどうやって予測する？　ちゃんと仕事をしているゲームデザイナーであれば見当はつくはずだ。ドラゴンの設定は1カ月に1度しか倒せないレアボスかもしれないし、毎日10以上倒せるものかもしれない。ここでは月にドラゴンを10倒せると予測しよう。さらにおもしろくするためにもうひとつ蛇口を追加する——毎日のログインボーナスとして10ゴールドだ。平均的なプレイヤーは毎月25日間ログインすると予測する。**表10・1**はこれらの数字を計算して合計した、ゴールドのひと月当たりの全流入量を示している。

　次に、シンクにも同じことをしよう。設計されているシンクはひとつきりだ——売買取引1回につき5ゴールドの商取引税。プレイヤーは平均して、

　マクロ経済では、経済の中で貨幣と商品を把握するのに2種類の尺度が用いられる。それがストックとフローだ。これらのコンセプトの説明に、お金を水に置き換えてみよう。ストックとは、任意の時点である容器に入っている水の量だ。たとえば下の図では、ストックSは洗面台の中にある水の量となる。これはリットルで測ることができる。フローはストックに流入・流出する水の**動き**を測定する。この図では、フローAは蛇口から洗面台に流れ込む水を調べ、フローBは洗面台から排出される水を調べる。これらは1秒当たり（もしくは1分当たり、1時間当たり）の水量をリットルで測定する。これは任意の時点の水量ではなく、水が動く割合を調べるためだ。フローAとフローBを比較すれば、ストックSが増加しているか減少しているかがわかるだろう。たとえば、水が洗面台に1秒当たり0.5リットル流れ込み、1秒当たり1リットル流出している場合、純変動量は1秒当たりマイナス0.5リットルとなり、ストックが減少していることがわかる。同様の方法を用いて、経済内のさまざまなパートに保持される貨幣と商品のストックの変化を検証することができる。

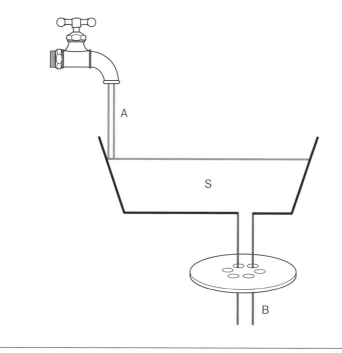

表10・1　ドラゴンスレイヤー経済におけるプレイヤー1人当たりの毎月の貨幣流入量

蛇口名	効果と決定要因	1カ月当たりに予測される行動	結果として生じる1カ月当たりの流入量
ドラゴンからのドロップ	100ゴールド／ドラゴン退治	ドラゴンを10頭倒す	1000ゴールド
毎日のログインボーナス	10ゴールド／毎日のログイン	25日間のログイン	250ゴールド
		1カ月当たりの総流入量	1250ゴールド

表10・2A　ドラゴンスレイヤー経済におけるプレイヤー1人当たりの毎月の貨幣流出量

シンク名	効果と決定要因	1カ月当たりに予測される行動	結果として生じる1カ月当たりの流出量
商取引税	5ゴールド／売却	10回売却	50ゴールド
		1カ月当たりの総流出量	50ゴールド

表10・2B　ドラゴンスレイヤー経済におけるプレイヤー1人当たりの毎月の貨幣流出量（調整後）

シンク名	効果と決定要因	1カ月当たりに予測される行動	結果として生じる1カ月当たりの流出量
商取引税	5ゴールド／売却	10回売却	50ゴールド
空飛ぶ乗り物の購入	1200／空飛ぶ乗り物の購入	空飛ぶ乗り物をひとつ購入	1200ゴールド
		1カ月当たりの総流出量	1250ゴールド

1カ月につきなんらかを10回売却すると予測しよう。それにより推測される結果を**表10・2A**に示す。

　これらの推測によると、毎月1人当たり1250ゴールドが経済にもたらされる一方、シンクからは50ゴールドしか排出されていない。純変動額は毎月1人当たり1200ゴールドの増加となる。この結果はどう考えるべきだろうか？　ゲームがリリース前で、経済がゼロからスタートするのなら、余剰金で経済をうるおし、貨幣供給量を増やしても問題はないだろう。しかし、流入量の96%が余剰となるとさすがに多すぎる。価格の安定性のために、

余剰金を削減する必要があるだろう。

　蛇口を閉めれば安上がりに余剰金を削減できるが、開発予算がまだ残っていると想定し、新たなシンクをつけ加えることにしよう。かっこいいが目玉が飛び出るほど高価な空飛ぶ乗り物をつけ加えるのがいいだろう。プレイヤーは収入のカットや課税より、新たなやり方で通貨を消費するほうをはるかに好むものだ。経済用語では、1人当たりの流入量は所得と呼ばれ、税などの多かれ少なかれ義務的なシンクを通ったあとに残る所得は、自由な支出に回すことのできる自由裁量所得と呼ぶことができる。調整後の推定される流出量を表10・2Bに示す。

　これで流入量と流出量は等しくなり、予測される1人当たりの純変動額はゼロとなった。1人当たりの貨幣供給量は一定のままだ。新規プレイヤーが参加すれば総貨幣供給量は増加するとはいえ、それで経済活動も増加する。理論的にはこれで経済の均衡が取れたが、実際には複雑な要因が多々ある。そのひとつが、ユーザーが通貨を貯蔵すると引き起こされるデフレと流動性危機［取引が収縮する状態］だ。これには消費者物価指数の変化を観察し、積極的な金融政策を取ることで対処できるだろう。次に、たとえばファンタジー系のマッシブ・マルチプレイヤー・オンラインゲームにはさまざまなキャラクターレベルが存在し、そのようなセグメントによって流入量と流出量は大きく異なってくる。この問題はのちほど本章の不均衡の節で取りあげる。その前に貨幣のマネジメントから離れて経済を循環する別のもの、商品を見ていこう *3。

■生産と経済成長

　仮想経済の文脈において、生産は新しい商品を生みだすすべての行為を意味する。これは前の章で説明したあらゆる商品の蛇口を通して実現される。クラフティング、鉱石の採集、モンスター退治、パブリッシャーの仮想ストアでアイテムの購入などなど。いかなる方法であれ新しい商品がシステムに入ってくると、それは生産されたことになる。

国家経済では、生産には国内総生産（GDP）というよく知られた尺度がある。仮想経済において、中でもシンプルな仮想経済では、これはたいして重要な尺度ではない。だが、あらゆる経済の生産、成長、そして健全性^(ウェルビーイング)におけるいくつかの重要な理論的問題を理解する上でいい出発点となるため、まずはここに焦点を当てる。それから後半では、蛇口とシンクを含む、仮想経済における生産のより実際的な測定法と管理法を論じる。

◉総仮想生産

　国内総生産は1年間に国内で生産された財やサービスの価値の総計を測定する。より一般的には総生産（GP）と言える。これは国であれ、村であれ、仮想経済であれ、任意の地域において一定期間に生産されたあらゆるものの価値の総額を指す。ソビエト連邦の経済学者たちは総生産を生産品の量によって測定した。この場合の問題は、すべての生産品は必ずしも等しくないということだ。一部の生産品は人々にとってほかよりもっと重要である。総生産は生産数量の代わりに貨幣価値を測定することにより、この問題を解決する。

　総生産（GP）を求める式は以下のようになる。

$$GP = \sum_{i=1 \text{ to } N} (p_i \times q_i)$$

これは「この地域においてある期間に新たに生産されたN個の商品を取りあげる。商品の生産数量qに商品の価格をかけ、生産された商品の総貨幣価値を求める。次に、経済内にある全商品にわたってこれらの貨幣価値を総計する。これによりこの地域においてある期間に生産された商品の総貨幣価値が得られる」という意味だ。

　たとえば、ウクライナの2010年のGDP（すなわち国家レベルの年間GP）は約1270億ドルである。これはウクライナではその1年間に1270億ドル相当の価値を持つものが生産されたことを意味する。これをウクライナの人口、約4600万で割ると、この国における1人当たりのGDP、約2761ドルが得

られる。

GPの測定には**最終財**の価値のみが含まれる——最終財とは、ほかの商品の生産過程に投入されるものではなく、最終的に消費されるものを指す。たとえば、消費者に販売されるアップルパイは最終財だが、パン屋に売られるリンゴは中間財となり、GPには含まれない。これはアップルパイの価値には生産過程で投入されたリンゴの価値がすでに含まれているためだ。アップルパイとリンゴの両方をGPに含めれば、リンゴの計算が重複する。だが消費者がリンゴを直接買えば、これは最終財となり、GPに含まれなければならない [4]。

なぜGPを測定するのか？ 国家経済であれば、1人当たりのGDPは物質的 幸 せ の尺度となる。ほかの条件が同じであれば、人口に対して多くを生産する国家は、生産が少ない国家よりも、国民の生活に必要なものを供給することができる。高い総（"総計の"）GDPを持つ国家は戦時にも有利である。対戦国より戦車や爆弾を大量に生産できる力を持っていることを意味するからだ。

生産と密接な関係にあるのが**経済成長**であり、通常これは一定期間において GPが変化した率と定義される。GPの変化は生産的経済の規模の変化を測定する（**コラム10・2**を参照）。前期よりも生産数量が上昇した経済は、経済成長を経験したと言える。1人当たりのGPの増加は、その経済の構成員が生産性を増したことを示す。絶対成長の尺度と1人当たりの成長の尺度はまったく別のものだ。新たな構成員の流入（外国人、新規ユーザー）がもたらすのはほとんどの場合絶対成長だ。より多くの人が生産すれば生産数量は当然増加するからだ。だが新たな構成員が未熟であれば、個々の生産物の価値はさがり、1人当たりのGPは減少する。現実世界の経済では、GPの上昇はしばしば"好況"と見なされ、いい時期と考えられる。GPの下落は"不況"や"不景気"と呼ばれ、悪い時期として受け取られる。

消費や商品価値の低下（ドラゴンの炎に焼かれて鎧が破損したなど）後に残った生産品は、すべて経済の総**資産**に加えられる。ある期間における経済の生産量が消費量を上回ると、資産が増加し、経済は豊かになる。あ

実質GDP対名目GDP

　2007年から2008年にかけて、ウクライナのGDPは1420億ドルから1800億ドルに成長した——これは27%もの急成長だ。あいにくこれはウクライナの財やサービス1年で27%伸びたわけではない。GDPは品物の量と物価の両方に左右される。この1年間に原材料の価格が高騰し、物価が上昇している。言い換えれば、ウクライナはインフレに見舞われたのだ。生産額を正確に前年と比べるには、2007年の価格を用いて2008年のGDPを算出すべきである。

　　　実質GDP＝2008年の生産数量×2007年の商品価格

　これは**実質GDP**と呼ばれる。実質GDPは選ばれた基準年、ここでは2007年、の価格を用いて計算される。その年の価格を用いて計算されたものは名目GDPと呼ばれる。ウクライナの場合には、2008年の実質GDPは1400億ドルとなる。つまり、米ドル換算にした実際の生産額は2007年から2008年で数%減少していたわけだ。

る意味、**経済成長**という用語は資産の成長を意味するように見えるかもしれないが、経済学では生産の成長を意味する。

　先ほど論じた指標をパフォーマンスマネジメントの用語を用いて**表10・3**にまとめた。国家の政策立案では短期目標（ターゲット）は明確だ。ほかの条件が同じ場合、生産額と資産は増えれば増えるほどよい。仮想経済の総生産を総仮想生産（GVP）と呼ぶことにする。1人当たりのGDPと物質的資産が国家経済の健全性を示すように、1人当たりのGVPと仮想資産は仮想経済の健全性を示すだろうか？　だとすれば、ユーザーの満足度（ウェルビーイング）を高められる簡単な方法が見つかったことになる。貨幣を含めて、すべての生産をもっと簡便化し、GVPが成長するのを見守ればいい。それか、"お金持ちになる"と書かれたボタンをつけ加えてもいいだろう。ポチッと押せばそれでユーザーは大満足。そうではないのか？

表10・3　国家経済における生産関連の尺度と目的

尺度	尺度の目的	目標
GDP	ほかの諸国との関連における国家の経済力	最大化
1人当たりのGDP	物質的健全性	最大化
資産	物質的健全性;生産能力;余剰	最大化

◉MUDflation

マルチユーザーダンジョン（MUD）［テキストベースのオンラインゲーム］の時代には、デザイナーが仮想アイテムを生みだすのも単純だった。ナイフ一本。帽子ひとつ。髪型1種類。アイテムはそれを作るとか、採取するとかしたプレイヤーのものになる。インベントリスペースはおおよそ無限だった。アイテムはなくなることはない。アイテムはいずれ手に入り、プレイヤーはそれを友人にあげたり、売却したりした。いつだって新規加入のプレイヤーがいたが、前からやっているプレイヤーにプレイの仕方を教えてもらうので、アイテム集めに困ることはなかった。デザイナーはプレイヤーの関心を引き続けるために、新たな力や能力をどんどん生みだした。そのせいでプレイヤーはより速く、より多く、アイテムを得られるようになった。これらすべてによりふたつのことが起きた。最初に、経済に投入されるアイテム数が加速度的に増加する。次に、どのプレイヤーもその仮想世界に存在するありとあらゆるアイテムでインベントリがぱんぱんになった。教科書的な経済学者なら、これらふたつの現象を経済成長と資産と呼んで、よくやったとデザイナーを褒めるところだろう。だがデザイナーはこの状況をMUDflationと呼んで問題視した。

　まず、資産から考えてみよう。莫大な資産が仮想世界ではなぜ問題になるのだろう？　仮想商品は地位財となる傾向がある。その価値はそれ自体の質にではなく、ほかのアイテムや環境の中でどう位置づけられるかにかかっているのだ。たとえば、当初レベル100の "破滅の剣" を持っていたのは40万人のプレイヤー中たったの3人で、極めてレアな最強アイテムだった。ところがあとでは誰もが持つようになり、ペットの子鬼にまで与えられた。

そうなると剣の価値はなくなる。さらに、いまやゲーム内で最強のアイテムが手に入ったのだ、もはや冒険の必要はない。プレイヤーはコンテンツを消費し尽くし、やめていった。

次にGVPと経済成長を考えよう。1人当たりのGVPの高さはある程度まではユーザーの満足度（ウェルビーイング）に一致する。生産レベルの高さはユーザーが絶えず新たな商品を手に入れていることを意味し、それによりユーザーは新たな力（パワー）を獲得して新たなエリアに行けるようになり、新たな楽しみを得る。生産レベルの高さはユーザーが速いペースでコンテンツを経験していることを意味する、と言い換えることもできるだろう。このように、1人当たりのGVPは、ユーザーによるコンテンツの消費率を反映すると言える。コンテンツの消費率のコントロールが重要である理由は第1章で示した。ゆっくりすぎればユーザーに飽きられる。速すぎれば、ユーザーはじゅうぶんに楽しむことなくコンテンツをスキップし、そのためパブリッシャーは利益を得る前に予算がなくなってしまう。このことからわかるように、国家のポリシーメーカーとは異なり、通常、仮想経済の管理者がGVPの最大化を目指すことはない。彼らは熱烈なゲーム体験とゲームプレイ期間の引き延ばしという相反するふたつの目的のあいだで、ちょうどいいバランスを取ろうとする。

だが1人当たりのGVPはコンテンツ消費とユーザーの満足度（ウェルビーイング）を測定する完璧な尺度ではない。1人当たりのGVPは、新しいコンテンツが底をついても必ずしもさがるわけではないからだ。経済が前述のように"豊かな"（すなわち使い尽くされた）状態に達しても、生産はなおも続けることができる。"破滅の剣"はもう持ってる？　ついでにもう一本どうぞ！　なんなら3本だ！仮想通貨単位で測定すれば、経済価値は成長しているかもしれない。しかしユーザーが経済に興味を失い、仮想通貨単位の価値自体がユーザーから見れば下落している恐れがあるのだ。このような状況でGVPに頼ると現状を見誤るだろう。

● 仮想の数値をリアルマネーへ変換
GVPはユーザー満足度（ウェルビーイング）の測定には向いていない。GVPは仮想通貨で表さ

れ、仮想通貨が持つ価値はそれぞれのユーザーによって異なり、無価値な場合さえあるからだ。GVPを国家通貨に、たとえば米ドルに変換することはできるだろうか？　それにより仮想経済の生産額を国家経済のそれと比較することも可能になるだろう。

　各国のGDPを米ドルに換算することにより、国家間の比較が容易になる。前述の例では、もともとウクライナ国立銀行が発表したGDPでは現地通貨フリブニャが使われていたが、それをドルに換算した。フリブニャからドルへの換算には外国為替相場を用いる。外国為替相場とは、中央銀行や企業、投機家がフリブニャをドルに交換するときの比率だ。しかしこれにはふたつの問題がある。

　ひとつ目の問題は、為替相場は各国の生活水準を正確に反映していないという点だ。為替相場では2ドルには15フリブニャを超える価値がある。だがアメリカではビッグマックは2ドルで買えないが、ウクライナでは15フリブニャあればビッグマックが買える。アメリカではちゃんとしたクラシックコンサートのチケットを2ドルで買うことはできなくても、ウクライナでは15フリブニャで購入できる。ウクライナのGDPを為替相場にもとづいて米ドルに換算すると、ウクライナは物質的に悲惨なほど貧しい国という誤った結果になってしまうだろう。

　ふたつ目の問題は、為替相場は国際貿易と金融市場の動向や雰囲気によって変動することだ。2007年、ウクライナの通貨フリブニャは1単位につき20セント相当の価値を持っていた。それが2008年末には13セントに落ちている。その結果、現地通貨ではウクライナの実質GDPは2007年から2008年にかけて数％成長しているのに、ドルに換算すると減少しているように見える。ドル換算での減少は、ウクライナの生産や物質的健全性（ウェルビーイング）の実際の変化を必ずしも反映していない。そのため為替相場はGDPの数値を比較するあまりすぐれた方法ではないだろう。

　GDPの数値を米ドルに変換するのであれば、いわゆる購買力平価説（PPP）交換レートを用いるほうがいい。PPPレートは以下のように計算する。まず、食料からオムツ、ヘアカットから住宅斡旋まで、さまざまな種類の最終生

産物とサービスが入ったバスケットを想定する。次に、それぞれの国で現地通貨を用いてバスケットの中身がいくらするかを調べる。ふたつの通貨間のPPP交換レートは、それぞれの通貨でのバスケット費を比較した割合である。現在世界銀行のPPPレートはフリブニャとドルでは0.5前後だ。これは1フリブニャで買えるものがドルでは50セントで買えることを意味する。

著者の1人（カストロノヴァ）が2001年に行った有名な計算では、MMOゲーム、「エバークエスト」における1人当たりのGDPをドルに換算すると、ロシアとブルガリアのそれの中間当たりとなった。彼が用いた仮想生産物を米ドルに変換する方法は、外国為替相場の方法に似ている。彼は「エバークエスト」の資産が米ドルで取引される二次市場のサイトからの価格を換算係数として利用した。

残念ながら、このやり方には外国為替相場を用いる方法と同じ欠点がある。リアルマネー市場の価格は、ゲーム内経済の状況を常に反映するとは限らない要因によって形づくられる。ではなぜPPPレートを用いなかったのか？　理由は単純だ。アメリカと「エバークエスト」、両方の世界で利用できる商品をバスケットに入れるのは不可能だからだ。「エバークエスト」のゲームアイテムは国家経済で取引される財やサービスの直接的な代替品ではないし、「エバークエスト」の武器や魔術師の帽子などの直接的な代替品になるものは物的経済には何ひとつない。このため、「エバークエスト」のプラチナコインの購買力を米ドルのそれと比較することはほぼ不可能だ。

仮想経済と国家経済は、お互いにとっての代替物でも選択肢でもないので、これらの比較は結局のところあまり意味はない。異なる種類の仮想経済間でGVP数値を比べようとするのも、同様に難しい。多くの場合、GVPは仮想価値の尺度としてのみ使われるべきだろう。経済に対するユーザーの意見が常に反映されているとは限らないのだから。活気のある複雑な仮想経済が体験の主軸となるゲームであれば、このような尺度は有益だろう。GVPは、デザイン変更やその他のショックに反応したアクティビティの変化の検証に利用できるし、同じ仮想経済内の異なる仮想国家の経済的優位性を比較するのにも使えるだろう。しかしユーザーの満足度とコンテンツ消費

をより細かいレベルで管理するには、別の尺度とツールが必要になる[*5]。

◉蛇口とシンクで生産を管理

　ここまでの項では、生産が数量ではなく市場価値によって測定される現代マクロ経済学のレンズを通して、生産と資産を検証した。貨幣価値を用いることで、異なる種類の商品の生産統計を合わせて、総計を出すことが可能になる。数量を用いるとなると、オレンジ1個にはリンゴ何個の価値があるかを決めるか、各商品を別々に検証する必要が出てくるだろう。GPを用いる方法なら、相対的価値は市場が決定するので、それを合算すればいい。この項ではソビエトの経済学者のまねをし、市場価値ではなく数量を用いて生産を測定してみよう。経済プランナーと同様に、ゲームデザイナーは最適なユーザー体験を導きだす任意の商品、もしくは任意のカテゴリーに属する商品の数量をたいていは把握しており、その数量が生産されるようにする。たとえば、レアもののステータスアイテムは希少なまま、製造(クラフト)に必要な基本的材料はたっぷり出回るようにするだろう。全体的なゴールは生産と蓄積ではなく、経済をおもしろく（コンテンツの提供）、収益を最大化（マネタイズ）できるよう、それらのバランスを取ることだ。

　これらの目的を達成するため、ここでは経済に循環している異なる商品、もしくは異なるカテゴリーの商品の数量を把握し、必要に応じてこれらの商品を生産・破壊する蛇口とシンクを調節してみよう。経済用語では、蛇口は生産と、シンクは消費と価値の低下と同意義である。これらのあいだに生じる差が蓄積資産である。

　商品向けの蛇口とシンクの調節方法は、先にこの章に登場した貨幣向けの蛇口とシンクの調節方法とまったく同じだ。まずは蛇口とその効果をリストアップする。次に、予測されるユーザー行動にもとづいて一定期間に各蛇口が開かれる回数を推定し、これに効果に記された数値をかける。得られた数値を総計すれば総流入量(インフロー)がわかる（**表10・1**を参照）。シンクも同様に計算し、結果を比較して1人当たりの純変動量を求める。商品のラインナップに応じて、各商品のタイプ別、代替財も含めたグループ別、また

はより広いカテゴリーの商品別に有意なものを選んでこれを調べる。実際のユーザー行動に関するデータが得られるようになったら、推定を実際のデータに置き換えて計算し、各蛇口とシンクが持つ効果の変化が純変動量に与える影響を調べよう。

　第3章では、市場構造の観点から類似の目的に取り組んだ。パブリッシャーが万能の買い手や売り手として市場に関わることで下限価格と上限価格が設定され、これにより市場価格を許容範囲内にとどめることができるのはすでに示した。今紹介しているやり方はそれとはふたつの点で違う。まず、焦点が固定的なデザインによる限界の設定ではなく、積極的なマネジメントにある。次に、価格ではなく数量の管理に重点が置かれる。もっとも、市場であるからにはこのふたつは相互に影響し合うのだが。蛇口とシンクを用いる方法は経済バランスを保つことを目的とし、市場構造を用いる方法は、市場の抑制が利かなくなったときに、デザインによって被害を限定することを目的とする。よってこのふたつの方法は相互補完的と言える。

●効用の調整による生産管理

　どのような経済においても、アイテムの効果的な経済的需要は、人々がアイテムから得る効用によって決まる。第2章では、仮想商品から得られる効用について論じた。仮想経済の管理者は一定の範囲内でこれらの効用を上げ下げすることができる——ゲーマー用語でアイテムの"下方修正"や"上方修正"と呼ばれる行為だ。これは生産されたアイテムの数量を管理するもうひとつの手立てとなるだろう。

　たとえば、ZX-4000レールガンといういかにも強力そうな武器があるとする。デザイナーはゲームの文脈において、その強力度を容易に変更できる。強力な対ゾンビ武器にすれば、ぐんと需要が伸びるだろう。短期的にはほかの武器との比較で価格があがるだけだが、より多くのユーザーがこの武器を製造もしくは収穫すれば、長期的には価格急騰は落ち着き、経済内に存在するZX-4000レールガンの数量は増加する。要するに、より多くのプレイヤーにZX-4000レールガンを持たせたいなら、武器を強力にすることだ。

■不均衡

　貨幣と商品の尺度に加え、経済学者は不均衡の尺度にも関心を抱く。不均衡とは、人々が貨幣や商品をどれくらい獲得・所有しているかの差を指す。

　仮想経済、中でもゲーム経済における不均衡の望ましさと結果については第7章、再分配の節で論じた。要約すると、いいプレイ体験を提供するには、通常、同じレベルのスキルと努力を示す参加者には同程度の報酬を与え、より高いスキルを持ち、より多くの努力を示す参加者にはより大きな報酬を与えるよう努めるのが理にかなっているというものだ。そのため、アイスウィザードとファイアーウィザードの貨幣を稼ぐ能力は同じであっても、レベルごとに稼ぎに差があるよう期待される。また、仮想財産を失ったプレイヤーには経済から締めだされないよう何がしかの"社会保障"を提供して、解約を避けるべきであろう。

　楽しい体験（すなわちコンテンツ）の提供に加えて、仮想経済はお金にならなければならない。ときに、収益化という目的が、プレイヤーが抱く公正感と平等感に反してしまうことがある。たとえば、課金すればするだけレベルが上がるようにしておくと、往々にしてフェアではないと見なされ、他のプレイヤーたちのゲーム体験を損なう。だが何が公正で適切と見なされるかはすべて製品と対象ユーザー次第である。カジュアルモバイルゲームをやっているユーザーには、プレイヤーが競争し合うパソコン版のフリートゥプレイではタブー視される仮想アイテムの購入も、たいした抵抗はないだろう。このように、デザインに含まれる不均衡の種類と程度を見極め、どの種類もしくは程度の不均衡は不適切で、是正されるべきかを決めるのはデザイナーにかかっている。

　次の節では、最初に、不均衡の一般的測定法を論じてから、さらなる経済指標を紹介する。これは失業という不均衡を論じる際にとりわけ意味を持つ。

◉ 不均衡の測定

　不均衡を把握するもっとも明白な方法は、なんであれ同質性に関連する経済内の変数にもとづき、ユーザーの属性をセグメント化することだ。ゲームでは、これはキャラクタークラスやレベルになるだろう。非ゲームサービスでは入会年や毎週のログインでもいい。次に、セグメントごとに1人当たりの貨幣流入量（収入）など、前述のさまざまな尺度を用いて計算する。結果はほかのセグメントに対する比率として出し、それを比較する。たとえば、アイスウィザードの平均収入はファイアーウィザードのそれの72%しかないといった具合だ。

　このやり方の問題は、どういう形で不均衡が現れるかを前もって知ることはできない点だ。アイスウィザードとファイアーウィザードは同じくらい裕福であっても、おおかたの戦利品は1%のウィザードが独占し、残りの99%はほんのわずかしか持っていないかもしれない。カネはカネを生むため、二者のあいだの溝は放置しておけば広がる一方だ。これに対処するには、与えられた変数で不均衡を測定する方法も必要となる。その結果を用いて、不均衡が許容範囲内かを見定め、いかに発展するかを追跡するのだ。幸い、これには一般的測定基準がいくつかある。

　不均衡を調べるひとつのシンプルな方法は、Xの平均のみではなく、標準偏差［データの散らばり具合を表す数値］も推定することだ。釣鐘の形を描く正規分布では、ほとんどのユーザーの値Xは平均値の2標準偏差内に来るだろう。もしもXの上下2SDが平均からかけ離れていれば、そこには不均衡が存在する。

　もっとも、多くの経済変数は正規分布には従わない。経済変数が従うのは冪乗則だ。冪乗則では、人口の上位10%が50%のシェアを持ち、下位に行けばいくほどシェアを減らす。冪乗則の一つに80対20の法則がある。これは集団の20%が80%のシェアを持つというものだ。このような数字のパターンはひとつの尺度に要約できる。それがジニ係数だ。ジニ係数の求め方は本書で扱う範囲を超えているが、要するに、ジニ係数は完全に平等な分布から変数の平均偏差をひとつの数値で測定する。ジニ係数0は完全な平等を意味する。ジニ係数100は1人がすべてを独占していることを示す。

多くの先進国における所得のジニ係数は、歴史的には、30から40のあいだとされていた。

ジニ係数の上昇は少数のユーザーがパイの大部分を食べていることを意味する。ジニ係数が5ポイント以上変わることはまれで、重大な変化と見なされる。ジニ係数を主要な尺度として定期的に調査するのは、望ましくない事態を未然に察知する上で有用だ。

◉失業率と未使用の能力（キャパシティ）

国家経済では、失業率はもっとも大切な経済指標のひとつであり、不均衡の重要な予測因子である。だが仮想経済においてはこれと類似のものはないように見える。現実世界では、失業率は調査データから導きだされる。一定数の労働年齢の人々に、"現在働いていますか"と質問し、ノーと答えた人には"現在求職中ですか"と質問する。現在働いている人数に求職中の人数を足したものが**労働力人口**と呼ばれる。**失業率**は、労働力人口に占める、働いていないが、仕事を探している人の割合だ。仮想経済の住人は運命を追い求めているのであって、通常の意味の"労働"はしていないため、こういう統計データはほとんどの仮想経済の文脈（コンテクスト）で意味を持たないだろう。

現実世界において、失業は経済的にも精神的にも大きな問題である。仕事がなければ収入もなく、商品を買うことはできない。商品を買う人が減れば経済は収縮する。それよりさらに深刻な問題は、仕事を失った者は生きがいをも失うことだ。これは心の健全性（ウェルビーイング）に計り知れない影響を与えるだろう。失業は不満の重要な予測因子である。

経済アナリストはこれとは別の、効率性に関わる理由から失業を懸念する。働きたいのに仕事がない人は、経済的意味合いでは、時間を無駄にしている。価値ある商品を生産する能力もやる気もありながら、そうすることができないのだ。つまり、仕事のない労働者は無人の工場や放置された農地と同じで、経済にとっては利用できるのに利用していない資源（リソース）だ。未使用の能力（キャパシティ）は経済的非効率性の兆候である。資産（アセット）（人と物資）が活用されなくなると、本来なら利用できる財とサービスが行き渡らなくなるだろう。

この観点から、失業率は仮想経済に直結した尺度ではないとはいえ、未使用の能力（キャパシティ）という意味では関連があると言える。ユーザーの資産の中で未使用の商品の割合は？　システムにより提供されたインプットとリソースの中で未使用となるものの割合は？　仮想経済に通常の意味の労働はないものの、やりがいのあるアクティビティはたしかに存在する。"失業" は "やりがいのある/おもしろいタスクを見つけられない" もしくは、"うまく稼ぐ方法を見つけられない" と言い換えることができるだろう。こう考えると、失業率は現実世界の政策アナリストにとってそうであるように、仮想世界のデザイナーにとっても重要である。現実世界では、失業は人々を不幸せにする。これを仮想世界に置き換えると、働いていない者はすぐに飽きたりいやになったりして、ゲームをやめてしまうということになる。ユーザー（どのユーザー）が仮想経済にやりがいを見いだしているかは簡単な調査で調べることができるだろう [6]。

● 累進政策と逆進政策

不均衡の対処と調節には累進政策と逆進政策が用いられる。**累進**と**逆進**という用語は租税政策からの借用で、富める者と貧しき者への課税方法の違いを指す。累進税では富める者ほど税の負担が高くなる。反対に、逆進税では貧しき者ほど負担が増す。同様に、政府による補助も累進的にも逆進的にもなりうる。累進的補助では貧しいほど補助金が増し、逆進的補助では逆に富裕層に助けが差し伸べられる。仮想経済デザインとマネジメントでは、通貨など任意の尺度における不均衡は、その尺度に関連する累進的および逆進的な蛇口とシンクをもって対処することが可能だ。

累進政策と逆進政策は違法行為対策にもなる。たとえばゲームのシステムが資金洗浄に悪用されたとしよう。汚い資金で金貨が購入され、購入された金貨はユーザーの手から手へと渡って最後は売却されて、クリーンなリアルマネーになる。しかしこのような行為は金貨を大量購入した場合にのみ意味がある。つまり、一定額を超える取引に99%の累進税をかければ対処できるわけだ。同様に、アイテムなどの不正増殖の対策にも、累進制

システムを取り入れて、たとえばインベントリの大きさに応じて利用料を増やすようにすればいいだろう。

■体 験

これで仮想経済の主なエリア、貨幣、商品そして不均衡は取りあげた。これから紹介する追加の尺度は、経済への参加者の満足度と関わり度合いを把握するのに利用できる。これらを先に紹介した尺度とともに使えば、経済の客観的な物的状態に対する見方に加え、主観的な心的状態を理解することができるだろう。これは、すべてではないにしても生産される価値のほとんどがその性質上、心的である仮想経済においては、特に重要である。

●幸 福

国家であれ仮想であれ、経済の本質は幸福をもたらすことである。収入や資産を超えた、幸福の主観的状態をもっと直接的に測定しようとする試みがますます増えている。この分野でもっとも一般的なウェルビーイングの尺度は"生活満足度"だ。生活満足度は、0から10のスケールで生活への満足度を評価してもらい測定する。仮想経済のデザイナーはこの尺度を取り入れ、仮想経済内の生活にどれほど満足しているかを定期的な調査でユーザー（全員ではなく、抽出された一部のユーザー）に直接尋ねることができるだろう。ジニ係数と同様に、生活満足度の平均値はほとんど動かない。大半の回答は平均6から8になる傾向にあり、これが一定期間に0.5以上変化した場合、非常に良いことか非常に悪いことが起きている強力なサインとなる *7。

●信頼感

学究的な経済学者よりも市場アナリストにはよく利用される尺度のひとつが、調査をもとにした消費者信頼感指数だ。生活満足度と同様に、これも端的に言えば精神的尺度であり、経済的見通しにどれだけ信頼を寄せて

いるかと、今後数カ月の消費意欲をアンケート調査し、指数化する。消費者信頼感指数は経済成長の先行指数とされる。これは信頼（とその欠如）はある意味、自己実現的だからだ。経済に不安を抱いている国民は消費意欲が低く、これは経済に有害である。消費意欲の高い国民は購買意欲も旺盛なため、経済が活性化して景気に対する信頼が裏付けされる。

仮想経済の文脈^{コンテクスト}でも、仮想世界と経済に対するユーザー意識の調査は先行きを予測するデータとなり、なんらかのコンテクストで役に立つだろう。

◉投資

投資は、経済学者が収入を幸福の尺度とするように、関わり具合^{コミットメント}を信頼の客観的尺度として利用できる。投資とは価値あるリソース（時間、マネー、商品）を将来の見返りを期待して委ねる行為だ。たとえば、半永久的に少額の利益をもたらし続ける仮想の家畜小屋をかなりの時間をかけて作ったとしよう。家畜小屋の建設に費やした時間は投資であり、建設そのものを楽しむか、将来的リターンを期待していてこそ、そこに経済上の意義が生じる。既存の投資から期待される将来的リターンを測定することにより、デザイナーはユーザーの経済への関わり具合をつかむことができるだろう。

売却のような負の投資は関わり具合^{コミットメント}減少の兆候である。負の投資は収入源の清算に等しいと言えるだろう。投資を現金化しようとしているユーザーは解約が念頭にあると考えられ、ただちに注意を向けられるべきである。

◉賃金

国家経済では、賃金データは生産性や機会、また時間価値を測定するのに利用される。賃金は1時間当たりの収入として定義される。この数字は雇用統計を見ればすぐにわかる。会社員や自営業の場合には、週や月、もしくは年単位の収入をその期間の労働時間数で割ることにより時給が求められる。

賃金からは、雇用主がその仕事に対していくら支払う意思があるのかが読み取れる。また労働者による成果^{アウトプット}の価値は少なくとも賃金と同程度だと

推定されるだろう。このように、賃金は経済もしくは経済セクターの1時間当たりの生産性を計る尺度となる。このため賃金は生産性のもうひとつの尺度、1人当たり・1時間当たりのGDPと密接に結びつくと考えられる。

　賃金データは1時間の労働でいくら余計に稼げるかを示すため、機会についてなんらかの示唆となる。賃金の不均衡、つまり格差は、人は誰もが平等に1日24時間を与えられているのに、高い給料をもらっている人が1時間で稼ぐ収入を得るには、何時間も働かなければならない人がいることを意味する。賃金格差は大きな不満の予測因子となる。資格が等しいと見なしている者たちのあいだではなおさらだ。

　賃金データの三つ目の用途は時間価値の尺度だ。たとえば、何か別のことをして費やした1時間のあいだに仕事をしていれば、1時間分の収入が得られただろう。ここでは1時間働いていれば得られた収入が機会費用となる。賃金を時間価値の尺度にすることで、政府は交通渋滞の費用を算出できる。大勢の人々が車に乗ったままずっと身動きできなくなることで確実に損失が生じる。その損失の測定に最適な方法が時間価値を使うことである。労働市場は人が時間をマネーと交換する場所であり、賃金はその時間の代価だ。

　失業でもそうだったが、これらの概念〔コンセプト〕を仮想経済の環境にうまく当てはめることは難しい。仮想世界に時間給の労働市場はまずないからだ。もっとも、仮想世界でも会社員や自営業のように賃金率を求めることはできるだろう。仮想文脈〔コンテクスト〕で、一定期間に稼いだ収入をそのために費やされた時間数で割ると、1時間当たりの収入が得られる。賃金率とは若干異なるものの、これにより時間当たりの仮想生産性と、仮想経済における相対的な所得機会が把握できるだろう。

　仮想経済のアプリケーションの多くにとって、賃金が持つ時間価値という側面は重要な意味を持つ。たいていの場合、ユーザーがシステムへもっとも注ぎ込むものは時間である。そのため、投資された時間の価値を知ることは重要であろう。ユーザーが課金アイテムに費やした金額が10万ドルに達するとわかればそれはうれしいが、それらのアイテムを使って過ごした

時間が3万5000時間になるというデータは何を意味するだろうか？　消費額は2万ドル、消費時間は12万時間という競合相手のユーザー基盤と比較したときの、総合的な投資率は？　時間当たりの価値は？　アプリケーションに注入された時間がどれほどの投資に当たるのかを把握するには、ユーザーの時間の貨幣価値を推定する必要がある。これには二種類の方法がある。ユーザーサンプルに実生活での賃金率を調査するか、仮想世界内での時間当たりの生産性を推定し、為替相場を用いてそれを国家通貨に換算するかだ。

　賃金は経済の健康や不健康を示す兆候である。これは賃金が低いと、人は不幸であると推測されるからだ。賃金の伸び悩みは、ユーザーが1時間当たりの購買力の成長を実感できないという問題だ。また前述のように、賃金格差は不満足へとつながる。

■データの収集と分析

　表10・4はこの章で取りあげた経済指標をすべてまとめたものだ。指標の相互関係は、どの指標がほかの指標の先行もしくは遅行尺度になるかという、パフォーマンスマネジメントを念頭に記した。これらの関係を用いて、関連のある指標をパフォーマンスマネジメントフレームワークもしくは仮想スコアカードに組み入れることができるだろう。次にユーザー満足度やマネタイズ、その他経済に関わる問題が持ちあがったときは、経済のどこへ介入して問題を解決すべきかがこれでわかる。

　とはいえ、複雑形な経済では、さまざまな指標とそれらが測定するものは多様な形で結びついており、経済の変化と発展の過程でそれらの関係性は変わっていく。このため、仮想経済管理（マネジメント）は単純に任意の測定結果を最大化するものではない。仮想経済管理（マネジメント）とは、さまざまな測定結果を観察し、ここで論じたように相互に影響を与え続けるかを注視し、経済が新たな時代へ移行したときには本書における理解と介入戦略をただちに更新（アップデート）できるようにしておくことである。じきに「ワールド・オブ・ウォークラフト」も

表10・4　仮想経済における経済指標

指標	説明	ほかの尺度との関係
金融政策		
狭義の通貨供給(M1)	経済内で利用可能な仮想通貨。1人当たりの尺度でもある。	CPIに先行
広義の通貨供給(M2)	貨幣価値を用いて測定される、通貨として利用できる仮想通貨とアイテムの量。1人当たりの尺度でもある。	CPIに先行
消費者物価指数(CPI)	定義されたバスケットの中身を指数化した価格。CPIの変化はインフレ／デフレとなる。異なるユーザーセグメントの価格測定には複数の対応するインデックス／バスケットを代用。	M1、M2に遅行
総貨幣流入量 （インフロー）	一定期間に創出された貨幣の総量。1人当たりの尺度でもある（収入）。ゲーム内通貨の場合には現在の収益の尺度。	M1、M2に先行
総貨幣流出量 （アウトフロー）	一定期間に除去される貨幣 貨幣の総量。1人当たりの尺度でもある。ゲーム内通貨の場合には収益に先行。	M1、M2に先行（反比例）
自由裁量所得	税など義務的シンク後に残る1人当たりのインフロー。	ウェルビーイングの指標としては収入よりすぐれている
為替相場	リアルマネー市場における仮想通貨の交換レート	CPIに遅行（反比例）
生産		
総仮想生産(GVP)、名目	一定期間に生産された全物品の総貨幣価値を現在価格で測定。1人当たりの尺度でもある。GVPの変化は経済成長もしくは収縮。	資産に先行;CPI と相関
総仮想生産(GVP)、実質	一定期間に生産された全物品の総貨幣価値を基準年の価格で測定。1人当たりの尺度でもある。GVPの変化は実質経済成長もしくは収縮。	資産に先行
資産	経済内にある全物品の総貨幣価値。1人当たりの尺度でもある。	GVPに遅行
全物品インフロー	一定期間に生産された任意のタイプもしくはカテゴリーの物品総数。1人当たりの尺度でもある。	市場価格に先行
全物品アウトフロー	一定期間に除去された任意のタイプもしくはカテゴリーの物品総数。1人当たりの尺度でもある。	市場価格に先行（反比例）

市場価格	一定期間における任意のタイプもしくはカテゴリーの平均価格	インフロー、アウトフローに遅行;CPI と相関
未使用のキャパシティ	利用されなかった鉱物収集の機会など、任意のリソースの割合。	GVPに先行（反比例）

不均衡

相対所得もしくはその他の尺度	収入もしくは別のユーザーセグメントの割合として表されるユーザーセグメントに関連するその他の1人当たりの尺度	不公平もしくは極端な不均衡は不満足に先行
標準偏差	収入など任意の尺度における不均衡の基本的尺度	
ジニ係数	収入など任意の尺度における不均衡の高度な尺度	
失業	経済内に意義のあるアクティビティを見いだせないユーザーの割合	不均衡、不満足に先行

体験

満足度	(仮想)生活を0から10で主観的に評価する	ウェルビーイングの尺度
信頼感	今期との比較で来期における経済状況もしくは消費に関する期待	GVP、インフロー、アウトフローに先行
投資	流動資産に対し、固定された(仮想であれなんであれ)資産額。関わり具合^{コミットメント}の尺度。	投資の変化は信頼感の指標
賃金	仮想通貨もしくは国家通貨に換算したユーザーの1時間当たりの時間価値	ウェルビーイングの指標

加わるだろうが、Habboや「イブオンライン」に代表されるような10年以上成功し続けている仮想経済は、長年のあいだにいろんな形で再発見され、何度かは再定義までされている。

　仮想経済管理^{マネジメント}は似ているが異なるふたつの機能と考えるといいだろう。ひとつは、日々のオペレーション。この目的は最新の経済理解にもとづいて、一定のバランスを保ち、定められた測定結果を最大化することだ。もうひとつは経済分析。これは経済のモデルと尺度、そして経済そのものを、いかに更新^{アップデート}・改善するかを理解するのが目的となる。分析によって得られた知識は現在のサービス改善に利用できるが、今後よりよいサービスを開発する際の基盤ともなるだろう。これはゲームと通貨や奨励システム^{インセンティブ}などそ

の他の仮想経済アプリケーションに応用される。本章の最後に、仮想経済におけるデータの収集と分析に関し実際的なアドバイスをいくつか述べておく *8。

◉ ビッグデータの取り扱い

　仮想経済では大量のデータがまたたく間に生みだされる。大勢の人々の選択や動向に関する詳細なデータは "ビッグデータ" と呼ばれ、調査や政策立案にまったく新たな可能性を切り開いたが、これにより侵害的な監視まで可能になった *9。仮想経済の管理者にとってビッグデータは、膨大なデータをいかに管理・保管してそこから有益な発見を導きだすかという、現実的課題となるだろう。典型的な問題と解決法を以下に簡潔に紹介する。

　たとえば仮想アイテム購入データを考えてみよう。未処理の生データには "レベル 47 エメラルド付き炎の剣" などと、アイテムに関する記述が何百万行と並んでいるだろう。しかしどれだけの経営判断がこの剣の購入に影響を与えるだろうか？　その数はごく限られる。市場の動きの全体像をつかむには、生データをメタデータで増補する必要がある。たとえば、この剣のメタデータは次のようになるだろう。レベル 47；レベル 45~50；スラッシング系；剣；エフェクトあり；エフェクト：ファイア；パワーアップあり；パワーアップ：エメラルド。メタデータを使うことにより、市場をいくつもの角度から分析できるようになる。メタデータフレームワークを最初に設けておけば、あとあとデータがたまり、データベースレイアウトを何度か変更してから適用するという、骨の折れる作業を避けることができる。ビッグデータは往々にして手のつけようがない膨大な情報の山なのだ。

　メタデータフレームワークがあれば分析の助けとなるだけではなく、分析のために保存の必要があるデータを減らす簡単な方法を提案してくれる。前述の例では、おそらくもっとも重要なメタデータは（われわれの剣を使うゲーム体験から判断すると）単純に "武器" であろう。市場で武器に、さらにはレベル 45 から 50 の剣に関心のあるユーザーなら想像しやすい。しかし "レベル 47 のエメラルドで強化された剣" と、そこまで限定的な関心を持つ

ユーザーは想像しにくいだろう。ストレージの削減のためには、正確なタイムスタンプ付きの個々の商取引ではなく、一定期間にユーザーが購入した特定のカテゴリー内の総アイテム数のみを記録すればいい。もっともこれにはマイナス面もある。のちのち興味深いデータ分析法を新たに考えついたときに、必要となるデータを残していない恐れがあるからだ。

　実際には、分散ストレージシステムが主流となったこんにちでは、データストレージはたいした問題ではない。とはいえ、膨大なデータの回収や分析が大変なのは変わらないだろう。クリックひとつでほしいデータが見つかるインターフェースにはクイックレスポンスが必須だが、知りたいことと分析の性質次第では、膨大なデータセットを調べるのに数分から数日かかりかねない。

　現実世界の経済を調査する統計学者はサンプルを用いてこの問題に対処する。ある変数の指定のスケールにおける一般的傾向を知りたいのなら、すべての情報を集めてその平均を求める必要はない。バイエルン人の一般的な体重を知るのに、バイエルン人全員の体重を量ることはしないだろう。人口1200万として、1000人の体重を調べればかなり正確な数字が得られる。統計学者の手を借りてサンプル用のデータポイント数を決めることもできるが、一般的なルールとして、サンプルサイズが1000を超えたあとは、それより何桁も多い人口の傾向を正確に推定することが可能となる。サンプルではデータマイニング［ビッグデータの中から有益な情報を採掘（マイニング）すること］手法を利用して人口の中から個々のユーザーを特定することはできない。しかし、経済指標の開発と測定に関わるマネジメントで、そのような分析は必要とされないだろう。

　サンプルの利用にはなんらかの間違いがつきものだ。だがすべてのデータを扱ったとしても誤差は出るもので、2から4%なら許容範囲だろう。アメリカでは国勢調査の精度に関する議論が長らくくすぶっている。憲法にもとづき、10年ごとに人口の**総数**──サンプルではない──が収集される。だが国民を1人残らず見つけられるわけはなく、総数は常に誤りとなるわけだ。標本抽出法を使うほうがより正確なデータが収集できると統計学者は

主張している(しかも数学的に証明できる。加えてそのほうが安上がりだが、それはまた別の問題だ)。コンピュータに任せればそんな間違いは起こらないようにも見えるが――コンピュータはどんな人でも見つけだす――最終的にデータを扱うのは人間で、規模（サイズ）と範囲（スコープ）のために時間のずれと単純ミスが生じるのはまぬがれないだろう。

　結論として、ビッグデータにより与えられる機会に反し、通常、実際の仮想経済マネジメントでは全データを収集する必要はなく、むしろデータの量は少ないほうがいいことが多い――ユーザープライバシー保護の理由からだけでも。仮想経済の重要性が増すほど、仮想経済のデータはより個人的で慎重な扱いを要するものと見なされなければならない。その一方で、仮想経済のデータは将来に関する分析や学究的調査にまで利用できるだろう。これらの用途には、データ量は多いほどよい。それでもデータの収集・保管は倫理的な許容範囲内で行われねばならないのは同じである。

◉理論の重要性

　膨大な量のデータをさまざまな方法で分析することにより、膨大な数の関連性が発見されることになる。「へえ！　黒いズボンをはいているユーザーはこのゲームに毎月40ドル以上費やしてるぞ！」相関関係の中には問題となる尺度間に実在する因果関係を反映するものもあるだろう。一部の相関関係は両方の尺度に影響する第三の要因によって生じる。また一部の相関関係はデータの収集法や管理法によりもたらされた結果だ。そして一部の相関関係はただの偶然でしかない。観測された相関関係からすぐに活用できる識見（アクショナブルインサイト）を導きだすには、どのタイプかを見極める必要がある。

　黒いズボンをはいているユーザーの何が高額の出費に結びつくのか？　これはデータに関する疑問ではなく、理論に関する疑問だ。理論とはわれわれが見ているデータの説明を試みるモデルである。経済指標を導入する際には、指標の相関関係を解釈する因果のメカニズムの説明がなされる。経済においてCPIと貨幣供給、両方の急速な成長が観測された場合、貨幣供給の成長がCPIの成長をもたらしていると見なされ、貨幣供給の引き締め

が行われるだろう。だが黒いズボンと消費の場合には、もっともらしい理論を考えつくのは難しい。それまでの調査や経験によって裏付けられる理論となるとまったくのお手上げだ。そうはいっても、この種の相関関係は実際に現れるものだ。黒いズボンはどういうわけか高額の出費を引き起こすと考え、黒いズボンのユーザーに重点的に商品を売り込むこともできるだろう。だが似たような相関関係がデータから何十、何百と見つかったら、間違った情報から本物の情報を、表面的な情報から本質的な情報を区別する方法が必要になる。理論こそがその方法だ。だからこそわれわれは、何が起きているかをリアルタイムで見ることのできるデータマイニングとビッグデータの時代においてさえ、経済と社会に関する抽象的な理論を教え、発展させているのである。

◉データの公開

　理論に終わりはない。本書が執筆されているあいだも、こんにちの経済における貨幣供給と価格の因果関係の性質や強度について経済学者たちは議論を戦わせている。新しい見解は理論を試し、磨きあげ、定義し直すのに役立つ。この章の最後に、データや尺度をなんらかの形で発表するよう仮想経済デザイナーにお願いしたい。

　デザイナーがデータを公開する背景には、極めて利己的な理由がいくつかあげられる。学者や学生、またユーザー自身による分析はサービスまたはデザインの向上に役立つ識見を明かしうる。また、データは経済の流れを向上させる。数百年ほど時間はかかったが、各国政府は経済データを（正直に）公開することこそ最善の政策であるのを認めた。これらのデータは経済主体が重要な決定をくだす際に大きな役割を果たす。データの秘匿は不安感と危機感を増幅させる。また、データの秘匿は経済主体が弱腰か無能であるしるしでもある。まともな者ならそうは思われたくないだろう。「イブオンライン」ではリードエコノミストのEyjólfur Guðmundssonがゲームプレイヤーのデータと分析を発表している。

　デザイナーによる仮想経済データの発表を制限する要因がいくつか存在

する。発表にかかるコスト、収益などビジネス上慎重な扱いを要するデータ、ゲームプレイを損なうデータ、それにプライバシーを侵害するデータだ。政府がやるように生データの代わりに経済指標の総計を発表することでこれらの問題の多くは解決できる。仮想経済に関する指標の公開はますます重要になっている。これは経済勢力が衝突するたびにユーザーのみでなくすべての者に影響が及ぶためだ。現実経済と仮想経済は無数の関わりを持つ。政府のポリシーメーカーはすでに多くのデータを開示している。仮想経済の管理者もそれを見習うことが望まれるだろう。

*1
Kaplan and Norton (1996). ロバート・キャプランはアメリカの経営学教授。デビッド・ノートンはアメリカのコンサルタントでビジネス関連の著作がある。

*2
債務の支払いを強制できる法制度がないのが主な理由だろう。第7章を参照。

*3
金融政策について深く調べるには、Mankiw (2009, chapters 4, 19) などのマクロ経済学入門書を参考のこと。

*4
生産されたが（まだ）売られてはいない商品をGPに含むことは可能だ。市場で販売されていなくても、生産されたすべての最終財に市場価格を適用すればいい。つまり、市場データを利用し、市場に出ていない商品に価値を与えるのだ。これは販売されていない商品が、販売されている商品と似ていれば（もしくはまったく同じなら）極めて簡単だ。だが市場に出たことのない生産品であればより複雑になる。この場合、価格を帰属させねばならないが、これは専門的テクニックであり、本書の範囲外である。

*5
生産と成長の標準的な経済尺度については、Mankiw (2009, chapters 3, 7-9) のようなマクロ経済学の入門書を参照。

*6
失業と未使用の能力（キャパシティ）について詳しくは Mankiw (2009, chapter 6) を参照。

*7
主観的ウェルビーイングの測定法に関してより詳しく知るには Layard (2006) を参照。Richard Layard は著名な労働経済学者であり、後年にはすべての経済変数が実際の幸福にもたらす意味に関心を持ち、幸福経済学という分野の開拓者となった。

*8
従来のマクロ経済データに関する一般的なアドバイスは Mankiw (2009, chapter 2) に紹介されている。

*9
ビッグデータとその社会的意味に関しては Mayer-Schönberger and Cukier (2013) を参照。ビクター・マイヤー＝ショーンベルガーはインターネットガバナンスとレギュレーションの教授。ケネス・クキエはデータジャーナリスト。ビッグデータ調査の実施例は Bollen, Mao, and Zeng (2011) を参照。

第11章 —Chapter 11 なぜ現実世界に仮想経済デザインが必要か

　グローバル経済は問題を抱えている。繰り返される金融危機、経済の停滞、失業、そして貧困に加え、天然資源の減少や世界各地の環境災害と、経済はさらに深刻な問題に直面しはじめている。気候変動に関する政府間パネルは、破滅的なレベルの地球温暖化を避けるには、2050年までに温室効果ガスの排出を1990年と比べて25%でも50%でもなく、なんと85%削減する必要があると見積もっている [*1]。その期限に達するよりも先に、われわれは石油や希土類金属、さらにはきれいな水などのますます希少になる天然資源をめぐって、戦争や紛争を目の当たりにすることになるだろう。難しいのは、経済が抱える問題の解決は生態系の破壊を加速させ、環境を守ろうとすれば今度は経済成長と豊かさの実現が阻まれることだ。このジレンマの解決策はどこにも見当たらない。本書を執筆しているあいだにも、カナダは京都議定書からの脱退を表明し、世界の経済大国は足並みを乱している。

　経済研究と経済政策の歴史を見ると、現実経済の危機は、危機をどう理解するかの主要な手法に変化をもたらすという、よく知られたパターンが存在する。1930年代の大恐慌では、新古典派経済学のドグマはケインズ経済学に取って代わられた。1970年代のオイルショックの際には、ケインズ経済学はお払い箱となり、金融経済学が脚光を浴びた。いちばん記憶に新しい世界規模の金融危機でも同様の傾向が見られた。世界各地で頻発する危機や偏った成長の原因は現在の経済の主流にあるとされる一方で、経済は限りある地球の上で無限の成長への道を驀進しているとも言われる。

　主要な経済学者の多くは、経済危機の解決にはより人間的な理解が不可欠であると考える。ノーベル経済学賞を受賞したジョージ・アカロフとイェール大学の経済学者ロバート・シラーはこう語っている。

経済の働きと経済を管理して繁栄する方法を理解するには、人々の
　考えや感情を動かす思考パターンに注意を払わねばならない……。重
　要な経済的出来事の原因は主に心理的な性質のものである事実を見据
　えない限り、それらを本当に理解することは決してできないだろう [*2]。

　貧困と公害が形のある現象であるのは明らかだが、それらを引き起こす
われわれの経済は、突き詰めて言えば人の心が作りだしたものである。経
済の人間的側面を理解することにより、経済繁栄がいずれは環境保全を妨
げることになる現在のパラダイムを、克服もしくは回避する方法を見つけら
れることが期待される。

　本章の残りの部分では大胆に出て、オークの経済学を現実世界に当ては
め、グローバル経済危機に関する洞察（インサイト）を仮想経済から引きだしてみたいと
思う。仮想経済が現実経済にいったい何を教えられるだろうか？　結局の
ところ、仮想経済では貧困も公害もたやすく解決できる。単に何もないと
ころから商品を生みだし、貧困も公害も跡形もなく消してしまえばいい。
だがふたつのタイプの経済が共有するものがひとつある。それが人だ。仮
想経済で決定をくだすのが人であるように、グローバル経済の決定をくだ
すのも人だ。仮想経済で起きる経済的出来事の心理的な性質から何か学ぶ
ことがあれば、それらは現実経済にも応用できるはずだ。

　仮想世界ではビジネスや職場でよりも、リスクを冒し、直感的に行動し、
短期利益を最大化するものだと反論されるかもしれない。その意見は正し
い。だがそれらはすべて程度の差であり、性質の違いではない。われわれ
は実証的研究から、仮想と現実、ふたつの状況下における経済行為に基本
的な相違はなく、理論的にも相違を見つけることはできないだろう [*3]。次
の節では、仮想経済幻想の心理的・社会的基盤について所見を述べ、それ
らがグローバル経済に対して持つ意味を考える。公正を期して言うと、そ
のような基盤は少なくともどこかの社会科学者によって認識されているも
のばかりだろう。ここでわれわれにできるのは、再確認と重要点の強調、
それに新たに得た仮想経済学の知識を用いて読者が現実のグローバル経済

の向かう方向を理解できるよう手助けをすることだ。

■消費できる財としての経済的インスティテューション

　仮想経済において、経済活動は単に目的を達成するための手段ではない。それ自体が目的となりうるのだ。ユーザーが仮想商品の生産に励むのは、主流の経済理論の仮定に反し、利益をあげるためだけではない。生産するのが楽しいから、それが自分の役割であるから、または社会的ステータス向上を目指せるからなのである。言い換えれば、経済プロセスそのものが目的であり、消費できる財なのだ。この事実が抜け落ちた理論では、ユーザーの行動を説明することはできないだろう。

　現実経済がゲームではないのは言うまでもない。もしも現実の収入が危機にさらされたら、人々は当然、利益を重視し、経済的インスティテューションのことはそれ自体を目的ではなく、ただのツールとして見なすようになるだろう。それとも違うだろうか？　株式市場を例にあげてみよう。フィンランドでは、三分の一近い世帯が直接株を保有している *4。オンライン取引プラットフォームの登場により、投資家が株式ポートフォリオを個人で管理、つまり株の売買をすることはごく一般的になった。このような投資活動の表向きのゴールは利益をあげることだ。金融理論によると、投資家は予想されるリターン、リスクそれに個人のリスク許容度 [許容できるリスクの範囲] に照らし合わせて最善の選択肢を選ぶことで、利益の最大化を目指す。

　この理論を実際に適用するには問題がひとつある。世の中の大半の人にとって、利益の最大化を目指すのなら株を盛んに売買するのはまずいやり方だ。売買件数の多いトレーダーに関する研究では、彼らの運用成績は市場平均をはるかに下回る *5。言い換えれば、平均株価の銘柄を買ってただ持っておくほうがもうけが多いのだ。ある研究では、活発なトレーダーのほとんどが市場平均を5%も下回り、リサーチャーたちは "株取引はあなたの資産を損なう" と結論づけた *6。

　運用成績が悪い原因はこうしたトレーダーのふるまいにある。彼らはミ

ューチュアルファンド［オープンエンド型投資信託］を通して投資を分散するのではなく、個々の銘柄に直接投資するのを好む。彼らは取引を頻繁に繰り返すため手数料がかさむ。また、投機的な取引を行うことによりリスクが大きくなる。そして多くの場合、運用成績が悪化する恐れがあるのを認識しておきながら、これらすべてをやってしまうのだ。リサーチャーたちは行動経済学を用いて彼らの行動を説明し、人間の意思決定にはなんらかの偏見や欠点があるとした。純粋に利益を求める個人も、それらの偏見や欠点のために足並みをそろえて誤った道を突き進むのだ。

　われわれが仮想経済から得た所見はこの説明の補足となるかもしれない。つまり、株式市場は単に利益を追い求める手段ではなく、それ自体が消費できる財であり、利益とは関係なしにトレーダーに価値を与えるものである。この説明は、金融理論の枠組みの外で個人投資家の動機をはじめて調査した最近の研究により、裏付けされた *7。この研究では、金融理論に反して、投資家が求めるのは金融価値だけでないことが示された。株取引により実感できる楽しさ、スリル、わくわく感などの肯定的な感情も動機のひとつだ。それに投資活動は自尊心とまわりに対する自分のイメージの向上に貢献する。つまり、投資という経済活動もゲームやスポーツ同様に、それ自体が消費できる財なのだ。

　そうやって見ると、投資家の少々奇妙な行動もにわかにわかりやすいものになる。ミューチュアルファンドを通してではなく、直接投資をすることは、みずからを自立した個人、さらにはエキスパートとして位置づけようとする行為である。大きなリスクを冒すことは、ギャンブラーがやるようにスリルを求めることなのだ。そして過剰な取引はゲームを何度も楽しみたい欲求から来る。これらの選択が投資家の運用成績にもたらす損失は、エンターテインメントの代価と見なすことができるだろう。標準的なポートフォリオを買って保有するほうが金融的には賢明であっても、所詮は退屈だ。

　この種のゲーム的観点を現実経済に適用する意味とはなんだろう？　金融分野における市場活動、予想、そしてとりわけ規制に新たなアングルがもたらされる。次の例を考えていただきたい。銀行が以下のような投資商

品を販売したとする。投資期間終了時に、関連のない三つの会社——中国建設銀行、マクドナルド、そして小さな保険会社——の株価が投資期間開始時よりも高い場合には、ボーナス利息が付与される。しかし三つのうちどれかひとつでも終値が始値を下回れば、ボーナス利息を得る権利とともに投資した金も失われる。金融的な観点から見ると、この商品は理にかなっていない。これではサイコロ賭博と同じだ。サイコロを振って最終的に勝つのは店側だけだ。だがゲームにおける心理学および社会学的観点からすると、この商品は大いに意義がある。株式市場での株価の動きに自分が関わる特別さ、リスクを負うスリル、その他もろもろを与えてくれるのだ。

　実際、ギャンブル企業は銀行の投資商品によく似たデザインのものを別の名前で提供している。少なくともオンラインカジノのひとつは株式市場指数に賭けることができ、これは上記の投資商品と同じと言えるだろう。そして銀行側もいまではギャンブル企業のように、モバイルアプリでの提供をはじめている。なぜなら顧客がいる場所はそこなのだから。しかしこれらの類似点に反して、銀行とギャンブル企業に対する規制はまったく異なる。金融に関する規制は、金融理論にもとづいて、単に商品内容が正しく説明されていることだけを求め、あとは顧客が合理的な決定をくだすものと見なして彼らに委ねる。ギャンブルの規制は、ギャンブル依存症の研究にもとづき、内容がどれほど正しく説明されていようと、金融商品と同種のゲームが即座に禁止される。ここはどちらのアプローチがいいかを論じる場ではないし、白黒はっきりさせることはできないだろう。ここでのポイントは、仮想経済と同じように経済を見ることで、既成のカテゴリーを飛び越して眺めることが可能となり、規制する側も個々のプレイヤーも、インスティテューションの本来の姿を識別・認識できるようになるということだ。

■測定するものを知る

　では個々のインスティテューションから話を移し、マクロ経済全体の心理的・社会的基盤について見ていこう。第10章では、仮想経済における経済

指標について話をした。それらの指標の中で総仮想生産（GVP）を紹介した。これは仮想経済の中で生産された仮想商品の総価値を仮想通貨で測定した尺度だ。総仮想生産は仮想世界において、国家経済における生産の総価値の尺度、国内総生産（GDP）に対応するものだ。同じようなものを測定しながらも、これらふたつの指標は経済マネジメントにおいてまったく異なる用いられ方をする。ゲーム経済では、管理者は1人当たりのGVPを比較的安定させようとするだろう。ところが国家経済では、ポリシーメーカーはあらゆる手を尽くして1人当たりのGDPを右肩上がりで成長させようとする。この違いを分析すると、こんにちのマクロ経済の原理について興味深い事実がいくつか見えてくる。

　GDPは経済学者とポリシーメーカーがもっとも密接に追う経済指標だろう。GDPは国民の物質的な需要に応える能力を反映する、重要な尺度だ。人口と比較して多くを産出できる国家は、産出量が少ない国家よりも、国民により多くを供給できる。国家の繁栄を念頭に置くポリシーメーカーはその結果としてGDPの最大化を目指す。ときにはそれにより生態学的持続性を脅かすことになってさえ。GDPが重要なもうひとつの理由は、高い生産能力は戦時に有利であることだ。これは対戦国より爆弾などをより多く製造できることによる。もっともこの種の生産はどう見たところで人間のニーズに応える役には立たないだろう。最悪、人間のニーズを増やすばかりだ。

　GVPは物質的な供給は測定しない。測定するのは仮想商品の供給だ。仮想商品の用途は本質的に心理的・社会的である。これらの用途は第2章で論じた。仮想商品は個人の好みを満たし、自分の位置を確立し、価値を伝えるために用いられる。仮想商品は終わることなくめぐるファッションサイクルを構築してそれに参加し、社会的ステータスと体裁を追い求めるのに用いられる。仮想商品は仮想の危険や試練を乗り越えるために用いられ、報酬としてもたらされる進化が安堵感と満足感を与える。

　これらすべての利点の重要なところは、供給を増加させることによって必ずしも増えはしないことだ。より強力なアイテムは仮想世界におけるチ

ャレンジをあまりに簡単にする。数量を増やせばステータス商品は価値を失う。アバターの格好が奇抜すぎれば仮想世界におけるセルフイメージを傷つけかねず、修正の必要がある。これらの理由から仮想生産品とユーザーの満足度は放物曲線で示すことができる。ある点まで生産性と満足度はともに上昇するが、その後は生産の増加は満足度をあげるのではなくさげはじめる。仮想経済の管理者たちはこれを認識している。だからこそ1人当たりのGVPの最大化ではなく（長期的には商品価値の低下と合わせて）安定化に努めるのだ。仮想商品生産の最大化は簡単だ。システムを再プログラムして10倍でも100万倍でも好きなだけ生産すればいい。だがそんなことをしても誰ひとり満足はしない。

　現実世界のポリシーメーカーはGDPの最大化に努める。これはGDPは貧困を緩和する物質的な生産物を測るものだからである。一方、仮想経済学者はGVPの安定化に努める。社会的・心理的目的に見合う仮想生産物を測定するものだからだ。だがここで次の疑問が持ちあがる。GDPは実際にはどの程度まで物質的生産物の尺度であるのか？　実際にはどの程度まで、とりわけ脱工業化社会では、仮想生産物の尺度となったのか？　こんにちの世界GDPを作りあげるアクティビティの例をいくつかあげよう。人為的に希少なブランドアイテムの生産・販売、新しい味のアイスフロートの開発、ツイッターのフォロワーとフェイスブックの "いいね!" の生産・販売、それにモニター付きトレッドミルの販売。

　こんにちの富裕国の人々の多くは、程度の差こそあれ、間違いなく仮想経済の中で暮らしている。そこでは 幸 せは物質的な不足や欠乏にはもはや束縛されず、心理的な喜びや、不安、それに消費主義のステータスゲームに縛りつけられている。このような状況では、GDPの上昇は欠乏や困窮からの解放を意味するのではなく、GVPがそうであるのと同様に、示すことのできるしるしや象徴をより簡単に手に入れられるようになるということなのだ。そしてこれもGVPとまったく同様に、GDPの上昇もある程度を超えたら、幸 せを向上させることはほとんどない。この考えは幸福経済学の新たな領域における実証的研究に裏付けされている [8]。国際比較、各国の

縦断的研究、それに個々人の調査すべてが、生産と収入の増加はある程度までしか幸福を向上させないことを示している *9。仮想経済の内部で何が起きているかを見ることで、これがなぜそうであるかを説明する社会的・心理的メカニズムを理解することができるだろう。

　仮想経済において、GVPは中心的な尺度ではなく、普及度ではもちろんGDPに遠く及ばない。仮想経済の管理者の大半はGVPの計算すらしない。収支の調整ならもっと簡単なやり方があるからだ。それよりユーザーの関心度や満足度を反映する指標を注視することのほうがはるかに重要だと考えられている。同様に、社会科学者は現実社会の健康や進歩を把握する新たな尺度を開発しているところである。GDPは大恐慌と第二次世界大戦というふたつの大きな危機を乗り越えるために、アメリカで考案された。それ以前の尺度、鋼鉄の生産量や有蓋貨車の製造数は産業革命の考え方を反映していた。経済が先へ進んだいま、尺度をふたたび更新（アップデート）する時期が来ている。

■物質主義（マテリアリズム）の終焉？

　国家経済がすでに極めて仮想的で、商品の使い方や経済的インスティテューションへ参加する理由が大部分は本質的に心理的・社会的であっても、それらが環境に与える影響は文字通り現実のままである。われわれは地球上の使い捨ての資源を用いて気が遠くなるほど多種多様な象徴的（シンボリック）商品を作りだす。それらの商品が象徴（シンボル）としての価値を失うが早いか、たとえ機能はいっさい損なわれていなくても、ゴミとして処分する。われわれは経済的インスティテューションの拡大をひたすら目指す。たとえ持続可能なレベルをすでに超えていてもだ。そうしてサイクルは続く。消費主義は持続不可能な経済活動の大きな素因である、と生態経済学者は示唆している *10。

　警告が真剣に受け止められ、状況に変化が見えつつある。この10年間に先進国での温室効果ガス排出量の増加は止まり、若干ながらも減少にさえ転じた。だが減少量はいまだ少なく、その大部分は錯覚だ。なぜなら、汚染行為の大半が発展諸国へ回されただけにすぎないからだ。世界全体の温

室効果ガス排出はGDPと歩調を合わせるようにして増加し続けている。お
そらくより期待の持てる根本的な兆候として、社会学者たちは欧米諸国に
おける、中でも裕福な北欧での、物質主義的な価値観の低下を報告してい
る*11。フィンランドの人々は強迫観念に駆られるように高価なハンドバッグ
で自己主張することはもはややっていない。超大国化した中国の人々はい
ままさにそれをやっているが。フィンランドでは人々の重点は自由時間や
家族、健康へとシフト済みだ。経済か環境かというジレンマへの解決策は、
象徴的な目的で中身のない商品を使うのはやめにして、経済を縮小してシ
ンプルな生命維持装置にすることだろうか？

　この意見にはふたつの大きな問題がある。ひとつには、資本主義的経済
システムは成長にもとづいている。停滞、ましてやいかなる理由であれ経
済規模の大幅な削減は、大規模な失業につながる。サービスと文化活動の
みで成長と雇用を維持するのは不可能だというもっともな意見もある*12。
商品経済の拡大がこんにちの世界にマネーを循環させているのである。"こ
の経済は多くの場所で、人間の幸福を増大させることに貢献することはも
はやない"、と言うことと、よいところをすべて放棄することなしに経済を
変える方法を考えつくことはまったく別の話だ。そうは言っても、政策や
危機のどちらかを通して経済システムが変わるのは事実だ。もしかすると仮
想経済と代替デジタル通貨がそのような変化の触媒となるのかもしれない。
　脱物質主義的生命維持経済の概念に関する、ふたつ目の、より根本的な
問題は、意味を与えるシステムとしての商品の利用は、人間社会の本質的
特徴かもしれないということだ。消費者社会の成熟は比較的最近の出来事
とはいえ、考古学や人類学の研究を見れば、程度の差はあれ、商品は常に
人類文化の一部であったことがわかる。歴史を通し文化を超えて、商品は
象徴的意味を与えられ、実用目的では説明しきれない執着のされ方をして
いる。商品は言語であり、人々はそれを通して意思疎通を図るだけでなく、
自身の概念をまわりに明確に示しもする。人間は商品が溢れる世界で自意
識を持つ存在に進化したため、これは驚くべきことではないのだろう。し
かしそう考えると、象徴的目的のための消費をやめさせようとするのは、

内在する心理的プロセスを放棄しろというようなものかもしれない。商品と消費を重視する傾向は社会経済的状況とともに変化するだろう。そして現在は、ある地域では増加しながらも、一部の地域では減少へ向かっているようだ。しかし完全な脱物質主義的文化という概念は現実的ではないだろう。

サイバースペースの歴史は人間の物質文化への愛着を如実に物語っている。作家のウィリアム・ギブスンは1982年、スペースという言葉の新たな使い方を生み出した。データで形づくられた二次元の世界をユーザーが集う場ととらえてスペースと命名したのである。ジョン・ペリー・バーロウなどのデジタル理論家はこの言葉を実際のデジタル環境に当てはめ、サイバースペースは物質的希少さに制限されないため、脱物質主義的社会が現れると予言した。彼は"サイバースペース独立宣言"でバーロウは記している。

> あなたがた［各国政府を指す］の財産という法的概念は……われわれには適用されない。財産はすべて物質をもとにしているが、ここ［サイバースペース］に物質は存在しないからだ……。われわれの世界では、人間の心が生みだすものであればすべてただで再生産し無限に分配できるのだ。思想思考の伝達はもはやあなたがたの工場なしに成し遂げることが可能となった*13。

数十年が経過したこんにち、ギブスンが描いたサイバースペースにどこかよく似た仮想空間（バーチャルスペース）が実際に登場し、規模と人口においては彼の予想に近い。だがバーロウの宣言とは裏腹に、これらの空間（スペース）はすべて、周辺部にあるものを除けば、人為的に希少性を生みだすことによって、財産という概念を保っている。それどころか、希少性および何かを所有できる機能は、仮想環境が人気を集める必須条件となっている感すらある。まったく制約のない3D環境もいくつか開発されたが、どれもユーザーを引きつけることはできなかった。空間（スペース）という文字通りのメタファーの外、テキスト通信と2Dビジュアルコミュニケーションにおいては、バーロウの宣言はかなりの成功を

収めている。しかしディスカッションフォーラムやソーシャルネットワークのサイト、それに二次元のオンラインコミュニティにおいてでさえ、ポイントからバッジまで異なる種類の仮想財産が減るどころかますます増えている。まるでいまさらのように希少性が再発明されたかのようだ。物質世界で発展したわれわれの社交性と性格の側面の一部は、なんだかんだ言ったところできちんと伝達されるのに装飾品を必要とするのかもしれない。

　しかしながら、仮想空間（バーチャルスペース）における物質文化は、従来型の物質文化とは重大な点で異なる。つまり環境への影響だ。たしかに、デジタルネットワークとハードウェアも自然環境に依存してはいる。ある推定によると、それらのエコロジカル・フットプリント［人間がどれほど自然に依存しているかを表す指標］は飛行機での旅行と変わらない。一般的に、機能はするが陳腐化したデバイスを最新の製品に交換し続けるサイクルは、なんでも使い捨てにする消費主義と同様に、持続できるものではない。だが、仮想環境内で行われる仮想消費主義のサイクルとなると話は別だ。新しい仮想商品は、環境に影響ひとつ与えることなしに、生みだし、使用し、象徴的な（シンボリック）価値がなくなったときには処分することができる。望むなら、消費サイクルを無限にスピードアップできるが、環境への影響は同じままにとどまる。つまり、仮想経済においてわれわれはじめて、経済成長を環境への影響から切り離すことができたのである。

　ここに経済か環境かというジレンマを解決する最大の希望があるようだ。たとえ世界の経済システムを変えられなくとも、たとえどうしても消費主義から抜けだすことができなくとも、少なくとも仮想化することはできるのではないだろうか。前述のように、すでに経済の大部分は、本質的にまったく心理的な用途に用いられるという意味では、仮想化されている。あとはこんにちの消費ゲームに用いられる物質的目印（マーカー）をデジタルのものと置き換え、仮想化を完了させればいいだけだ。実のところ、これはすでに進行中であろう。デジタルネットワークに費やされる時間が増えるにつれて、仮想資産と仮想世界での業績の個人的・社会的重要性は増す。その一方で、少なくとも物質的資産の相対的な重要性は減る。われわれが子どもの頃、

近所の男の子たちは持っているアクションフィギュアを見せびらかし合ったものだ。こんにちの男の子は「ワールド・オブ・ウォークラフト」のアバターを見せびらかし合うだろう。以前は衣服や所有している自動車からその人を判断していたのが、いまではオペレーティングシステムのチョイスで判断される。価値があるとされる消費や余暇の活動はますます仮想化されている。

　だからといって、将来的には誰もがデスクに向かい、仮想環境を通してのみやりとりをするというわけではない。モバイルと拡張現実テクノロジーは、仮想経済をゲームやソーシャルメディア・アプリケーションの形で日々の社会状況の中へすでに持ち込んでいる。ハードウェアのアップグレードサイクルは確実に続き、われわれが望もうと望むまいと、テーブルやその他ディスプレイになりうる平らなもの、それに服の生地までがじきにネットにつながれることだろう。デジタル世界は日々の暮らしに結びつき、仮想経済は物的経済と同様に日々の体験の中に存在する。この状況下なら、消費主義的ステータスゲームとマーカーは、世界に物質的影響をいっさい与える必要のない魅力的なゲームについになることができるだろう。

■バーチャルがリアルに与えるもの

　これまで述べた可能性はインフォメーションテクノロジーがもたらすより大きな変化の先触れでしかないだろう。ハリケーンが接近すると、刻一刻と風が強くなるものだ。より大きな社会でこれらの変化の効果を追跡することが、最後にもう一つ挙げられる仮想経済が役に立つ領域かもしれない。これにはいくつかやり方があるだろう。

　経済学および社会科学の基礎研究では、仮想世界のデータが利用されはじめている。南カリフォルニア大学のディミトリ・ウィリアムズはゲーム、「エバークエスト2」からデータを得て、数々の分野の学術調査員が利用できるようにした。こんにちまでに、世界的に有名な社会学の専門誌に掲載されたものを含めて、このデータをもとにして30を超える論文が生みだされて

いる *14。われわれの1人（レードンヴィルタ）も同じように「イブオンライン」のデータへのアクセスを獲得し、これまでに少なくとも5つの論文に利用されている。たとえば、Helsinki Institute for Information TechnologyのJuha Tolvanenは「イブオンライン」のデータを使って、モラルハザードと逆選抜の区別という、保険市場での難解な問題を研究している。仮想経済の外では、この問題へ取り組むためのじゅうぶんに包括的なデータが簡単には手に入らない。これまでは行うことができなかったリサーチも仮想経済の中では実行可能だ。人間の行動や社会（ソサエティ）に関する重要な基本的事実の発見にこれからも利用されることだろう *15。

　また、ゲームやソーシャルメディアのディベロッパー自身、精力的にリサーチを行っている。仮想経済を運営している人々は独自の分析方法を開発しており、それらは往々にして基礎研究と同じだ。そのため今後、仮想経済の分析から経済学や社会（ソサエティ）一般に関する重要な発見が出てきたとしても不思議ではないだろう。現時点で、無数の企業や個人に自分のポケットコミュニティ［少数の世帯からなるコミュニティ］がある。そして当然ながら、彼らは自分たちのコミュニティをよくしようとする意欲に満ちている。これと同じ意欲がゲーム指標とソーシャルメディアデータの分析をこの数年で驚くべき前進へと導いた。これらの実験と革新は必ずや人間の行動と社会（ソサエティ）に関する発見を生みだすだろう。あとは時間の問題である。

■基本は変わらない

　本書を執筆しながら、われわれは仮想世界に属する要素の多くがいかに目まぐるしく変化するかを常に意識し、変わらないと信じることがらに焦点を当てるよう努めた。見えざる手があるとき突然価格の変動を止めることはないものと信じる。仮想であれ、手で触れられるものであれ、人々が商品や自分の資産に興味をなくすこともないだろう。人間が取引や蓄積、比較に飽きるとは思えない。世界経済が崩壊してごくわずかな商品のみが扱われる未来は予期していない。むしろ、商品は多様性を増す一方だと考

える。近い将来、無数の市場からなる巨大なマクロ経済が出現するだろう。そしてそれを動かすのは誘因と人間の欲の進化だ。本書ではこれらのトピックが中核となるよう目指した。風向きがどう変わろうと、これらの知識は必ず役に立つと確信しているからだ。

*1
IPCC (2007).

*2
Akerlof and Shiller (2009, p.1).

*3
Castronova et al. (2009a, 2009b). コンピュータが媒介する社会的インタラクションが直接向かい合っているのインタラクションとなんの変わりもないと主張しているわけではない。これはデジタル対物理的インタラクションという問題ではない。仮想世界でも現実世界でもオンラインショッピングや株の取引はコンピュータを介して行われる。ここでの問題は、人間の意思決定作業は、株の代わりに仮想アイテムを扱っているときにはなんらかの変化があるのかということだ。そしてそこに変化はない。

*4
2011年に行われた Finnish Foundation for Share Promotion survey より。

*5
Barber et al.(2009)、Barber and Odean(2000)などを参照。

*6
Barber and Odean (2000).

*7
Puustinen (2012).

*8
この領域の序論は Layard (2006) を参照。幸福がいかに基本的概念であるかを考えると、社会科学者がその測定に真剣に乗りだしたのがごく最近であるのには驚かされる。

*9
Inglehart et al. (2008)、Easterlin et al. (2010)、Kahneman and Deaton (2010).

*10
Jackson (2009).ティム・ジャクソンは影響力のあるイギリスの環境経済学者である。彼の著書『成長なき繁栄―地球生態系内での持続的繁栄のために』の主要テーマは "繁栄――その言葉のあらゆる意味において――は物質的利害を超越する" である。

*11
Inglehart (1997).

*12
Jackson (2009).

*13
Barlow (1996).

*14
Burt (2012).

*15
Schroeder (2011, chapter 7)も参照。

●参考文献

・Akerlof, George A., and Robert J. Shiller. 2009. Animal Spirits: How Human Psychology Drives the Economy, and Why It Matters for Global Capitalism. Princeton, NJ: Princeton University Press. (邦訳アカロフ、シラー『アニマルスピリット：人間の心理がマクロ経済を動かす』山形浩生訳、東洋経済新報社、2009年。)

・Au, W. James. 2010. Snoop Dogg Sells $200K+ in Virtual Items, Demonstrating Value of Branded Goods. http://socialtimes.com/snoop-dogg-sells-200k-in-virtual-items-demonstrating-value-of -branded-goods_b19293.

・Balkin, Jack. 2004. Virtual Liberty: Freedom to Design and Freedom to Play in Virtual Worlds. Virginia Law Review 90 (8)：2043–2098.

・Barber, Brad M., Yi-Tsung Lee, Yu-Jane Liu, and Terrance Odean. 2009. Just How Much Do Individual Investors Lose by Trading? Review of Financial Studies 22 (2)：609–632.

・Barber, Brad M., and Terrance Odean. 2000. Trading Is Hazardous to Your Wealth: The Common Stock Investment Performance of Individual Investors. Journal of Finance 55 (2) : 773–806.

・Barlow, John Perry. 1996. A Declaration of the Independence of Cyberspace. http://homes.eff. org/~barlow/ Declaration-Final.html.

・Barnard, Malcolm. 2002. Fashion as Communication, 2nd ed. London: Routledge .

・Bauman, Zygmunt, and Tim May. 2001. Thinking Sociologically, 2nd ed. Oxford: Blackwell (バウマン、メイ『社会学の考え方［第2版］』奥井智之訳、筑摩書房、2016年。)

・Belk, Russell W. 1995. Collecting in a Consumer Society. London: Routledge .

・Belk, Russell W. 2004. The Human Consequences of Consumer Culture. In Elusive Consumption, edited by K. M. Ekström and H. Brembeck, 67–86. Oxford: Berg.

・Bloomfield, Robert, and Young Jun Cho. 2011. Unregulated Stock Markets in Second Life. Southern Economic Journal 78 (1) : 6–29.

・Bollen, Johan, Huina Mao, and Xiao-Jun Zeng. 2011. Twitter Mood Predicts the Stock Market. Journal of Computational Science 2 (1) : 1–8 .

・Bourdieu, Pierre. 1984. Distinction: A Social Critique of the Judgment of Taste. New York: Routledge (ブルデュー『ディスタンクシオン1: 社会的判断力批判』、『ディスタンクシオン2: 社会的判断力批判』石井洋二郎訳、藤原書店、1990年。)

・Bourdieu, Pierre. 1998. Practical Reason: On the Theory of Action. Stanford: Stanford University Press. (ブルデュー『実践理性：行動の理論について』加藤晴久訳、藤原書店、2007年。)

・Braithwaite, Brenda, and Ian Schreiber. 2008. Challenges for Game Designers. Newton Center, MA: Charles River Media.

・Burt, Ronald. 2012. Network-Related Personality and the Agency Question: Multi-Role Evidence from a Virtual World. American Journal of Sociology 118 (3) : 543–591.

・Castronova Edward, Mark W. Bell, Marc Carlton, Robert Cornell, James J. Cummings, Will Emigh, Matthew Falk, Michael Fatten, Paul LaFourest, Nathan Mishler, Justin Reynard, Sarah Robbins, et al. 2009a. A Test of the Law of Demand in a Virtual World: Exploring the Petri Dish Approach to Social Science. International Journal of Gaming and Computer-Mediated Simulations 1 (2) : 1–16.

・Castronova, Edward, and Joshua Fairfield. 2007. Dragon Kill Points: A Summary Whitepaper. http://dx.doi. org/10.2139/ssrn.958945

●参考文献

・Castronova, Edward, Dmitri Williams, Yun Huang, Cuihua Shen, Brian Keegan, Rabindra Ratan, Li Xiong, and Noshir Contractor. 2009b. As Real as Real? Macroeconomic Behavior in a LargeScale Virtual World. New Media and Society 1 1 :6 85 –707.

・China Internet Network Information Center. 2009. Chinese Online Game Market Research Report 2009. Beijing: China Internet Network Information Center.

・Crawford, Chris. 1984. The Art of Computer Game Design. New York: McGraw-Hill.

・Dibbell, Julian. 2006. Play Money. Or, How I Quit My Day Job and Made Millions Trading Virtual Loot. New York: Basic Books.

・Douglas, M., and B. Isherwood. 1978. The World of Goods. New York: Basic Books.（ダグラス、イシャウッド『儀礼としての消費 財と消費の経済人類学』浅田彰・佐和隆光訳、講談社、2012 年。）

・Dovidio, John F., Jane A. Piliavin, David A. Schroeder, and Louis A. Penner. 2006. The Social Psychology of Prosocial Behavior. Hillsdale, NJ: Erlbaum.

・Duranske, Benjamin. 2008. Virtual Law: Navigating the Legal Landscape of Virtual Worlds. Chicago: American Bar Association.

・Easterlin, R., L. Angelescu McVey, M. Switek, O. Sawangfa, and J. Smith Zweig. 2010. The Happiness-Income Paradox Revisited. Proceedings of the National Academy of Sciences of the United States of America 107 (52) : 22463–22468.

・Espey, Molly. 1996. Explaining the Variation in Elasticity Estimates of Gasoline Demand in the United States: A Meta-Analysis. Energy Journal 17 (3) : 49–60.

・Fairfield, Joshua. 2005. Virtual Property. Boston University Law Review, 85:1047–1102.

・Farrell, Graham, and John Roman. 2006. Crime as Pollution: Proposal for Market-Based Incentives to Reduce Crime Externalities. In Crime Reduction and the Law, edited by Kate Moss and Mike Stephens, 135–155. New York: Routledge.

・Featherstone, Mike. 1991. Consumer Culture and Postmodernism. London: Sage.（フェザーストン『消費文化とポストモダニズム』小川葉子訳、恒星社厚生閣、1999 年。）

・Flegal, K. M., M. D. Carroll, C. L. Ogden, and L. R. Curtin. 2010. Prevalence and Trends in Obesity among US Adults, 1999–2008. Journal of the American Medical Association 303 (3) : 235–241.

・Fullerton, Tracy. 2008. Game Design Workshop, 2nd ed. San Francisco: Morgan Kaufmann.（Fullerton『中ヒットに導くゲームデザイン』加藤諒訳、ボーンデジタル、2015 年。）

・Gabriel, Y., and T. Lang. 1995. The Unmanageable Consumer. Contemporary Consumption and Its Fragmentations. London: Sage.

・Galbraith, John Kenneth. 1975. Money: Whence It Came, Where It Went. Boston: Houghton Mifflin.（ガルブレイス『マネー：その歴史と展開』都留重人訳、ティビーエス・ブリタニカ、1976 年。）

・Granovetter, Mark. 1985. Economic Action and Social Structure: The Problem of Embeddedness. American Journal of Sociology 91 (3) : 481–510.

・Hamari, Juho, and Vili Lehdonvirta. 2010. Game design as marketing: How game mechanics create demand for virtual goods. International Journal of Business Science and Applied Management 5 (1) : 14–29.

・Harris, Larry. 2003. Trading and Exchanges: Market Microstructure for Practitioners. New York: Oxford University Press.

・Hawdon, James, Pekka Räsänen, and Atte Oksanen. 2013. Social Responses to Collective Crime: Assessing the Relationship between Crime-Related Fears and Collective Sentiments. European Journal of Criminology 10. doi: 10.1177/1477370813485516.

・Hotelling, H. 1929. Stability in Competition. Economic Journal 39 (153) : 41–57.

・Huhh, Jun-Sok. 2005. Empirical Study on the Decline of Lineage 2 in Korea. http://ssrn.com/abstract=833847.

・Ingham, G. 2004. The Nature of Money. Cambridge: Polity Press.

・Inglehart, R. 1997. Modernization and Postmodernization: Cultural, Economic, and Political Change in Forty-Three Societies. Princeton, NJ: Princeton University Press.

・Inglehart, R., R. Foa, C. Peterson, and C. Welzel. 2008. Development, Freedom, and Rising Happiness: A Global Perspective (1981–2007). Perspectives on Psychological Science 3 (4) : 264–285.

・Intergovernmental Panel on Climate Change (IPCC). 2007. Climate Change 2007: Synthesis Report. Geneva, Switzerland: Intergovernmental Panel on Climate Change.

・Jackson, Tim. 2009. Prosperity without Growth: Economics for a Finite Planet. London: Earthscan.（ジャクソン『成長なき繁栄：地球生態系内での持続的繁栄のために』田沢恭子、一灯舎、2012 年。）

・Juul, Jesper. 2005. Half-Real: Video Games between Real Rules and Fictional Worlds. Cambridge, MA: MIT Press.

・Kahneman, D., and A. Deaton. 2010. High Income Improves Evaluation of Life But Not Emotional Well-Being. Proceedings of the National Academy of Sciences of the United States of America 107 (38) : 16489–16493.

・Kaplan, Robert S., and David P. Norton. 1996. The Balanced Scorecard: Translating Strategy into Action. Boston: Harvard Business School Press.（キャプラン、ノートン『バランスト・スコアカード：戦略経営への変革』吉川武男訳、生産性出版、2011 年。）

・KOCCA. 2010. 2010 대한민국 게임백서. [White Paper on Korean Games]. Korea Creative Content Agency: Seoul.

・Koster, Raph. 2004. A Theory of Fun for Game Design. Scottsdale, AZ: Paraglyph.（Koster『「おもしろい」のゲームデザイン：楽しいゲームを作る理論』酒井皇治訳、オライリージャパン、2005 年。）

・Krebs, B. 2009. The Scrap Value of a Hacked PC. Washington Post Security Fix. http://voices. washingtonpost. com/securityfix/2009/05/the_scrap_ value_of_a_hacked_pc.html.

・Lastowka, Greg. 2010. Virtual Justice: The New Laws of Online Worlds. New Haven, CT: Yale University Press.

・Lastowka, Greg, and Dan Hunter. 2004. The Laws of the Virtual Worlds. California Law Review 92 (1) : 1–73.

・Layard, R. 2006. Happiness: Lessons from a New Science. London: Penguin.

・Lehdonvirta, Vili. 2009a. Virtual Item Sales as a Revenue Model: Identifying Attributes That Drive Purchase Decisions. Electronic Commerce Research 9 (1) : 97–113.

・Lehdonvirta, Vili. 2009b. Virtual Consumption. Turku: Turku School of Economics. http://info.tse.fi/julkaisut/vk/ Ae11_2009.pdf.

・Lehdonvirta, V., and M. Ernkvist. 2011. Knowledge Map of the Virtual Economy. Washington DC: World Bank.

●参考文献

http://www.infodev.org/en/Document.1056.pdf.

・Lehdonvirta, V., and E. Joas. 2012a. Social Games Virtual Goods and Currencies Pricing Report 2012. Helsinki: Virtual Economists Ltd. http://virtualeconomists.com.

・Lehdonvirta, V., and E. Joas. 2012b. Mobile Games Virtual Goods and Currencies Pricing Report 2012. Helsinki: Virtual Economists Ltd. http://virtualeconomists.com.

・Lehdonvirta, V., and E. Joas. 2013. PC F2P Games Virtual Goods and Currencies Pricing Report 2013. Helsinki: V irtual Economists Ltd. http://virtualeconomists.com.

Lehdonvirta, Mika, Yosuke Nagashima, Vili Lehdonvirta, and Akira Baba. 2012. The Stoic Male: How Avatar Gender Affects Help-Seeking Behaviour in an Online Game. Games and Culture 7 (1) : 29–47.

・Lehdonvirta, Vili, and Perttu Virtanen. 2010. A New Frontier in Digital Content Policy: Case Studies in the Regulation of Virtual Goods and Artificial Scarcity. Policy and Internet 2 (3) : 7–29.

・Lehdonvirta, Vili, Terhi-Anna Wilska, and Mikael Johnson. 2009. Virtual Consumerism: Case Habbo Hotel. Information, Communication and Society 12 (7) : 1059–1079.

・Lury, Celia. 2011. Consumer Culture, 2nd ed. Cambridge: Polity.

・Malaby, T. M. 2006. Parlaying Value: Capital in and beyond Virtual Worlds. Games and Culture 1 (2) : 141–162.

・Mankiw, N. Gregory. 2009. Macroeconomics, 7th ed. New York: Worth.（マンキュー『マンキュー マクロ経済学Ⅰ 入門篇』東洋経済新報社、2017 年。）

・Mankiw, N. Gregory. 2011. Principles of Microeconomics, 6th ed. Boston: South-Western.（マンキュー『マンキュー経済学Ⅰ ミクロ編』東洋経済新報社、2013 年。）

・Mauss, Marcel. 1990. The Gift: The Form and Reason for Exchange in Archaic Societies. New York: Norton.（モース『贈与論』岩波書店、森山工訳、2014 年。）

・Mayer-Schönberger, Victor, and Kenneth Cukier. 2013. Big Data: A Revolution That Will Transform How We Live, Work, and Think. Boston: Houghton Mifflin Harcourt.（マイヤー＝ショーンベルガー、クキエ『ビッグデータの正体 情報の産業革命が世界のすべてを変える』斎藤栄一郎訳、講談社、2013 年。）

・McConnell, Campbell, Stanley Brue, and Sean Flynn. 2011. Microeconomics, 19th ed. New York: McGraw-Hill.

・Mercuro, Nicholas, and Steven G. Medema. 2006. Economics and the Law: From Posner to Postmodernism and Beyond. 2nd ed. Princeton, NJ: Princeton University Press.

・Mnookin, Jennifer L. 1996. Virtual (ly) Law: The Emergence of Law in LambdaMOO. Journal of Computer-Mediated Communication 2 (1) . http://jcmc.indiana.edu/vol2/issue1/lambda.html.

・Murray, Janet. 1997. Hamlet on the Holodeck: The Future of Narrative in Cyberspace. Cambridge, MA: MIT Press.

・Nicolas, Gaelle, Benoit Durand, Rene Rakotondravao, and Veronique Chevalier. 2013. Description and Analysis of Cattle Trade Network in the Madagascar Highlands: Potential Role in the Diffusion of Rift Valley Fever Virus. Acta Tropica 126 (1) : 19–27.

・North, Peter. 2007. Money and Liberation: The Micropolitics of the Alternative Currency Movement. Minneapolis: University of Minnesota Press.

・Polanyi, Karl. 2001. The Great Transformation: The Political and Economic Origins of Our Time. Boston: Beacon

Press.（ポラニー『［新訳］大転換』野口建彦訳、東洋経済新報社、2009年。）

・Puustinen, Pekka. 2012. Towards a Consumer-Centric Definition of Value in the Non-Institutional Investment Context—Conceptualization and Measurement of Perceived Investment Value. Academic Diss. Acta Electronica Universitatis Tamperensis 1195. Tampere, Finland: Tampere University Press.

・Robischon, Noah. 2006. Station Exchange: Year One. http://vili.lehdonvirta.com/files/oosa8403/SOEStationExchangeWhitePaper1.19.pdf

・Rollings, Andrew, and David Morris. 2003. Game Architecture and Design. San Francisco: New Riders.

・Salen, Katie, and Eric Zimmerman. 2003. Rules of Play: Game Design Fundamentals. Cambridge, MA: MIT Press. （サレン、ジマーマン『ルールズ・オブ・プレイ：ゲームデザインの基礎』（上・下）山本貴光訳、ソフトバンククリエイティブ、2011年。）

・Scheck, Justin. 2008. Mackerel Economics in Prison Leads to Appreciation for Oily Fillets. Wall Street Journal, October 2. http://online.wsj.com/article/SB122290720439096481.html .

・Schell, Jesse. 2008. The Art of Game Design: A Book of Lenses. San Francisco: M organ Kaufmann.

・Schroeder, Ralph. 2011. Being There Together: Social Interaction in Shared Virtual Environments. Oxford: Oxford University Press.

・Shapiro, Carl, and Hal Varian. 1999. Information Rules: A Strategic Guide to the Network Economy.

・Boston: Harvard Business School Press. （シャピロ、ヴァリアン『情報経済の鉄則：ネットワーク型経済を生き抜くための戦略ガイド』大野一訳、日経BPクラシックス、2018年。）

・Simmel, Georg. 1957. Fashion. American Journal of Sociology 62 (6)：541–548.

・Varian, Hal. 2009. Intermediate Microeconomics: A Modern Approach, 8th ed. New York: Norton. （ヴァリアン『入門ミクロ経済学』佐藤隆三訳、勁草書房、2015年。）

・Veblen, Thorstein. 1899. The Theory of the Leisure Class: An Economic Study of Institutions. New York: Macmillan. http://www.gutenberg.org/etext/833. （ヴェブレン『有閑階級の理論』高哲男訳、講談社、2015年。）

・Wilkinson, Richard G., and Kate Pickett. 2009. The Spirit Level: Why More Equal Societies Almost Always Do Better. London: Penguin. （ウィルキンソン、ピケット『平等社会』酒井泰介訳、東洋経済新報社、2010年。）

・Yee, Nick. 2005. The Daedalus Project, vols. 3–5 (10/19/2005) . http://www.nickyee.com/daedalus/ archives/pdf/3-5.pdf.

・Yomiuri Shimbun. 2012. "Kompu gacha" ［Online Games May Be Illegal］. May 6. h ttp://www. yomiuri.co.jp/dy/ national/T120505002978.htm.

・Zorpette, G., ed. 2012. The Beginning of the End of Cash. IEEE Spectrum 49 (6)：27–72.

293

●人名さくいん

特別付録

補論

補論1 ｜ 仮想経済と国家

藤末健三（参議院議員）

　本章では、政治学的観点から仮想経済を考察する。特に仮想経済における国家のあり方と役割を考える。2019年現在と本書が書かれた2010年ころを比較すると、大きな技術的進展がみられる。AI、5G、IoT、Blockchain、VR／ARなどの技術が本格的に利用され始めている。これらの技術の進展は、仮想空間を拡大するだけでなく、仮想空間（サイバー空間）と物理空間（現実空間）のコネクションを強め、仮想空間と物理空間の融合を進めている。これらの新しい技術の社会に対する影響についても考察する。

■仮想経済社会は、仮想空間と現実空間が融合した社会

　仮想経済は社会や産業にどう影響を与えるか。欧州では「第四次産業革命：インダストリアル4.0」と言われ、産業構造から社会が変わるとされている。一方、日本では仮想経済時代の新しい社会を「Society（ソサエティ）5.0 *1」と名付け、仮想空間と物理空間の融合した社会と定義している。

　この「ソサエティ5.0」とは狩猟社会（Society 1.0）、農耕社会（Society 2.0）、工業社会（Society 3.0）、情報社会（Society 4.0）に続く、人類史上5番目の新しい社会となる。あまりにも抽象的で分かりにくいが、まさしく「仮想経済」を拡大したような概念で、「サイバー空間（仮想空間）と物理空間（現実空間）を高度に融合させたシステムにより、経済発展と社会的課題の解決を両立する、人間中心の社会（Society）」と政府が公式に定義している。これはすなわち本書に述べられた仮想経済の概念を拡大したものであり、仮想経済が仮想社会を作るというコンセプトにも当てはまる。

　ソサエティ5.0のコンセプトから導きだされることは、「日本が仮想経済に対応するためには、FacebookやGoogle、Appleのように仮想空間だけのビ

ジネスではなく、現実空間と仮想空間を組み合わせた新しいビジネスを創造しなければならない」ということである。これは日本の強みである「ものづくり」と「仮想空間」を組み合わせることである。

　情報だけで成り立つ仮想経済では、重さはない。この重さがない情報と製品など重さがある現実経済の組み合わせが日本の新しいビジネスチャンスではないかと考える。ものづくりに強みがある日本の産業にとっては、サイバーだけの分野ではGoogleやFacebookなどに大きく差をつけられているが、ものと情報、言い換えればアトムとビットの組み合わせ *2 では優位性を創れると見ている。全てのものとサービスが仮想空間とつながっていく。そしてバーチャルとリアルが融合する新しい産業と社会が誕生する。

　たとえば、IoTを活用した工場による市場ニーズへの対応の迅速化、生産性向上、品質向上などの動き（Manu Tech）が始まっているが、健康医療の分野で脈拍、体温、血圧、血糖値、体重といった健康データ（バイタルデータ）をスマートウォッチやスマートフォンで収集し、分析し、健康促進や病気の予防のサービスを行うこと（Health Tech）、農業においても気温、土温度や湿度などのセンサーをつけ、AIを活用し、農作物を管理するサービス（Agri Tech）、社員の作業データや嗜好、性格、技能などを分析し、社員が最大限の能力を発揮するマネジメントを行うサービス（HR Tech: Human Resource Tech)など様々な新しいサービスが生まれている。これから労働人口が減少する日本においては、このような仮想空間（バーチャル）と現実空間（リアル）の組み合わせによる新しいサービスが世界に先駆けて生まれていくと期待している。

　さて、このような新しい社会ではなにが資産となるのであろうか。著者(藤末）は、「新しい社会では産業革命ではなく創造革命」が起きると考えている。次頁の図のように狩猟時代・農業時代は縄張りや土地が資産であった。次に工業時代になると機械が資産となりブルジョワジー（資産を持つ中産階級）が生まれた。今までの情報化の時代では通信やコンピューターをコントロールすることが重要となっていた。IBMやNEC、NTTといった企業が力を持っていた。そして今はまさに創造の時代となっている。Google、

出典：経団連サイト*3

Facebook、Apple、Amazonといった仮想空間をメインとする企業が市場価値で100兆円を超えた。これらの企業は誕生して10年くらいで急成長し、世界を席巻するまでになっている。新しいアイディアに資金が集まり、瞬く間にサイバー空間を通じて世界中に展開する時代がもう来ているのである。一方で、利益が数兆円で売り上げが数十兆円のトヨタの市場価値が数十兆円である。物理空間から仮想空間へと産業の活動が集う空間も変わってきており、仮想空間では「アイディア・創造性」こそがもっとも価値があるものとなっている。

　これからの社会では、このような傾向が加速するであろう。新しいアイディアには世界中から資金が何の抵抗もなく集まり、事業は一気に世界に展開するであろう。おそらく数年で兆円レベルの企業価値を持った企業が生まれてくる時代がもうやってきている。これは本書にある仮想経済を超えた「超仮想経済」かもしれない。

資産の移り変わり

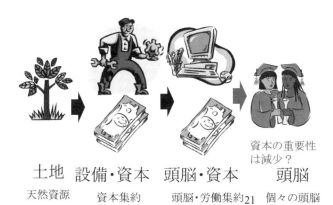

土地　設備・資本　頭脳・資本　頭脳

天然資源　　資本集約　　頭脳・労働集約21　個々の頭脳

資本の重要性
は減少？

出典：藤末健三講演資料

■仮想経済によるグローバル化と経済圏の分断

　仮想経済の特徴は、国境を越えた活動にある。本書でも指摘されているようにオンラインゲームの参加者は国境を越えており、また、仮想通貨も国家の信用に基づき発行される通貨と違い、暗号技術への信頼に基づき発行され、国境を越えて流通している。冷戦が崩壊して、グローバル化が始まったとも言われる[4]が、グローバル化を推進したのはまさにインターネット上の仮想経済の力である[5]。

　仮想経済を通じ仮想通貨により価値の取引が行われ、様々なメディアは仮想空間を通じて世界中に発信され、SNSは国境を越えて人をつなげている。そして、言語の壁も機械翻訳により超えようとしている。おそらくあと10年もかからずに、話す言葉をそのまま機械が翻訳し、多言語の会話を支援してくれるであろう。また、AR／VRはすでにゲームなどで普及を始めている。VRを使えば仮想空間の中で遠く離れた場所から臨場感を持って人が集まることができるようになる。今後、仮想空間技術は加速度的に発展し、政治的な壁があろうとも、サイバー空間がつながる限り、グローバリ

ゼーションは進むであろう。

　しかしながら、経済学者のダニ・ロドリック[*6]は、これからのグローバル化の選択肢として、①民主主義を犠牲にしてグローバル化を進める（世界貿易機関（WTO）の取り組み。国家主権の一部を国際機関にゆだねる）、②グローバル化を進めるとともに政治統合によりグローバル民主主義を実現（EUの取り組み）、③各国の自律性を保証し民主主義を維持し、グローバル化に一定の制限を加える（トランプ大統領の取り組みやイギリスのEUからの離脱(BREXIT)）、という三つの道があるとしている（括弧内は藤末の解釈）。

　私は4つ目の道があると考える。それは、④完全に他国の経済圏から独立し、自国だけの経済圏を作る、という道である。これは、中国が進みつつある道である。矢吹晋は中国を「デジタル・リバイアサン」[*7]と指摘している。リバイアサン(Leviathan)とは哲学者ホッブス[*8]が指摘した概念である。ホッブスは「国家を旧約聖書の怪物リバイアサンにたとえ、国家は社会契約によって成立したものとして、国家主権への絶対的服従を説いている[*9]。中国では仮想空間において国民を管理し、国家へ絶対服従をさせようとしており、ジョージ・オーウェルが『1984年』で描いた国民がモニターで監視される「ビッグブラザーの独裁国家」が実現しつつあるとの指摘である。監視カメラだけでなく個人の信用情報、消費情報、移動情報などのデータが国家に吸い上げられて「ビッグデータ独裁」が習近平独裁によってもたらされるとの可能性を指摘しているのである。

　中国は日本よりもはるかに仮想経済化が進んでいる。地方都市の屋台に行っても現金ではなくアリペイなどスマートフォンのQRコード決済アプリでなければ支払いができない状況だ。ちなみに、アリペイやテンセントなどのキャッシュレスシステムは、人民銀行の統一決済プラットフォームにつながっており、個人の資金の流れも官民一体のシステムの下に監視できるようになっている。

　また、北京などに行くと1時間一元（20円以下）で自転車をレンタルできる。どこから利益を出すのかと中国の友人に問うと「自転車の利用者の

ホッブスの著書「リバイアサン」の表紙に描かれたリバイアサン（体が人民でできている）

年齢・性別・住所・経歴など細かい個人情報が自転車レンタル会社に登録されており、各ユーザがどのように自転車を使うかのデータを集め、これを他の会社に売って利益を出す」と言っていた。このデータはマーケティングや信用情報として使われる。レンタル自転車を壊したり、規定外の場所に放置したりすると信用情報が下がり、ローンが借りられなくなると聞いた。日本ではプライバシー保護があり絶対実現できないビジネスモデルである。

◉世界から分離された中国の仮想経済圏

　このように情報財の価値が流通する仮想経済ができつつある中国であるが、中国は、現実の世界と仮想の世界でも独自の国家を作りつつある。中国はインターネットを世界から切り離し、仮想空間に集まるデータをすべて政府が管理できるように法制度を整備している。たとえば、「サイバー・セキュリティ法」にはIT企業の公安機関への協力義務も規定されている。国内で個人の様々なデータをバイドゥ、アリババやテンセントなどプラット

フォーマーが吸い上げ、これらのデータをAIで分析すれば「国家による社会統制システム」となる。

　バイドゥ、アリババ、テンセントといった中国のプラットフォーマーの頭文字をとった「BAT」も「GAFA」同様に普及している。7億人以上のネットユーザーを抱えると言われる中国は一国だけでも巨大な市場であり、BATはGAFAを超える力を持つ可能性もある。国家と連携することにより、BATは、国民の経歴から、財産、買い物、行動様式、保険、医療までをも管理し始めている。特にアリババは6億人を超える国民の情報を完全に管理している。まったく異なる仮想経済圏で「BAT」が進化を続ける可能性は大きい。

　こうした中国の仮想経済圏が、東南アジアやアフリカに拡大されれば、習近平政権の唱える「一帯一路*10」構想につながっていくかもしれない。実際に、中国は、一帯一路構想の下に海外の港湾や道路などのインフラ整備を進めるとともに、この一帯一路に中国の5G通信ネットワークを広げて「デジタル・シルクロード」とすることも構想している。

　また、中国では監視カメラの映像をAIが分析し、犯罪者を検挙している。すでに「天網」というAIを用いた監視カメラネットワークがあり、2018年で2000人以上の犯罪者検挙に役立っている*11。中国国内には、監視カメラが2018年時点で数億台あり、2022年までに30億台*12まで増やすとの推測データもある。実際に中国を旅すると街角に監視カメラが多数あるのを見かける。テロ対策・犯罪対策など治安維持対策とプライバシー保護のバランスが明らかに失われている。

　しかしながら、中国のようにデータのプライバシー保護が薄いことは、技術の進展にもつながる。時にAI分野ではそれが顕著である。AIにおいてはアルゴリズムとともに学習のためのデータが重要である。一般的に、AIというと情報の処理を行うアルゴリズムが重要だと考えがちであるが、実はアルゴリズムには大きな差異はない。一方、「学ぶための精度が高いデータ」の収集は難しく、いかに良質のデータを集めるかがAIの性能の決め手となっている。前述の監視カメラの顔の認識も、莫大な顔画像データからAIが学

ぶことにより初めて可能となるのである。

　中国においては国家の下にさまざまなビッグデータが集められ、そのビッグデータに基づきAI技術が進歩している。顔認識だけでなく、消費情報、信用情報（中国にはすでにスマートフォンなどで集められた個人のデータ分析により融資の枠や金利が変わるサービスがある）、健康情報（DNA情報と病気データの分析がこれからより大きなビジネスとなる）、医療情報（薬の効果などを実験でなく実測可能）などのビッグデータを入手できる中国企業は急速にAI技術を高めている。個人的には、2019年時点で中国のAI技術力は顔認識技術などにおいてアメリカを凌駕しているのではないかと見ている。実際に2030年には米中がAIのトップを争うとのレポート*13がある。中国政府は2025年までの製造業発展計画である「中国製造2025」にはAIやIoTといった重点技術を指定しており、AIが中国の経済成長における大きなアドバンテージとなる可能性がある。

■仮想空間における国家と企業

　さて、仮想経済圏の分裂、国家による監視社会など、仮想経済の進む方向にはさまざまな可能性がある。仮想空間における経済活動・社会活動が現実空間における活動を超える時、国家のあり方も変わってくる。2007年にフランスの思想家ジャック・アタリ*14が『21世紀の歴史*15』に今後の国のあり方について述べている。そこでは、アメリカ支配の崩壊が起こり、保護主義に走り、結果としてアメリカは内向きになる。そして、アメリカが世界秩序を支配するパックスアメリカーナが終わり、多極型の秩序が求められる。G20など多極型の国際組織ができるが、各国の国益を調整することができずに崩壊すると予測している。2019年現在、イギリスのEUからの離脱が現実のものとなろうとしており、トランプ大統領は保護主義的な政策に向かいつつあり、ジャック・アタリが10年以上前に予測した世界が生まれようとしている。このように国際的な秩序が弱くなる中で、国家に代わって力を持つものは「グローバル企業と個人」としている。

ジャック・アタリは国際社会で生きる人々を「ノマド（遊牧民）」と定義した。「人類は一万年ほど前にメソポタミアの地で定住民となったが、21世紀に再びノマドとなる者が増える」と指摘している。ノマドには大きく「超ノマド」、「下層ノマド」、「バーチャル・ノマド」の3つがあるとしている。エリートビジネスマン・学者・芸術家・芸能人・スポーツマンなど国境を越えて世界で働き生きていけるのは「超ノマド」、生き延びるために国境を越える移動を強いられる難民や移民が「下層ノマド」、定住民でありながら超ノマドに憧れ、下層ノマドになることを恐れて、仮想空間の世界に浸るのが「ヴァーチャル・ノマド」である。本書『仮想経済のビジネスデザイン』ではこの「ヴァーチャル・ノマド」が作る仮想経済をテーマにしていると考え得る。アタリは「2020年頃には、人だけでなく企業もノマドのような存在になる」としている。まさしく、GAFAは、税金が安い国を選び、電気料金が安い寒い国にサーバーを設置する、ノマド企業となっている。

■ノマド（遊牧民）企業は「サイバーネーション」になる

　ノマド化し、国家に所属しない企業はどうなるか。筆者は「仮想国家（サイバーネーション）」になると見ている。つまり、大きな流れとして、Google、Appleといったプラットフォーマーが国家のような機能を持つのである。
　国家は国民に安全と安心を与えることが目的である。その役割は大きく二つある。一つは、警察機能や防衛の機能、国民の安全を守る機能である。もう一つは、社会保障の機能、国民に安心を与える機能である。
　まず、警察や軍備であるが、警察機能はプラットフォーマーがスマートフォンなどのカメラやセンサーにより利用者やその住まいを見守り、警備することができる。すでに緊急通報のサービスは存在する。プラットフォーマーが民間の警備会社を買い取り、警察機能まで民間企業として提供することはあり得る。警備会社は監視カメラやセンサーのネットワーク、AIを駆使している。顔認識技術やロケーション認識技術で高い優位性を持つプラットフォーマーが警備サービスを行う可能性は高いのではないだろうか。な

お、すでに日本においても警察官の数よりも民間の警備の数が多くなっていることはあまり知られていない。英ガーディアン紙の調査によると、2017年時点で民間警備45万9305人に対して警察官は24万6800人となっている。すでに、公的な警察サービスも民間が担っているのである。

　また、軍備については、すでに軍事サービスも民営化が進んでいる。欧米には軍のOBなどが組織する軍事サービスが存在する。政府（国家）は、軍事費の削減への対応や自国の兵士に犠牲が出て国民の批判が生まれることを恐れている。このため、支出の増減がやりやすい民間サービスを求め、犠牲が出ても民事であり政府は関与していないと言える民間軍事サービスを利用している[16]。このような民間の軍事サービスをプラットフォーマーが有したら、たとえば、「テロリストに誘拐された利用者をプラットフォーマーが民間軍事サービスで救出する」こともあるかもしれない。スマートフォンの救出ボタンを押せば、GPSで位置を把握した民間軍事サービスが救出に来てくれるのである。料金は恐ろしいほど高くなろうが、ニーズはあるのではないか。

　そして、プラットフォーマーが「サーバー傭兵軍」を有する時が来るかもしれない。サイバーソルジャーの育成には多額のコストがかかり、また、軍の内部で雇用するには能力に見合う給与を払うことが困難である。サイバー担当自衛官を統合幕僚長の年収を超える年収2300万円で募集しようとして話題となったが、この給与でも一流のハッカーを雇用するのは難しい。プラットフォーマーがサイバー傭兵隊を養成し、それを国が雇用することは十分にあり得る。

　社会保障の機能については、たとえば医療についてはネットでサービスを行うことができる。すでにネットにおいて優秀な医師を紹介するサービスが行われ、また、ネットで日本の国民健康保険にあたる医療保険をサービスし始めている。すでに米軍はロボット手術機器でネットを通じて遠隔で手術をやっている。海外の医者がサイバー空間を通じて、診断、治療や手術まで行うことはすでに技術的に可能となっている。

　スマートフォンを通じて使えるヘルスケアサービスは、定期健康診断など

国のヘルスケアサービスよりも機能が高いと見ている。スマートフォンから毎日の運動量を測定し、またどのような食事をとっているかも管理しアドバイスしている。スマートウォッチをつけている場合には睡眠の状況でさえも把握し、改善のアドバイスを受けられる。そして、スマートフォンなどから集められた個人の健康管理状況に応じ保険料の額を定めるサービスがすでに始まっている。国家が一律の保険サービスを行うよりも、はるかに合理的でよりきめ細かい医療や健康サービスを「仮想空間を通じて、企業が行うことができる」のである。

　また、これから個人の遺伝子の分析が一万円程度でできる時代が来る。その時に遺伝子情報とそれぞれ個人の病歴や健康の管理等のデータをAIを使いプラットフォーマーが分析し、健康や予防のサービスを行うようになる。最終的にはプラットフォーマーが医療機関もグループ企業にし、国民ならぬ「利用者」にきめ細かい健康や医療のサービスを提供するようになるであろう。プラットフォーマーのサービスが国家のサービスよりもはるかに価値が高いものであれば、利用者はプラットフォーマーのサービスを選ぶことになる。その利用者はスーパーノマドやバーチャルノマドとなるであろうが、国の機能をプラットフォーマーが提供する可能性は高い。

　また、健康や医療といった公的サービスだけではなく、国の大切な役割である教育についてもプラットフォーマーは提供できる。すでにAppleはアイ・ユニバシティというサービスを行っている。また、オックスフォード大やMIT、スタンフォード大、ハーバード大といった欧米のトップ大学ではオンラインによる講義を行い単位も取得できるようになっている。アメリカではすべてオンラインで授業を行うビジネススクールも出てきている。そうなれば国が提供する公的教育サービスよりもネット上のサービスの方がより価値が高くなる可能性はある。国境を越えて学びたい大学で仮想空間上で学ぶ時代はもう近いと感じる。VR技術で仮想教室で世界中の学生が集い学ぶようになる仮想キャンパスも誕生するに違いない。

　そして、サイバーネーションにとって最も重要なのは「通貨発行権」である。つい最近まで、通貨の価値は「交換される金」によって保障されて

いた。これを「兌換紙幣 convertible money」という。ちなみにアメリカドルは、1971年のニクソン・ショックまでは金と兌換できる「兌換紙幣」だった。現在は、通貨の価値が「金に交換できるという裏付け」でなく、「国の信頼」によって担保されるようになっている。これを「不換紙幣 fiat money」または「信用紙幣 faith money」と呼ぶ。日本の円札は「日本銀行券」と呼ばれ、日本政府が保証する日本銀行によって発行されている。

こうした国の信頼で発行される通貨（紙幣）の対極にあるのが、ビットコインのような仮想通貨（法律上は「暗号資産」）である。仮想通貨は「国の信用」ではなく「暗号技術」への信用によって成り立っている通貨である。この仮想通貨の特徴は、国境を越え、銀行口座がなくとも、インターネット上で交換ができる、ことだ。つまり、国境を越え、人から人に（P2P）で価値を低コストで移転できるのである。

これは世界の金融を根本的に変える可能性がある。つまり、銀行や証券会社や保険会社が不要になる可能性があるからである。世界中の人々がインターネット上で送金でき、信用情報も管理されていれば、銀行や証券会社を通さずに個人や法人に資金を提供することが可能となる。また、保険も、会社がなくともネット上に相互扶助のシステムをつくれば実現可能である。仮想通貨の導入をいち早く進めようとしたのが、Facebookである。2019年6月にFacebookは仮想通貨「Libra」を発表した。発表時点において、リブラはFacebookではなく「リブラ協会」というコンソーシアムが運営することになっており、リブラ協会は設立時にVISAやPayPal、eBay、Uberなど28企業が参加している。そして、リブラの目的は「金融包摂」（Financial Inclusion）である。Facebookの発表によると、世界には銀行口座を持っていない人が17億人いるが、そのうち10億人がスマートフォンを使い、5億人がインターネットに接続できる環境にある。このように銀行口座を持てない世界中の人々に金融サービスを利用できる環境を提供するのがリブラである。

私は、この発表を読んだときに、まさしくFacebookが「サイバーネーション」に向け歩みだしたと感じた。2019年8月時点のFacebookのアクティ

ブユーザーは約24億人。つまり2018年の世界の人口73億人の33%、世界の3人に1人がFacebookユーザーとなっている。

このリブラ計画に一番敏感に反応したのは世界の中央銀行である。コントロールが効かないリブラが普及すれば、中央銀行は、公定歩合や準備預金制度、公開市場操作、金利操作などによる金融引き締め／金融緩和といった金融政策を充分に行えなくなる。また、日銀などは日銀券という利払い負担がない債務と引き換えに、国債などを買い取り、利子所得を稼いでいる（シニョリッジ：通貨発行益）。つまり、リブラの流通量が増え、日銀券の発行量が減るとシニュレッジが減ってしまうのである。

当然、世界の中央銀行、特に世界に基軸通貨ドルを発行する連邦準備制度理事会（FRB）は即座に「リブラに対する懸念」を表明した。また、2019年6月に日本で開催されたG20金融サミットにおいても、世界の中央銀行や金融監視当局から「資金洗浄防止や消費者保護の観点からの懸念」が示されている。筆者はG20に参加し、米連邦準備理事会副議長のクオールズ氏と一対一で話す機会を得た。クオールズ氏は、リブラをはじめとする仮想通貨について「その可能性は大きいと考えるが、規制の枠から外れることは認められない。政府機関や国際機関が厳重に監視すべきである」と答えていた。個人的にも世界通貨の発行権をアメリカ政府やFRBが他社に渡すとは思えない。これから仮想通貨を巡っては、「国家の役割」という視点から多くの議論が生まれてくるだろう。

このように企業が国境を越えて「国が行うべき安全の提供や安心の提供や通貨の発行を行い」だしたとき、ノマド化した人々は、物理的な国ではなく、仮想空間の国を選ぶかもしれない。

■サイバーネーションの統治機構

さて、プラットフォーマーが国家（サイバーネーション）になったときのガバナンスを国と比較することができる。

国民：まず国家の参加メンバーである国民はプラットフォーマーの場合、利用者となる。

　有権者：そして国家における有権者は、プラットフォーマーの株主となる。株主が株主総会でプラットフォーマーサイバーネーションの経営に関与することである。つまり、国民と有権者は一致しない。また、一人一票でもない、出資した株数に応じて票数が変わってくる。ここは、一般的な民主主義の選挙制度とは違ってくるが、有権者が選挙における投票により国家運営に関与するのと株主総会で選挙により会社（サイバーネーション）の運営に関与することは非常に類似している。

　取締役会：国家における議会は、ボード、つまり日本で言う取締役会になる。株主総会で選ばれた呼ばれた取締役が会社（サイバーネーション）の経営を管理することになる。

　執行役員：総理大臣は CEO（Chief Exective Officer）、大臣は執行役員になる。財務大臣が会計担当の CFO（Chief Financial Officer）、科学技術大臣は CTO（Chief Technology Officer）、官房長官は総務部長など総務担当執行役員とみなせる。そして、厚生大臣はプラットフォーム事業である健康医療担当事業執行役員であり、文部大臣はプラットフォーマーの教育事業担当事業担当執行役員となる。ちなみに司法機能はやや無理があるが法務部が担うことになる。

　このようにプラットフォーマー企業と国はガバナンスを見ると非常に似ている。ただ大きく違う点は株主でなければ投票ができず、また、投票権が一人一票ではなく保有株式数つまり出資の額に応じて変わってくる点である。一人一票が民主主義の基盤だとすれば、プラットフォーマー上の株主総会における投票による意思決定は民主主義の原則からは離れてしまうため、約款で「一株主、一投票券」とするなどの工夫が必要であろう。

　ちなみに、企業価値が100兆円を超えるプラットフォーマー [*17] が小さな国家全体をコントロールすることは「企業のメリットからもあり得る」と考える。たとえば、小さな国家にあるプラットフォーマーが社員を移住さ

れば、現実世界の国家もプラットフォーマーがある程度コントロールできるようになり、その国の国籍を「プラットフォーマーの利用者や株主に付与すれば、現実世界と仮想世界の国家を一致させる」ことができることになる。とんでもない話に見えるかもしれないが、エストニアはすでに「物理的にエストニア国内に住んでいなくても、電子居住者の資格（「e-レジデンシー*18」）を得られる制度を推進している。なんと安倍晋三総理大臣も「e-レジデンシー」を持っている。エストニアがサイバーネーションになる可能性もあるかもしれない。

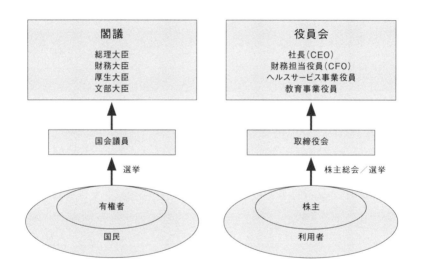

*1
内閣府ホームページ　https://www8.cao.go.jp/cstp/society5_0/index.html（2019年7月10日閲覧）

*2
https://www.keidanren.or.jp/en/policy/2017/103_summary.pdf（2019年7月10日閲覧）

*3
小林喜光「経営者は「心の岩盤崩せ」（特集　一億総無責任社会　日本が危ない）」『日経ビジネス』（2016年1月11日）

*4
原田泰『新社会人に効く日本経済入門』毎日ビジネスブックス、2009年。

*5
トーマス・フリードマンは『フラット化する世界』（原題 The World Is Flat : A Brief History of the Twenty-first Century）の中でインターネットなどの発展が世界を一体化しつつあると指摘。

*6
ダニ・ロドリック『グローバリゼーション・パラドクス：世界経済の未来を決める三つの道』白水社、2013年。

*7
矢吹晋『中国の夢：電脳社会主義の可能性』花伝社、2018年。

*8
トマス・ホッブス（Thomas Hobbes、1588年4月5日〜1679年12月4日）は、イギリスの政治哲学者。人工的国家論の提唱と社会契約説により近代的な政治哲学理論を基礎づけた。

*9
デジタル大辞泉

*10
2014年に習近平総書記が提唱した経済圏構想。「一帯」とは、中国西部から中央アジアを経由してヨーロッパへと続く「シルクロード経済ベルト」、「一路」とは中国沿岸部から東南アジア、スリランカ、アラビア半島の沿岸部、アフリカ東岸を結ぶ「21世紀海上シルクロード」を指す。

*11
「AI監視システム「天網」、16省市で運用＝毎秒30億回の照合可能、精度99.8％ — 中国」『Record China』2018年3月26日。
"In Your Face: China's all-seeing state" BBC News, 10 Dec 2017.

*12
https://kr-asia.com/idc-predicts-china-to-have-2-76-billion-surveillance-cameras-by-2022

*13
田谷洋一「人工知能（AI）強国を目指す中国」『RIM 環太平洋ビジネス情報2018』（Vol.18 No.69）。

*14
ジャック・アタリ（Jacques Attali）は、フランスの経済学者、思想家。1981年から1991年にかけてミッテラン大統領の顧問、1991年〜93年にかけて欧州復興開発銀行の最初の総裁、2008年〜10年、サルコジ政権下で「アタリ委員会」を率いた。

*15
ジャック・アタリ『21世紀の歴史：未来の人類から見た世界』作品社、2008年。

*16
水島朝穂「国家の軍事機能の「民営化」を考える：民間軍事会社（PMSCs）を中心に―」『企業と法創造』（2011年3月）。

*17
GAFAの2017年度の売上高は、Facebookが406億ドル、Googleは1108億ドル、Amazonが1778億ドル、Appleが2292億ドル。時価総額は2019年3月時点でFacebookが4760億ドル（約50兆円）、アルファベット（Google）は8170億ドル（約90兆円）、Amazonが8750億ドル（約100兆円）、Appleが8960億ドル（約100兆円）。

*18
2014年12月に開始され、2019年時点で世界の登録者は5万人を超え、日本からも約2500人のe-Resident（電子国民）が誕生している。

補論2 | 仮想経済のフィロソフィー 苫米地英人（認知科学者）

■「ファンジビリティが必要」は正しいのか?

　ここ最近、仮想通貨、いまの日本の法律で言えば暗号資産を推進する人々の間で、流行している言葉のひとつにファンジビリティというものがあります。

　日本語では、代替性や代替可能性などと訳されています。たとえば、Aさんの財布から出した10円玉と、Bさんの財布から出した10円玉には価値の違いがないということです。もちろん詳細に見れば、Aさんの10円玉とBさんの10円玉に違いはあります。ついている指紋が違うとか、重さだって正確に量れば若干の違いは生じているでしょう。

　しかし、二枚とも同じ10円の価値を持っているわけで、Aさんの10円玉はちょっと欠けているから7円の価値しかありません、ということには決してなりません。こういった均一性のようなものを指して「代替性がある」「ファンジビリティがある」と言います。つまり、仮想通貨においても、このファンジビリティは大切なのだ、というわけです。

　たしかに、もっともな話で、Aさんが持ってる10ビットコインと、Bさんが持ってる10ビットコインに違いがあるようでは通貨として役に立ちません。通貨として使う以上、ファンジビリティ＝代替性がなければ使えない、という仮想通貨関係者、推進者たちの主張は十分に納得できるでしょう。

　しかし、問題はここからです。

　彼ら仮想通貨関係者たちがなぜファンジビリティを問題にしているのか、といえば、現在の仮想通貨の多くには代替性がないと主張しているからです。

一体どういうことでしょうか？

　はた目には、ファンジビリティは十分にあるように思えてならないのですが、彼らの言い分はこうです。

　たとえば、あるビットコインが犯罪に使われたとします。するとそのビットコインは「汚れたビットコイン」として人々から忌避される可能性があるというのです。そもそもビットコインはブロックチェーンを使って安全性を保っています。ブロックチェーンは誰でも取引履歴を見ることが可能で、それゆえにこそ、監視機能が働いて安全性を担保しているわけです。しかし、仮にそのコインが犯罪に使用された過去を持っていた場合、ブロックチェーンにはその犯罪に関係した履歴が残っており、「汚れたコイン」であることがすぐにわかってしまいます。そうなると、「そういういわくのあるコインは受け取りたくない」という人も中には出てくるかもしれません。仮想通貨推進者たちは、それを恐れて「いまの仮想通貨にはファンジビリティがない」と言っているのです。

　さて、皆さん、こういった主張をどう感じますか？

　もしかしたら、「犯罪に使われたようなコインはたしかに欲しくない」という人もいるかもしれません。実際、いま自分の財布の中に入っている1万円が犯罪に使われたものだと知ったら、あまりいい気持ちはしないでしょう。

　推進者たちはそういったことを危惧し、仮想通貨には匿名性が必要だと言っているのです。

■なぜ、言葉のすり替えをしているのか？

　しかし、私には彼らの主張がまったく理解できません。

　そもそも、犯罪に使われたコインだからといって受け取りを拒否するような人がいるとはあまり思えないからです。

　殺人現場に落ちていた血塗られた紙幣というのであれば、受け取りを拒

否したくなる気持ちもわからなくはありませんが、「犯罪者が使ったことがあるから」というだけで「忌避される」という主張はかなり強引です。

　しかも、通貨にファンジビリティが必要だ、という大前提がそもそも間違っています。いえ、ファンジビリティ自体は間違っていないのですが、彼らが主張するファンジビリティとは「代替性」のことではなく、「匿名性」のことを言っています。ファンジビリティを匿名性という意味で使っているのであれば、その「ファンジビリティ」は通貨には必要ないのです。

　というのも、いま現代社会で流通している紙幣には匿名性などないからです。もう一度、いま流通している通貨をよく見てください。紙幣にはすべて通し番号が打たれています。通し番号があるということは、紙幣の一枚一枚を特定できることを意味しますから、匿名性などありません。

　そういう現状のなかで、これまで紙幣の匿名性が問題視されたことがあったでしょうか？　通し番号なんか打ったら取引が特定されてしまうから廃止しろ、といった議論が一度でもあったでしょうか？

　私の知る限り、紙幣でそういった問題が起きたことは一度もなかったはずです。

　ということは、通貨に匿名性がないことになんら問題はないのです。使用者が不利益を被ったり、流通上の支障になったりすることは考えられないのです。逆に、通し番号は、誘拐の身代金を払う時にチェックしておき、のちに犯罪の証拠として役に立つことがあるぐらいです。

　つまり、「匿名性」という意味でのファンジビリティの主張はおかしいのです。最初は「代替性」を問題としておきながら、最終的には通貨には「匿名性」がないといけない、という主張にすり替わっていることも含めて、この議論はとても不思議です。

　一体なぜ、彼らはこんなことを主張しているのでしょうか？

■ブロックチェーンの公開鍵の謎

　その答えを出す前に、ビットコインのブロックチェーンについて、説明し

ておく必要があります。

　そもそもビットコインのトランザクション（取引）とは、AさんからBさんに通貨が移動しました、ということで、これを具体的に言うと、受取手のBさんは公開鍵をハッシングして、Aさんがデジタル証明する、というものになります。

　ただし、ブロックチェーンの最初の設計では、受取手のBさんの公開鍵をコインの中に入れておく仕様になっています。実はこの設計は、普通の公開鍵のアルゴリズムの考え方からすると、とても不思議なのです。

　なぜなら、通常、公開鍵は公開するものだからです。

　そうです。ブロックチェーンの公開鍵は公開と言っておきながら公開されていないのです。

　どういうことか、説明しましょう。

　例えば、私がAさんから公開鍵を使って電子メールを送ってもらう場合、Aさんは私のホームページなどで公開している私の公開鍵をダウンロードしてメールを暗号化し、私に送ってきます。私は自分しか持っていない秘密鍵を使って暗号を解いてメールを読むわけです。

　ここで大切なことは、公開鍵はあくまで公開されていることが前提です。

　ところが、ビットコインでは公開鍵はコインの中に入っています。ということは公開鍵と言いながら、実際には公開していないのです。

　もちろん、ブロックチェーンは外から中身を見ることができるので、まったく見えないということはありません。しかし、コインの中に公開鍵が入ってしまっていたら、個人を特定しない限り、見ることはできません。

　わかりやすく言うと、「私の情報を公開します。名前は○○で、住所は□□で、年齢は△△です」といったことを見せることを、公開と、普通は言います。

　しかし、初期のビットコイン方式では、「ある人の住所は□□です。年齢は△△です。でも、名前は言えません」という状態で、果たしてこれで「公開している」と言えるでしょうか？

公開鍵と言いながら、公開していないのがビットコインだったのです。

ところで、ビットコインの設計者は一体なんのためにこんなことをしたのでしょうか？

実は、その答えにこそ、仮想経済の犯罪の大本を解く鍵があると私は思っています。

■匿名性を維持したい理由

そもそも公開鍵を公開しないというのは、自らの匿名性を維持したいという発想だと思います。

では、匿名性を維持したい理由はなんでしょうか？

いろいろあるとは思いますが、ひとつの例として、いま現在、インターネットの世界で匿名性があるものの代表として言えるのは、2ちゃんねるような匿名掲示板ぐらいでしょう。これら匿名掲示板が匿名性を維持している理由は、「自由に言いたいことが言える」からで、言葉を変えれば、「制約なしに欲望を吐き出すことができる」からとも言えるでしょう。

意地悪く考えるのであれば、自分が恥ずかしいと思っているような言葉であっても実名を出さなければ言えるから、匿名性の維持が重要なのです。

もちろん、言論の自由を確立するため、といった言い分があることもわかります。しかし、言論の自由は、何を言ってもいい一方で、自らの発言に対して、常に責任がついてまわります。責任も取らずに自由に語るのは言論の自由とはいいません。自由と責任はワンセットなのです。

ですから、匿名性を維持した上で、自由に発言したいというのは、正統な手段とはいえないことを言ったり、やったりしたいと思っているからか、その可能性を残しておきたいからではないか、と私には思えてなりません。要は、無責任な発言がしたいから匿名で発言させろと言っているとしか判断できないのです。

そして、この匿名性のことを仮想経済通と呼ばれる人々は「ファンジビリティ」と呼んでいるのです。通常は代替性を意味する言葉を、匿名性と

いう意味にすり替えて「ファンジビリティが大切だ」と叫んでいます。

　ですから、いま私は、この「ファンジビリティ」という言葉にとても違和感を感じるわけです。

■仮想通貨におけるファンジビリティのウソ

　はっきり言って、仮想経済に匿名性が必要だというのは、まやかしです。

　彼らがなぜ、匿名性を持たせたいのかと言えば、さきほど説明した2ちゃんねるの理屈と同じで、人に隠れてなにか正しくないことをしたいとどこかで思っているからでしょう。

　考えてみれば、初期の頃のビットコインはアンダーグラウンドの世界でマネーロンダリングのために使用されていました。現在でも武器を調達した際の精算にビットコインは使われています。実際、某国ではマルウェアの一種であるランサムウェアを他国の銀行などに侵入させていました。彼らはランサムウェアを取り除いて欲しければお金を払えと脅していたのですが、その時、某国はビットコインで身代金を払えと通知していました。

　ビットコインで支払いをしろというメールは、個人に向けても送られてきています。たぶん、読者の中の何人かは、「あなたの個人情報を入手した。公開されたくなければビットコインを送金しろ」といった詐欺メールを受け取った経験があるでしょう。

　仮想通貨の匿名性と犯罪はとても相性がいいのです。

　その一方で、仮想通貨から匿名性をなくすと、普通の人々にとって非常に大きなメリットがあります。

　それは脱税ができなくなるということです。取引履歴が一目瞭然なのですから、税金逃れなどできません。匿名性という意味でのファンジビリティなどないほうが、はるかに公平で遵法的なものとなるのです。

　ですから、いま盛んに叫ばれているファンジビリティについて、私は議論する必要もないと思っています。

　匿名性の意味で使われるファンジビリティは犯罪者のための論理と言っ

ていいもので、お金に匿名性を求めるのは自己責任から逃れたい、子どもの発想なのです。

こんな発想しかできていない人たちがいま仮想通貨や仮想経済を推進しようとしています。私はそこが問題だと思っています。

結局のところ、自分だけが儲けたい、自分さえよければウソをついても構わないと思っているような人たちが、仮想経済をいま推し進めようとしています。

もしも、これを放置すれば、仮想経済はいまよりももっと貧富の差を生んでしまうでしょう。犯罪の温床になってしまうかもしれません。

私はこれをとても心配しているのです。

■仮想経済の問題は90年代には予想できたこと

たぶん、読者の中には「苫米地は心配しすぎだ。仮想経済はまだできたばかりで海のものとも山のものともわからないのだから、多少の勘違いや間違いがあったとしてもあたたかい目で見る必要がある。ウソつきだ、犯罪だ、というのは早計に過ぎる」という意見もあるかもしれません。

しかし、いま私が指摘した問題は、仮想通貨や仮想経済がまだ洗練されていないために起きたものではないのです。仮想通貨の設計段階で十分に想定できるものでした。

なぜ、そこまで断言できるのかといえば、私は90年代に世界初の仮想通貨であるベチユニットを作っているからです。ビットコインができる15年以上も前の話で、その時、すでに私はいま言ったような問題を想定し、対策を施していました。

つまり、ベチユニットは最初から遵法精神に則る形で設計しているのです。

たとえば、コインの持ち主は、どこの誰にどこまで個人情報を明かすか、選ぶことできます。ですから、銀行員には自分の個人資産の残高を教えることができますが、普通に買い物をする時にはそれはしない、ということが可能になっています。また、税務署などが個人資産を調べる時には、当

然すべてを見ることができます。ですからベチユニットを使えば、税金逃れができず、とても公平な富の分配が可能になるのです。ベチユニットにはお札と同じ通し番号が最初からついているのと同じで、ビットコインとはフィロソフィーからして違うのです。

ただ、ビットコインもベチユニットも単調性を維持していますので、情報を足すことはできても減らすことはできません。改ざんは一切できないという部分での安全性、信頼性は保っています。しかし、ビットコインが使っているブロックチェーンは運用のインプリメンテーション（実装）次第でセキュリティレベルが大きく変わってしまいます。要は、安全性は実装の仕方次第で変わってくるのですが、ベチユニットはグラフアルゴリズムを使って離散数理上で単調性を維持していますので、インプリメンテーションではセキュリティレベルは変わりません。

ですので、フィロソフィーの部分でもセキュリティの部分でもベチユニットのほうがはるかに優れたものであることは付け加えさせてほしいと思います。

ともかく、仮想通貨および仮想経済において、最も本質的で重要視しなければならない問題はファンジビリティという名の匿名性に価値を見い出すことではなく、遵法精神であり、公平性です。

こんなことは、モノを作る上で当たり前のことであり、生まれたばかりの概念だからとか、できたばかりのシステムだから大目に見てほしい、というのは的外れもいいところです。

その逆に、最初だからこそ公平性や遵法性を重視するべきです。というか、こんなことは私がいちいち言うべきことではなく、ごくごく当たり前のことです。

しかし、その当たり前のことがなぜか、仮想経済の語り手や関係者たちの間では抜け落ちてしまっているのです。

■仮想経済の泳ぎ方?

残念なことに、ファンジビリティをいま言ったような角度から問題視して

いるのは私ぐらいのもので、仮想経済、仮想通貨に関わる多くの人々は、「ファンジビリティは維持するものだ」と最初から思い込んでおり、疑ってすらいません。

たぶん、彼らはろくにファンジビリティの意味も、その奥にあるものもわからずに、「みんながファンジビリティが大切だ、というから大切だ」と思っているのではないでしょうか?

たとえば、本書の中にもすでに、その片鱗は見えています。

この本の内容を簡単に言ってしまうと、「仮想経済を理解するにはこれまでの経済学では誤った判断をしてしまう。仮想経済には仮想経済専門の仮想経済学が必要で、この仮想経済学を使えば、仮想経済の中でビジネスチャンスを見つけることができますよ」というものでしょう。

現在、仮想経済の中で儲けたいと思う人がたくさんいるわけですから、こういった本が必要とされることはわかります。

しかし、儲け方を会得する以前に大切なものがある、ということです。

仮想経済におけるフィロソフィ。これを作っておかないと、せっかく未来ある仮想経済も、いまの金融経済と同様、強欲に泳ぐ輩の草刈場になってしまうでしょう。

現に、近年のビットコインをめぐる状況を見てもそれはわかるはずです。

なんの根拠もない、単なる代替通貨であったはずのビットコインが、わずか10年ほどで1ビットコインが200万円を超えるほど高騰したかと思えば、現在は70万円ほどと乱高下を繰り返しています。その背後では自己買いによって値段を釣り上げるなど、違法な行為も行われていました。

ビットコインもしくはアルトコイン(ビットコイン以外の仮想通貨)は通貨ではなく、キャピタルゲインを得るための商品となってしまっただけでなく、限りなく詐欺的な商品として認識されかねない事態を招いています。

ICO(イニシャル・コイン・オファリング=仮想通貨の上場)にしても、本来ならば、将来有望な中小企業に資金を提供できる可能性がとても高かったのですが、間違った方向に進んでしまい、いまでは詐欺のように言われ、禁止する国が増えています。

なぜ、こんなことになってしまったのか、といえば、最初のフィロソフィーが間違っているからです。

　いま大切なのは仮想経済の泳ぎ方ではなく、大前提となるフィロソフィーのほうなのです。

■仮想経済とはどんな世界なのか?

　では、どんなフィロソフィーが必要なのか? について最後にお話しましょう。

　ただし、その話をする前に、経済とはなにかという話をしなければいけません。日本語で経済とは経世済民のことを言いますが、英語におけるエコノミクスの語源は「家族」や「家計」という意味で、もともとエコノミクスの中には「稼ぐ」という概念はなかったのです。

　そんなエコノミクスに「儲ける」という概念を持ち込んだのが金融経済を作ったウォールストリートの金融家や銀行家たちでしょう。そして、彼らがやったことが「金で金を生み出す」という手法です。

　この手法の代表例をあげると、民間銀行の信用創造でしょう。

　信用創造とはいま学校の教科書にも載っている、誰もが知っているありふれた言葉で、銀行が当たり前に持つ権利だとほとんどの人が思っています。

　しかし、本当に信用創造は銀行だけが独占していい権利なのでしょうか?

　いえ、その前に信用創造そのものの是非についての議論をもう一度する必要があるのではないかと私は思っています。

　なぜなら、信用創造はどう考えても犯罪だからです。いま「犯罪」という強い言葉を使いましたが、それほど信用創造とは罪深いのです。銀行がやっている信用創造とは、誰かが1万円を預金したら、たとえば支払準備率が10%と決まっていたら、10万円までなら貸していいというものです。これって普通に考えておかしくありませんか?

　1万円しか持っていない人が10万円貸しているということ自体おかしいですし、仮に「1万円を持っているんだから、1万円までなら貸してあげる」

というのもおかしいのです。というのも、銀行が貸した1万円は誰かが預金した1万円で他人のお金です。他人のお金を勝手に貸していいわけがありません。

誰がどう考えてもおかしな話なのですが、これは預金準備制度として世界中で合法化され、銀行だけが持つ特権となっています。

ただし、メリットもあります。信用創造を行うことによって市中に現金が増えることがそうで、さきの例のように支払準備率10%とすれば、銀行は預金100万円のうちから支払い用の現金10万円だけをストックし、残り90万円を貸し出すことができます。この90万円はたいていその銀行の口座に入れることになります。この新たに入った90万円のうち9万円が支払準備金となり、残り81万円をまた誰かに貸す、という形を繰り返すことで、最初100万円しかなかった現金が気がつけば、90万円プラス81万円の171万円が生み出されています。

新たに生み出されたお金がGDPの伸び率分だけ増えていれば、市場はデフレになりませんから、これは大きなメリットと言えるかもしれません。

しかしながら、その役割を民間銀行が行う必要はありません。それは政府の仕事で、政府がGDPが伸びた分だけ中央銀行に通貨を発行させればいいのです。その通貨を使って公共事業を行えば、市中にお金は回っていきます。

ですから、銀行に信用創造をさせるという概念そのものが間違っているのです。もちろん、この理屈は仮想経済、バーチャル経済でも同様です。仮想経済は信用創造なしでやるべきだと私は思っています。

そういった前提を踏まえて本書を見た時に、私は非常に強い危機感を感じます。

その危機感とは、仮想経済での儲け方、稼ぎ方、泳ぎ方に、的を絞りすぎているからです。実際、本書は、仮想通貨と現実の通貨をつなげていくことになんの疑いも持っていません。さすがに最終章の部分では脱物質主義について語っていますが、どう読んでもそこに重きをおいているようには感じられません。

繰り返しになりますが、本書は、これから仮想経済に乗り出そう、あるいはこれから仮想経済で稼ごうと考えている人が読むものなのですから、それゆえにこそ、稼ぎ方や泳ぎ方の前に、しっかりしたフィロソフィーを示す必要があるはずなのです。

■仮想経済のフィロソフィー

　本書でも書いているように仮想経済では限界費用が働きません。無限に利益をあげることができてしまいます。

　これによっていまよりも貧富の差が拡大し、富が一極に集中してしまうでしょう。このことはすでにGAFA（Google、Amazon、Facebook、Apple）の独走状態を見ればわかるはずです。

　この4つの企業は、すべて限界費用が働かない情報サービスの分野で圧倒的なアドバンテージを持っています。他社との差は開くことはあれ、縮まることはほぼ考えられないでしょう。

　では、これらの企業がそれほど素晴らしい業績をあげているのかといえば、決してそんなことはありません。Appleが強くなったのはパソコンを作るよりは、プラットフォームを構築して、その中の情報サービスで稼ぐ方向に移行してからです。FacebookやGoogleは、最初から物づくりなどせず、Amazonにしても物流をやっているように見えて、その実、物流の現場は他社任せで、やはり情報空間における情報サービスだけです。限界費用が働かないこの分野では一旦大きくなってしまうと独占的状態になりやすいのです。

　そして、この情報サービスで稼いだ無限の利益を、物質世界に還元することができるとすれば　体どうなるかは火を見るより明らかです。物理空間の財はすべて買い占めることができてしまいます。それが現在GAFAが独走している理由です。

　実際、GAFAのオーナーと一般人の差は計り知れないものになっています。GAFAの社員と、他社の社員を比べただけでも収入格差は歴然です。GAFA

の社員は月に数千、数億と稼ぐ一方で、それ以外の社員の平均年収は500万円ほどです。こんな格差が現時点でもう起きているのです。

　私が仮想通貨を実際の通貨と交換可能にしてはダメだと言うのは、これがあるからです。無限に利益をむさぼることができる情報空間の財で、限界のある物理空間の財が交換できるようになってしまったら、物理空間のものはあっと言う間に買い占められてしまいます。物理空間でどれほど稼いでも太刀打ちなどできません。

　本書でもさすがにこのあたりのことは書いていますが、それではなぜ、仮想通貨で稼いだものを現実の通貨にすることを促進するかのようなことが書いてあるのでしょうか？　第2章などは、ゲーム空間での稼ぎ方のモデルケースまで提示しています。

　もちろん、私は仮想空間で稼ぐなと言っているわけではありません。仮想経済で儲けを出すことにはなんの問題もありませんし、やる以上は儲けるべきでしょう。

　しかし、その儲け方は付加価値を生み出した時だけに限るべきなのです。

　現在のGAFAのように、これまでにあったビジネスモデルに少し手を加えただけの人々が独占的に稼ぐ世界であってはなりません。そんなものは付加価値ではありませんし、クリエイティブでもありません。そういったものをかっこいいと若者たちが思うような世界を絶対に作ってはいけないのです。

　新しい仮想経済は、生み出された付加価値のみに新しい通貨が生み出されるという正しい経済の姿に戻すべきなのです。

■付加価値を生み出す

　そもそも労働というのは付加価値を生み出すことを言います。

　もしも、皆さんが「自分にはそんな才能がない」と少しでも思っているのなら、それは大間違いです。仮に一人で付加価値を生み出す力がなかったとしても、10人、20人、100人、1000人の人が一緒に付加価値を生み出せばいいのです。それが企業で働く人々の時間労働の論理です。そこで生み

出された付加価値は、生み出した人間みんなで公平に分け合えばいいだけ
です。

　利益の分配の際には、その人の役割や、長年その企業に勤務していたと
いった経験値なども加味しながら、分けていけばなんの問題もないはずで
す。これが企業の論理であり、労働イコール付加価値になっている典型な
のです。

　その逆に最悪なのは不労所得です。株や債券の売買、仮想通貨のキャピ
タルゲインを狙うのは労働でもなければ、一切の付加価値を生み出してもい
ません。

　ところが、いまの仮想経済を推進しようとしている人の中には、それを狙
っている人があまりにも多いように私は思います。

　仮想経済がそんな人間ばかりになったら、ますます貧富の差は激しくな
り、不公平な世の中になるだけです。

　私は、未来をそんな醜悪な世界にしたくはありません。ですから、一番
肝心な最初の段階で、しっかりとしたフィロソフィーが必要なのです。

　付加価値を生み出した者が利益を得られるフェアなルール。これこそが、
仮想経済の立ち上げに際して最も重要であり、喫緊の課題なのです。

ヴィリ・レードンヴィルタ（Vili Lehdonvirta）
経済社会学者。オックスフォード大学インターネット研究所リサーチフェロー。

エドワード・カストロノヴァ（Edward Castronova）
経済学者。インディアナ大学メディアスクール教授。
邦訳書に『「仮想通貨」の衝撃』（角川EPUB選書、2014年）がある。

仮想経済のビジネスデザイン

2020年6月1日　初版第1刷発行

著　　者　　ヴィリ・レードンヴィルタ
　　　　　　エドワード・カストロノヴァ
訳　　者　　井川歩美

発 行 者　　揖斐 憲
発 行 所　　株式会社サイゾー
〒150-0043 東京都渋谷区道玄坂1-19-2 スプラインビル3F
電話 03-5784-0790（代表）

装　　丁　　伊藤拓希
印刷・製本　　中央精版印刷株式会社